全世界无产者，联合起来！

毛泽东文集

第六卷

（一九四九年十月——一九五五年十二月）

人民出版社

目　　录

中华人民共和国
中央人民政府公告

（一九四九年十月一日）

自蒋介石国民党反动政府背叛祖国，勾结帝国主义，发动反革命战争以来，全国人民处于水深火热的情况之中。幸赖我人民解放军在全国人民援助之下，为保卫祖国的领土主权，为保卫人民的生命财产，为解除人民的痛苦和争取人民的权利，奋不顾身，英勇作战，得以消灭反动军队，推翻国民政府的反动统治。现在人民解放战争业已取得基本的胜利，全国大多数人民业已获得解放。在此基础之上，由全国各民主党派、各人民团体、人民解放军、各地区、各民族、国外华侨及其他爱国民主分子的代表们所组成的中国人民政治协商会议第一届全体会议业已集会，代表全国人民的意志，制定了中华人民共和国中央人民政府组织法，选举了毛泽东为中央人民政府主席，朱德、刘少奇、宋庆龄、李济深、张澜、高岗为副主席，陈毅、贺龙、李立三、林伯渠、叶剑英、何香凝、林彪、彭德怀、刘伯承、吴玉章、徐向前、彭真、薄一波、聂荣臻、周恩来、董必武、赛福鼎、饶漱石、陈嘉庚、罗荣桓、邓子恢、乌兰夫、徐特立、蔡畅、刘格平、马寅初、陈云、康生、林枫、马叙伦、郭沫若、张云逸、邓小平、高崇民、沈钧儒、沈雁冰、陈叔通、司徒美堂、李锡九、黄炎培、蔡廷锴、习仲勋、彭泽民、张治中、傅作义、李烛尘、李章达、章伯钧、程潜、张奚若、陈铭枢、谭平山、张难先、柳亚子、张东荪、龙云为委员，组成中央人民政府委员会，宣告中华人民共和国的成立，并决定北京为中华人民共和国的首都。中华人民共和国中央人民政府委员会于本日在首都就职，一致决议：宣告中华人民共和国中央人民政府的成立，接受中国人民政治协商会议共同纲领为本政府的施政方针，互选林伯渠为中央人民政府委员会秘书长，任命周恩来为中央人民政府政务院总理兼外交部部长，毛泽东为中央人民政府人民革命军事委员会主席，朱德为人民解放军总司令，沈钧儒为中央人民政府最高人民法院院长，罗荣桓为中央人民政府最高人民检察署检察长，并责成他们从速组成各项政府机关，推行各项政府工作。同时决议：向各国政府宣布，本政府为代表中华人民共和国全国人民的唯一合法政府。凡愿遵守平等、互利及互相尊重领土主权等项原则的任何外国政府，本政府均愿与之建立外交关系。特此公告。

中华人民共和国
中央人民政府主席 毛泽东

一九四九年十月一日

根据一九四九年十月二日《人民日报》刊印。

开好县的各界人民代表会议是一件大事

（一九四九年十月十三日）

德怀、仲勋〔1〕，林彪、子恢〔2〕，剑英、方方〔3〕，小平、伯承、贺龙〔4〕，一波、澜涛〔5〕，高岗、富春、林枫〔6〕，康生〔7〕：

据饶漱石〔8〕同志十月十一日电称，“我们选择上海附近松江县，创造召开全县各界人民代表会议的经验。此种会议，已于九月三十日举行。我曾赶往参加，并作报告。会议结果良好。经过各界代表的热烈讨论和辩论后，成立了减租减息、合理负担、处理劳资纠纷等实施办法。对党内党外，教育意义均甚大。证明，在各县召集各界人民代表会议，不但有迫切需要，而且有充分可能。会议经过和经验，拟全部在《解放日报》上发表。计：（一）我在会议上的报告，关于减租减息、合理负担及工商业政策问题。（已在十月六日《解放日报》上发表）（二）松江县各界人民代表会议报道。（三）县委书记关于松江工作与任务的报告摘要。（四）介绍松江全县各界人民代表会议的经验（拟用《解放日报》社论发表）。上述各件，已于今日由新华社发给中央。如仍需由内部专门总结报告，请电示办理”等语。上述文件俟收到后即由新华总社广播，你们可以在报纸上看到。

你们看了松江县的经验后，请即通令所属一律仿照办理。这是一件大事。如果一千几百个县都能开起全县代表大会来，并能开得好，那就会对于我党联系数万万人民的工作，对于使党内外广大干部获得教育，都是极重要的。务望仿照办理，抓紧去做。并请你们选择一个县，亲自出席，取得经验，指导所属。

毛　泽　东

十月十三日

根据手稿刊印。

注　　释

〔1〕德怀，即彭德怀（一八九八——一九七四），湖南湘潭人，当时任中共中央西北局第一书记。仲勋，即习仲勋，一九一三年生，陕西富平人，当时任中共中央西北局书记。

〔2〕林彪（一九〇七——一九七一），湖北黄冈人，当时任中共中央华中局第一书记。子恢，即邓子恢（一八九六——一九七二），福建龙岩人，当时任中共中央华中局第三书记。

〔3〕剑英，即叶剑英（一八九七——一九八六），广东梅县人，当时任中共中央华南分局第一书记。方方（一九〇四——一九七一），广东普宁人，当时任中共中央华南分局第三书记。

〔4〕小平，即邓小平（一九〇四——一九九七），四川广安人，当时任中共中央西南局第一书记。伯承，即刘伯承（一八九二——一九八六），四川开县人，当时任中共中央西南局第二书记。贺龙（一八九六——一九六九），湖南桑植人，一九四九年八月被任命为中共中央西南局第三书记，这时仍在西北，尚未到职。

〔5〕一波，即薄一波，一九〇八年生，山西定襄人，当时任中共中央华北局第一书记。澜涛，即刘澜涛（一九一〇——一九九七），陕西米脂人，当时任中共中央华北局第三书记。

〔**6**〕高岗(一九〇五——一九五四),陕西横山人,当时任中共中央东北局书记。富春,即李富春(一九〇〇——一九七五),湖南长沙人,当时任中共中央东北局副书记。林枫(一九〇六——一九七七),黑龙江望奎人,当时任中共中央东北局副书记。

〔**7**〕康生(一八九八——一九七五),山东胶南人。当时任中共中央山东分局书记。

〔**8**〕饶漱石(一九〇三——一九七五),江西临川人。当时任中共中央华东局第一书记。

解放西南地区的作战方针

（一九四九年十月十九日）

林彪[1]同志，并告叶、陈[2]：

十八日十二时电[3]悉。（一）你们准备先以大迂回抄断敌退云南之路，这一计划是很好的。（二）西南重心是四川，我二野主力必须于十二月占领叙府[4]、泸州、重庆一带，贺[5]率十八兵团则于一月占领成都一带，并迅速扩占全川，布置明年春耕，方有利于生产建设。因此，不论白崇禧[6]是否退云南，我三、五两兵团只准备以一个军（即十八军）进占贵阳，并经营贵州；其余五个军、两个兵团部及二野直属队，均由湘西分路直取叙、泸、渝（留一部于遵义一带），务于十二月达到该地区，设立西南军政委员会，统筹西南全局。否则一百五十万人的财经问题将陷于极大困境。这里所说的一百五十万人，是指我军六十万人（其中二野全军五十万人，贺部十万人），张群[7]所属国民党川、滇、黔、康[8]四省军政人员据说有九十万人，主要是在四川。（三）根据你所说的大迂回方案，估计白崇禧部可能有一半或更多被我歼灭于广西境内，退到云南去的或者不很多。现在假定白匪主力退至云南，加上贵州之敌亦退至云南，加上云南卢汉[9]等部，共有敌军十五万人左右，我仍应只以陈赓兵团十万人，加上地方游击部队（据说有二万余人）去对付，方有主动。因为路远粮缺，往返不易，如去两个兵团（二十万人），有陷入困境之虞。估计陈赓以十万人入云南，采取各个歼敌方法是可以解决问题的，不过时间略为延长些罢了。（四）请根据上述方针进行部署。（五）刘、邓〔10〕于明日或后日由京经汉赴湘，指挥二野向四川进军。三、五两兵团，请令其补齐棉衣，进至湘黔边境待命。

毛　泽　东

酉皓

根据手稿刊印。

注　释

〔1〕林彪，当时任中国人民解放军第四野战军司令员、华中军区司令员。

〔2〕叶，指叶剑英，当时任中国人民解放军广东军区司令员兼政治委员。陈，指陈赓（一九〇三——一九六一），湖南湘乡人，当时任中国人民解放军第四兵团司令员兼政治委员。

〔3〕指林彪等一九四九年十月十八日十二时给中共中央军委的电报。电报说：一、关于广西作战，我们准备以围剿与长追的办法，争取歼敌于果德、南宁以东地区。目前，桂林、全州以东以北，敌我相距较远，我正面部队估计已甚难抓住和抑留敌人。因此，拟先以大迂回抄断敌退云南之路。二、如估计两广之敌、通四川之敌皆可能向云南退却，则我二野部队是否可以五兵团先占昆明，以三兵团占贵阳，夺取敌之后方，分割与隔断敌人，然后二野由昆明再向北解决四川问题为好。

〔4〕叙府，今四川宜宾。

〔5〕贺，指贺龙，一九四九年十月被任命为中国人民解放军西南军区司令员，这时仍在西北，尚未到职。

〔6〕白崇禧（一八九三——一九六六），广西桂林人。一九四九年四月被任命为国民党政府华中军政长官公署长官。

〔7〕张群(一八八九——一九九〇),四川华阳(今属双流)人。一九四九年四月被任命为国民党政府西南军政长官公署长官。

〔8〕康,指西康省,一九五五年撤销,原辖区划归四川省。

〔9〕卢汉(一八九五——一九七四),云南昭通人。当时任国民党云南省政府主席、国民党军云南绥靖公署主任。一九四九年十二月九日率部在昆明起义。

〔10〕刘,指刘伯承,当时任中国人民解放军第二野战军司令员。邓,指邓小平,当时任中国人民解放军第二野战军政治委员。

同绥远[1]负责人的谈话

（一九四九年十月二十四日）

绥远和平解放谈了大半年，现在才实现第一步，董其武[2]他们九月十九日已发了起义通电，我和朱总司令也发了回电[3]。现在要走第二步，就是实现合作。这一步很重要。要坚决执行中央的这个电报，这是党对绥远的基本方针，不但要求他们执行，共产党更要执行。

绥远属内蒙古区域自治的范围，省下面要成立盟人民政府委员会。关于伊克昭盟，华北局要与西北局商议，取得他们的同意，划归绥远领导[4]，伊盟政府驻地可在东胜或别处。乌兰察布盟也要成立盟人民政府委员会。伊、乌两盟都设立军分区。两盟的蒙族和汉族都要有人参加政府委员会，这也要同他们商议。

绥远要成立军政委员会。军政委员会直属中央领导，省政府、军区归军政委员会领导。由傅作义[5]任主任，乌兰夫[6]任副主任，统一领导绥远的军事、政治、经济和文化教育。傅作义要负主要责任，因为他管辖的地区人多，有一百二十万人口，绥东解放区只有八十万人口；军队也是他的多。军区也要统一起来，由傅作义任司令员，乌兰夫、姚喆[7]任副司令员，薄一波[8]任政治委员。傅先生可再提名别的副司令员和军政委员会副主任。政府由董其武任省主席，奎璧〔9〕任副主席。政府也是统一战线的，一定要合作好。你们要使同志们了解这种合作的必要性和意义所在，有什么好处，原因在哪里。应当说，一切都是为了人民的利益。打仗，是为人民求解放；和平解放，团结改造，也是为了人民的利益。你们回去开个党代会或干部会，薄一波去一趟，讲一个来钟头，花几天时间，让同志们把这个问题讨论透。这是统一战线问题，傅先生也要做工作。

对绥远起义人员实行团结改造的方针早已定下来了，实际工作就按傅先生提出的四个原则三个步骤〔10〕去进行，工作要有步骤地开展，做出更大成绩来给全国看。要合作把事情办好。双方过去是敌人，现在成了朋友。当然，合作后也要估计到可能发生一些问题，还要经过艰苦的工作与斗争。一年能办到算好，否则可以用两年。没有战争了，有些事情不能进行得很快，快了就会出毛病。要先做思想改造工作，后改革旧制度，有步骤地达到目的。原则问题中央电报上已经讲过：团结一致，力求进步，改革旧制度，实行新政策，为建设人民的新绥远而奋斗。军队现在暂不变动，待条件成熟再按解放军制度整编。这个问题在党内要特别讲清楚，争取一年达到目的，但也不能性急。蒋介石统治了二十二年都没有弄好，我们一年完成还不算好吗？

部队要组织生产，生产也是作战。干部要参加生产指挥和劳动。劳动可以改造思想，改造人。战士看到干部也挖地，官兵关系就可以改善，这就是政治工作。政府工作人员可以在业余时间搞生产，每天劳动一二个小时，主要是种菜、养猪。

我们对起义人员的方针是又团结又改造。只有团结，没有改造不行。反动阶级、反革命分子的阴谋破坏活动是不会罢休的，他们还要同我们作拼死的斗争，这种斗争的时间还会很长，绝不能麻痹。过去是敌人，现在成了朋友，这是有条件的。凡愿意同我们合作与可能争取同我们合作的人，都要耐心帮助、教育、改造，很好地同他们合作，从改造中逐步肃清过去反动派的一切遗迹和对他们的政治影响，以马列主义思想代替国民党的反动思想。对那些坚决反对改造和破坏改造的反革命分子与特务，必须打击与镇压。要争取团结多数，他们内部也一样是两头小、中间大，思想激进的可以鼓励，进步缓慢的可以等待。对基本方针要拥护，但允许有差异。对他们不能用粗暴的方法，不能下大雨，要像下小雨一样才能渗透进去。要按照他们的具体情况和能够接受的程度进行思想政治教育，不能强迫灌注。

关于政治工作人员，师以下暂时不派。对派去的同志要进行教育，要他们注意研究情况，了解别人的心理，懂得新的工作方法，使这些干部去后不致发生问题。要使他们知道，如果搞不好是会被别人赶出来的，即使不被赶出来，你站不住，也是要出来的。我们在接收石家庄的工厂时就有教训。我们派去的干部不能在业务上给予帮助，又不作具体调查研究，只是大讲了三天反帝反国民党的大道理，讲完了又没有新的，人家就不愿意听，不赞成你。他们后来重新当学生，和工人一起学习、劳动，调查研究，开展对敌斗争，业务上成为内行，才成了工人的贴心人，谈话别人也爱听了。我们有许多同志，对新情况、新事物不作调查研究，自己又不懂得，就在那里办事，不懂货就不识货，这怎么能办好事情呢？对新部队也一样，你不了解情况，还是用老办法不行。派去的人要有充分的精神准备，要估计到可能闹别扭。事实上，双方都在观察，看对方对自己怎么样。那边情况比较复杂，不但人是旧社会出来的，还有国民党特务隐藏在群众中，北平和平解放时又有一万二千军官回到绥远，他们没有起好的影响，在那里做了“政治工作”。这值得我们检讨，过去没有把这件事办好，是因为在一种敌对的情绪下，没有把他们当同志看。共产党这次派去的同志要表示态度，承认我们过去工作没有做好。我也在做工作给同志们看，使我们今后同他们合作得好。最近归绥方面的学习高潮，证明可以用合作的方法改造这些人，团结他们。在这方面，傅先生也要担负责任，采取友好态度。我们的同志去了，一定要采取友好态度，不能排挤他们；你排挤他们，他们不信任你就是有道理的。那一万二千人也要使他们感到与共产党合作有好处，新政策好，思想能进步，生活有保证并能改善。如果达不到这个要求，我们的工作就算失败了。要使绥远二百万人民，十万军队、干部都感到合作有好结果，会比过去更好，这样他们才相信我们。如果只停留在口头上，他们就会不满。总之，做好事，不做坏事，他们就会欢迎，这一条一天天地得到了证明。双方加重责任，双方做好工作，就能解决问题。傅先生到归绥走一趟起了作用，你可以做给他们看，这样对人民有利，将来可以造就出很多好干部。当然，共产党的责任更大。我们派去的人，他们见了会精神紧张起来，比如怀疑共产党是不是讲理，看不看得起人，是不是挤得人站不住，没处去，没饭吃，没法生活，没有工作岗位。你们要做好工作给人家看，使他们政治上进步，生活上有保证，发展有前途，这样才感觉我们好，才能佩服我们。切不能采用国民党特务的那套办法。

和平改造是可能实现的，现在有这个条件，应当有信心。我们有三百万党员、四百万军队、四亿人民作保证，还怕不成功吗？归绥方面也要有信心，看到前途。过去我们研究绥远问题，就认为有可能和平解决，对这一点是有信心的；但是用和平方法能不能都顺利解决，还存有疑问。现在事实已经证明能行。傅先生去归绥时，也有人怀疑，怕没有前途，只要有前途他们就愿意合作。你们要特别注意，人家就是怕没有前途。北平和平解决后，我们就手软了，认为对绥远不好再用兵打了，于是出现了绥远的和平解放。但这是第一步，第二步是和平合作问题。现在形势很好，全国快解放了，归绥方面也在学习马列主义。你们去了还有一个互相观察的时期，你们说话要兑现，不能骗人。共产党去了，如果做的同说的不一样，就跟国民党一样了，先甜后辣，别人会说我们学了蒋介石“好话说尽，坏事做绝”，傅先生也会失信于人。所以第二步、第三步、第四步要同人家越搞越好，使他们相信我们。特务也要给饭吃。新政协各方面的人都有，没有人说开得不好的，主要是工作小心谨慎，与人协商，与人为善。新政协给全国做了一个榜样。

现在共产党成了全国性的大党，又有了政协全国委员会，我当主席有责任使各个方面都有利，使别的党派也有利，否则会引起不满，会被人骂，甚至会被推翻。绥远也一样要注意，归绥就有两个“党”，我们的与傅先生的。军政委员会就架在这个矛盾之上，要处理好。现在全国都在执行统一战线，华中、华南的政府也一样是统一战线的政府。农村和城市的情况不同，没有别的党派参加政府，但也有非党干部。没有非党干部参加政府就会出毛病。共产党要永远与非党人士合作，这样就不容易做坏事和发生官僚主义。苏联也是共产党与非党合作，《真理报》说，政府干部中党员占四分之三，其他是非党干部。中国永远是党与非党的联盟，长期合作。双方要把干部都当成自己的干部看，打破关门主义。关门主义过去是有的，“三怕”的说法就是证明。没有统一战线，革命不能胜利，胜利了也不能巩固。搞统一战线哪能怕麻烦，怕捣乱，怕人家吃了你的饭？切不可叶公好龙〔11〕。长征二万五千里不是因为有统一战线，而是因为太纯洁。这次政府的名单中，共产党人和进步人士还是一半一半好，要搞五湖四海。别人在民主革命困难时期拥护共产党，为我们说过好话，帮过忙，我们胜利了不能不要人家。傅先生交出了北平，解决绥远问题就要有所不同。这证明我们的政策正确，今后还将继续证明这一点。

中国已归人民，一草一木都是人民的，任何事情我们都要负责并且管理好，不能像踢皮球那样送给别人去。国民党的一千万党、政、军人员我们也要包起来，包括绥远的在内，特务也要管好，使所有的人都有出路。没有这一条不行，眼睛里只看到绥东解放区八十万人民就会弄错事情。湖南有十万失业军政人员和广大的孤寡没有人管，如果只管共产党的孤寡就会出乱子，那就不是大禹治水，而是伯鲧治水了〔12〕。因此要统筹全局，要使干部懂得一有前途，二顾全局。用和平方法改造过来，也会有不愉快的事，要经过曲折与激烈的斗争才能实现。抗战初期，蒋介石认为共产党是政治问题，想用“溶共”的方法来解决我们，却不知道我们是不怕火的真金，越溶越强大，最后把蒋家天下夺过来，为人民所有。新政协讨论通过我们提出的《共同纲领》，是我们同资产阶级直接交锋的开始。资本家想要我们只搞农业，由他们搞工商业和交通运输，这怎么行？我们不但要学会搞政治斗争，还要学会搞经济工作，这是一个战略问题。

绥远组织政府，也要用协商的办法，互相打通思想，这样做事快得多。不同意的先不要办，即使同意，也要看是心里愿意还是嘴上愿意，若勉强就缓办。军队也要协商。这是中国的特点。上面要得到傅先生同意，下面要得到干部们同意。特别是军队，不同意就办，最容易出乱子。你们对党外同志要当成自己人看待，同他们长期合作。这回工作若做好了，对双方的干部都是一大进步。这是过去我们从未做过的，要用新的方法去做，要用心。问题摆在面前，要我们去好好工作。

根据中央档案馆保存的谈话记录稿刊印。

注　　释

〔1〕绥远，指绥远省，当时辖区为今内蒙古自治区乌兰察布盟、伊克昭盟、巴彦淖尔盟东部及呼和浩特市、包头市等地，一九五四年撤销。

〔2〕董其武（一八九九——一九八九），山西河津人。原任国民党绥远省政府主席、国民党政府西北军政长官公署副长官。一九四九年五月二十八日派代表与华北人民政府主席董必武签订《绥远和平协议》。九月十九日，率军政各界和蒙、汉各族代表在归绥（今呼和浩特市）通电起义。

〔3〕一九四九年九月十九日，董其武率部通电起义，九月二十日，毛泽东主席、朱德总司令复电，说："看了你们九月十九日的声明，你们的立场是正确的。自从傅作义将军领导北平和平解放后，人民表示欢迎，反动派表示反对。反动派还企图破坏绥远军民和平解放的努力，但是终归失败，你们已经率部起义，脱离反动

派，站在人民方面了。希望你们团结一致，力求进步，改革旧制度，实行新政策，为建设人民的新绥远而奋斗。”

〔4〕伊克昭盟的工作，在抗日战争和解放战争时期，由中共中央西北局直接或间接领导。绥远和平解放后，经中共中央华北局与西北局商定，划归华北的绥远省领导。

〔5〕傅作义（一八九五——一九七四），山西荣河县安昌村（今属临猗）人。原任国民党军华北“剿总”总司令，一九四九年一月率部接受中国人民解放军的和平改编，对北平和绥远的和平解放作出了贡献。当时任中央人民政府委员。

〔6〕乌兰夫（一九〇六——一九八八），内蒙古土默特左旗人。当时任中共内蒙古自治区委书记、内蒙古自治区人民政府主席。

〔7〕姚喆（一九〇六——一九七九），湖南邵阳人。当时任中国人民解放军绥远军区副司令员。

〔8〕薄一波，当时任中共中央华北局第一书记、中国人民解放军华北军区政治委员。

〔9〕奎璧（一九〇三——一九八六），内蒙古土默特左旗人。当时任中共内蒙古自治区委副书记，后任绥远省人民政府副主席。

〔10〕傅作义提出的四个原则是：一、坚持团结；二、肃清特务；三、纪律要整顿；四、军队要改编为人民解放军。三个步骤是：一、彻底实现解放区化与解放军化，同国民党反动政权完全脱离关系；二、恢复交通；三、解放军派干部去进行思想改造。

〔11〕叶公好龙，出自汉朝刘向《新序·杂事》。这里是用以比喻口头上拥护统一战线，实际上又害怕搞统一战线。

〔12〕大禹、伯鲧，都是传说中的中国古代部落首领。鲧为禹之父。他们先后奉尧、舜之命治水。鲧采用筑堤堵水的方法未能治平水患，禹改用疏通江河、兴修沟渠的办法治理洪水获得成功。

永远保持艰苦奋斗的作风

（一九四九年十月二十六日）

延安的同志们和陕甘宁边区的同胞们：

接到你们的贺函，使我十分愉快和感谢。延安和陕甘宁边区，从一九三六年到一九四八年，曾经是中共中央的所在地，曾经是中国人民解放斗争的总后方。延安和陕甘宁边区的人民对于全国人民是有伟大贡献的。我庆祝延安和陕甘宁边区的人民继续团结一致，迅速恢复战争的创伤，发展经济建设和文化建设。我并且希望，全国一切革命工作人员永远保持过去十余年间在延安和陕甘宁边区的工作人员中所具有的艰苦奋斗的作风。

毛　泽　东

一九四九年十月二十六日

根据一九四九年十月二十七日《人民日报》刊印。

严重注意
攻击金门岛失利的教训

（一九四九年十月二十九日）

各野战军前委、各大军区：

据第三野战军粟裕、袁仲贤、周骏鸣[1]三同志十月二十八日致第十兵团叶、陈[2]及福建省委电称，十月“二十七日八时电悉。你们以三个团登陆金门岛，与敌三个军激战两昼夜，后援不继，致全部壮烈牺牲，甚为痛惜。查此次损失，为解放战争以来之最大者。其主要原因，为轻敌与急躁所致。当你们前次部署攻击厦门之同时，拟以一个师攻占金门，即为轻敌与急躁表现。当时，我们曾电你们，应先集中力量，攻占厦门，而后再转移兵力攻占金门，不可分散力量。但未引起你们深刻注意，致有此失。除希将此次经验教训深加检讨外，仍希鼓励士气，继续努力，充分准备，周密部署，须有绝对把握时，再行发起攻击。并请福建省委，用大力为该军解决船只及其他战勤问题。至失散人员，仍望设法继续收容”等语，特为转达，请即转告各兵团及各军负责同志，引起严重注意。当此整个解放战争结束之期已不在远的时候，各级领导干部中主要是军以上领导干部中容易发生轻敌思想及急躁情绪，必须以金门岛事件引为深戒。对于尚在作战的兵团进行教育，务必力戒轻敌急躁，稳步地有计划地歼灭残敌，解放全国，是为至要。

军 委

十月二十九日

根据毛泽东手稿刊印。

注 释

〔1〕粟裕（一九〇七——一九八四），湖南会同人，当时任中国人民解放军第三野战军副司令员。袁仲贤（一九〇四——一九五七），湖南长沙人，当时任中国人民解放军第三野战军代参谋长。周骏鸣，一九〇二年生，河南确山人，当时任中国人民解放军第三野战军副参谋长。

〔2〕叶，指叶飞（一九一四——一九九九），福建南安人，当时任中国人民解放军第十兵团司令员。陈，指陈庆先（一九〇八——一九八四），湖北黄陂人，当时任中国人民解放军第十兵团参谋长。

大批培养少数民族干部

（一九四九年十一月十四日）

德怀[1]同志，西北局：

（一）据青海省委迭次反映，马[2]匪余党，在许多地方煽动群众，组织反抗。此次兰州会议[3]上请予以严重注视。除大力剿匪，省委、地委、县委集中注意做艰苦的群众工作，在一切工作中坚持民族平等和民族团结政策外，各级政权机关均应按各民族人口多少，分配名额，大量吸收回族及其他少数民族能够和我们合作的人参加政府工作。在目前时期应一律组织联合政府，即统一战线政府。在这种合作中大批培养少数民族干部。此外，青海、甘肃、新疆、宁夏、陕西各省省委及一切有少数民族存在地方的地委，都应开办少数民族干部训练班，或干部训练学校。请你们注意这一点，要彻底解决民族问题，完全孤立民族反动派，没有大批从少数民族出身的共产主义干部，是不可能的。（二）西北局诸同志是否已到兰州，你们的会议何日开始？此次会议议程甚多，恐须开会一星期左右。今后西北政治中心定于何处，西安还是兰州，亦须有所决定。望以主要议程见告。(三)请令王震[4]台和我们通报。

毛　泽　东

十一月十四日

根据手稿刊印。

注　释

〔1〕德怀,即彭德怀,当时任中共中央西北局第一书记、中国人民解放军第一野战军司令员兼政治委员。

〔2〕马,指马步芳(一九〇三——一九七五),甘肃临夏人。曾任国民党政府西北军政长官公署长官、青海省政府主席。

〔3〕指一九四九年十一月在兰州召开的中共中央西北局扩大会议。

〔4〕王震(一九〇八——一九九三),湖南浏阳人。当时任中共中央新疆分局书记、中国人民解放军第一兵团司令员兼政治委员。

必须充分注意召开 市县各界人民代表会议

（一九四九年十一月二十七日）

华南分局，并告华中局、林彪[1]同志、江西省委、湖南省委，及华东局、西北局：

十一月二十五日电悉。(一)同意你们所提广州市第一次各界人民代表会议的名额分配及议事日程。(二)你们必须充分注意广东全省市的县的各界人民代表会议的召开，各市各县均应召开。你们必须将这种市的县的各界人民代表会议看成是团结各界人民，动员群众完成剿匪反霸，肃清特务，减租减息，征税征粮，恢复与发展生产，恢复与发展文化教育直至完成土地改革的极重要的工具，一律每三个月召开一次。(三)湖南、江西、湖北、河南四省市县各界人民代表会议(县各界人民代表会议开会之前必须召开县的农民代表会议，由这个会议选举出席县各界代表会议的农民代表)，华中局及四省省委必须充分注意给予指导，按时召开，总结经验，交流经验。(四)一九五〇年上半年(春季或夏季)，河南、湖北、湖南、江西、广东五省必须召开第一次全省农民代表会议及全省各界人民代表会议。(五)上述(二)(三)(四)项，请华东局、西北局注意照办。

中　央

十一月二十七日

根据毛泽东手稿刊印。

注　释

〔1〕林彪，当时任中共中央华中局第一书记。

有困难，有办法，有希望[1]

（一九四九年十二月二日）

国家的预算是一个重大的问题，里面反映着整个国家的政策，因为它规定政府活动的范围和方向。举例说，概算草案中关于养活所有旧军队和旧公教人员的问题，这就是政策问题。人民政府在这个问题上应该采取负责的态度，只有这样才是对人民有利的。

我们的情况概括地说来就是：有困难的，有办法的，有希望的。我们的财政情况是有困难的，我们必须要向人民说明我们的困难所在，不要隐瞒这种困难。但是我们同时也必须向人民说明，我们确实有办法克服困难。我们既然有办法克服困难，我们的事业就是有希望的，我们的前途是光明的。我们的情况会一年比一年好起来，估计明年要比今年好。在三年五年的时间内，我们的经济事业可以完全恢复；在十年八年的时间内，我们的经济就可以得到巨大的发展。

根据一九四九年十二月四日《人民日报》刊印。

注　释

〔1〕这是毛泽东在中央人民政府委员会第四次会议上讲话的要点。

关于土地改革和财经工作〔1〕

（一九四九年十二月四日）

河南可于今年冬开始进行分配土地工作，明年可望初步完成。苏、浙、皖、鄂、湘、赣六省，可能还有广东，则须于明冬开始进行，后年可望初步完成。至于全部完成，则至少还需要一年。这是中国人民民主革命继军事斗争以后的第二场决战。因为这次土地改革工作是在与资产阶级合作的条件下进行的，同以前在战争期间与资产阶级隔绝的情况下进行是不同的，所以需要更加谨慎，领导机关要掌握得很紧，随时了解情况，纠正偏向，以求少犯错误。土地改革将对地主和对富农分为两个阶段有好处，便于保护中农。

财政经济工作已成为中央和中央局的主要议程，应该认真研究财政经济问题，并进行适时的宣传，使人民了解情况和政策。有几个政策上的问题是二中全会已经确定了的〔2〕，但是有些地方仍然缺乏明确的认识。在城乡关系中，哪一个是中心呢？从有城市的时候起，城市就是中心。城市的手工业，对于农业来说也是一种进步，工业更不待说。在工商关系中，应当工业是中心，因为工业是生产价值的。在公私关系中，应当公营经济是中心，因为公营经济虽然在某些地方数量较小，却是集中的和处于领导地位的。在劳资关系中，应当依靠工人阶级，而不是依靠资产阶级，资产阶级是不能依靠的。这些都是必须坚持的原则，我们不要为某些现象所迷惑。

根据中央档案馆保存的讲话记录稿刊印。

注　释

〔1〕这是毛泽东在中共中央政治局会议上的讲话。

〔2〕参见毛泽东《在中国共产党第七届中央委员会第二次全体会议上的报告》第六节（《毛泽东选集》第四卷，人民出版社1991年版，第1429—1434页）。

军委关于一九五〇年军队参加生产建设工作的指示

（一九四九年十二月五日）

人民解放战争已在全国范围内取得基本的胜利。人民解放军除在几个战线上必须专心致志追歼残敌以竟全功外，已有大量军队进入整训，或不久即将进入整训。人民政治协商会议共同纲领中规定："中华人民共和国的军队在和平时期，在不妨碍军事任务的条件下，应有计划地参加农业和工业的生产，帮助国家的建设工作。"这里给了我人民军队除了保卫国防、巩固治安和加强整训这些伟大任务以外的一个光荣而巨大的任务。因此，人民革命军事委员会号召全军，除继续作战和服勤务者而外，应当负担一部分生产任务，使我人民解放军不仅是一支国防军，而且是一支生产军，借以协同全国人民克服长期战争所遗留下来的困难，加速新民主主义的经济建设。

这一生产任务是必须而且可能实现的。

这一生产任务之所以必须实现，是由于国内外反动派所发动的长期的反对中国人民的战争，给了人民以严重的灾害，给了经济以严重的破坏。我们今天要将革命战争进行到底，要医治长期战争遗留下来的创伤，要从事经济的文化的国防的各种建设工作，国家的收入不足，开支浩大，这就是我们今天所遇到的一项巨大困难。克服此种困难的方法，首先是全国人民在中央人民政府领导之下逐步地恢复与发展生产。而人民解放军则必须担负一部分生产任务，方能和全国人民一道共同克服此种困难。

这一生产任务之所以可能实现，是因为人民解放军绝大多数来自劳动人民中间，有着高度的政治觉悟和各种生产技能，并曾在抗日战争最艰苦的年月，担负过生产任务，具有生产的经验与劳动的传统。人民解放军的广大的干部们和老战士们都懂得，军队在参加生产之后，不仅战胜了困难，减少了政府的开支，改善了军队的生活，并且经过劳动锻炼，还提高了军队的政治质量，改善了官兵关系和军民关系。这一生产任务之所以可能实现，还因为在战争结束了的地区，人民解放军除了担负保卫国防、肃清土匪、巩固治安、加强训练等项任务之外，已有余裕时间参加生产建设工作。所有这些，都是人民解放军能够实现生产任务的条件。

人民解放军参加生产，不是临时的，应从长期建设的观点出发。而其重点，则在于以劳动增加社会和国家的财富。因此，各军区首长，必须指导所属，从一九五〇年春季起，实行参加生产建设工作，借以改善自己的生活，并节省一部分国家的开支。此种生产建设工作，应形成一种运动，以利推广。此种生产运动应订出较长时期的计划和具体的步骤。生产项目应在人民政府允许之下，以农业、畜牧业、渔业、水利事业、手工业、各项建筑工程、各项可能从事的工业和运输事业为范围，禁止从事商业。军队领导机关应根据驻地情况，调查研究，今冬做好准备。

根据过去的经验，军队的生产运动，必须严格禁止开商店从事商业行为。干部中如有企图以走私、囤积、投机希图暴利的思想，或发现此种行为，必须迅速予以纠正和制止。因为这些不仅违背正确的生产方针，搅乱经济秩序，而且势必发生贪污腐化，毁坏自己同志，为法令所不容许。此外，在进行农业生产时，必须注意不要因开荒引起水患，不要因争地引起人民不满。

为了使军队正确执行生产任务，开展生产运动，兹规定：

（一）在师、军及军分区以上各级，成立有司令部、政治部、后勤部的代表参加的生产委员会，其任务为掌握生产方向，审定生产计划，监督生产计划的实施，检查违法行为。

（二）建立军队的生产合作社，建立合作社的各级领导机关，在军队生产委员会的监督和领导之下，掌管全部生产资金、生产活动和生产结果的处理。合作社系统和军队指挥系统平行，相互密切联系，但不相混淆。

（三）实行公私兼顾原则，公平合理地分配生产红利，其中应有百分之四十为生产者个人所有，其余为该生产单位及国家所有，借以建立公私革命家务，一方面做到军队部分自给，一方面使生产者个人有所收获。此项个人收获，或自己留用，或寄回家用，或存储于合作社备用，由个人自己决定。

（四）在土地缺少地区，除参加各种可能的手工业、工业、水利事业、运输事业和建筑工程之外，军队首长可和当地人民政府商量并在农民自愿原则下，参加劳力、资金、肥料、农具，与农民伙种，使之增加产量，公平分配成果。但必须注意不得强制执行，不得与民争利。

（五）各军区部队的生产计划，须与各大行政区和各省人民政府的生产计划相结合，统筹生产资金。所有军队生产资金均作为投资，必须计算利息和订定还期。所有军队生产事业均须照章纳税，并遵守人民政府一切法令，不得违犯。

上述各项，望各军区首长严格注意，务使我人民解放军一九五〇年的生产建设工作获得显著的成绩，并随时检查，纠正可能发生的错误和缺点。各地人民政府对当地军队的生产工作则有予以指导和协助的任务。

主席　毛泽东

一九四九年十二月五日

根据一九四九年十二月六日《人民日报》刊印。

抵达莫斯科时的书面演说

（一九四九年十二月十六日）

亲爱的同志们和朋友们：

我这次获有机会访问世界上第一个伟大社会主义国家苏联的首都，是生平很愉快的事。中苏两大国人民是有深厚友谊的。十月社会主义革命之后，苏维埃政府根据列宁、斯大林的政策首先废除了帝俄时代对于中国的不平等条约。在差不多三十年的时间内，苏联人民和苏联政府又曾几次援助了中国人民的解放事业。中国人民在患难中，得到苏联人民和苏联政府这种兄弟般的友谊，是永远不会忘记的。

目前的重要任务，是巩固以苏联为首的世界和平阵线，反对战争挑拨者，巩固中苏两大国家的邦交，和发展中苏人民的友谊。我相信，由于中国人民革命的胜利，和中华人民共和国的成立，由于新民主国家及世界爱好和平人民的共同努力，由于中苏两大国的共同愿望和亲密合作，特别是由于斯大林大元帅的正确的国际政策，这些任务必将会充分实现并获得良好的结果。

中苏友好与合作万岁！

根据一九四九年十二月十八日《人民日报》刊印。

渡海作战必须注意的问题[1]

（一九四九年十二月十八日）

林彪[2]同志（中央转）：

十日十四时电[3]悉。

（一）庆贺你们歼灭白崇禧的伟大胜利[4]。

（二）同意你的部署，即陈赓[5]略作休整即入云南，四野入桂各军休息二十天，大部分散剿匪，另以四十三军及四十军准备攻琼崖[6]。

（三）渡海作战，完全与过去我军所有作战的经验不相同，即必须注意潮水与风向，必须集中能一次运载至少一个军（四五万人）的全部兵力，携带三天以上粮食，于敌前登陆，建立稳固滩头阵地，随即独力攻进而不要依靠后援。因为潮水需十二小时后第一次载运船只方能返回运第二次，而敌可用海空军切断我之运输，故非选择时机一次载运一个军渡海登陆，并能独力攻进，建立基地，取得粮食，便有后援不继，遭受重大损失之危险。三野叶飞[7]兵团，于占领厦门后，不明上述情况，以三个半团九千人进攻金门岛上之敌三万人，无援无粮，被敌围攻，全军覆灭。你们必须研究这一教训。海南岛之敌，可能较金门敌人战力差些，但仍不可轻敌。请告邓、赖[8]及四十军、四十三军注意，并望你向粟裕[9]调查渡海作战的全部经验，以免重蹈金门覆辙。

（四）湖南省政府可于中南军政委员会成立后改组。但程潜[10]除任中南副主席外，其湖南军政委员会仍应存在，即使无具体工作，留一招牌亦有作用。此点程在京时，我已向他当面谈过，请加注意。

（五）关于城乡、公私、工商、劳资等相互关系，比重问题，已托邓子恢[11]同志向你转达，有何意见，望告。关于军队参加生产问题，请回汉口后统筹办理。

（六）整个中南六省的工作重心，已由军事转到经济与土改，希望你们于明年一月间成立中南军政委员会，集中力量领导全区经济工作，并积极准备土改条件。

毛　泽　东

十二月十八日于远方

根据手稿刊印。

注　释

〔1〕从本篇起，直到一九五〇年一月二十日《驳斥艾奇逊的无耻造谣》，都是毛泽东在访问苏联期间写的。

〔2〕林彪，当时任中共中央中南局第一书记、中国人民解放军第四野战军司令员、华中军区司令员。

〔3〕指林彪一九四九年十二月十日关于广西战役情况和部队行动等问题给毛泽东的电报。

〔4〕指第四野战军主力和第二野战军一部于一九四九年十一月上旬发起的广西战役。这次战役歼灭逃入广西的白崇禧集团十七万三千余人（仅两万人逃入越南），解放了广西全境。白崇禧，一九四九年四月被任命为国民党政府华中军政长官公署长官。

〔5〕指陈赓任司令员兼政治委员的中国人民解放军第四兵团。

〔6〕琼崖，即海南岛。

〔7〕叶飞，当时任中国人民解放军第十兵团司令员。

〔8〕邓，指邓华（一九一〇——一九八〇），湖南郴县（今属郴州市）人，当时任中国人民解放军第十五兵团司令员。赖，指赖传珠（一九一〇——一九六五），江西赣县人，当时任中国人民解放军第十五兵团政治委员。

〔9〕粟裕，当时任中国人民解放军第三野战军副司令员、华东军区副司令员。

〔10〕程潜（一八八二——一九六八），湖南醴陵人。原国民党元老、高级将领，一九四九年八月与陈明仁率部在长沙起义。当时任中央人民政府委员会委员、湖南军政委员会主任。

〔11〕邓子恢，当时任中共中央中南局第三书记、中国人民解放军第四野战军第二政治委员、华中军区第二政治委员。

对苏贸易应从统筹全局出发

（一九四九年十二月二十二日）

中央：

（一）据稼祥〔1〕说，波兰、捷克、德国都想和我们做生意。似此，除苏联外又有这三个国家即将发生通商贸易关系。此外，英国、日本、美国、印度等国或已有生意或即将做生意。因此，你们在准备对苏贸易条约时应从统筹全局的观点出发，苏联当然是第一位，但同时要准备和波、捷、德、英、日、美等国做生意，其范围和数量要有一个大概的计算。（二）二十一日来电已收到，已与斯大林约好二十三或二十四日谈一次。在这次谈话后可以确定方针电告你们。

毛　泽　东

十二月二十二日上午三时

根据手稿刊印。

注　　释

〔1〕稼祥，即王稼祥（一九〇六——一九七四），安徽泾县人。当时任中国驻苏联大使。

由西南局担负进军西藏和经营西藏的任务

（一九五〇年一月二日）

中央、德怀[1]同志，并请转发小平、伯承、贺龙[2]三同志：

（一）德怀同志十二月三十日关于西藏情况及入藏路线的电报业已收到阅悉。此电请中央转发刘、邓、贺三同志研究。（二）西藏人口虽不多，但国际地位极重要，我们必须占领，并改造为人民民主的西藏。由青海及新疆向西藏进军，既有很大困难，则向西藏进军及经营西藏的任务应确定由西南局担负。（三）既然由西北入藏每年只有五月中旬至九月中旬共四个月时间可以通行，其余八个月大雪封路，不能通行，则由西康[3]入藏之时间恐亦相同。而如果今年五月中旬至九月中旬不向西藏进军，则须推迟至一九五一年才能进军。我意如果没有不可克服的困难，应当争取于今年五月中旬开始向西藏进军，于十月以前占领全藏。为此，建议：（甲）请刘、邓、贺三同志于最近期内（例如一月中旬）会商一次，决定入藏的部队及领导经营西藏的负责干部等项问题，并立即开始布置一切；（乙）迅即占领打箭炉[4]，以此为基地筹划入藏事宜；（丙）由现在（一月上旬）至五月中旬以前共四个半月内，被指定入藏的军队，应争取由打箭炉分两路，推进至西康、西藏的接境地区，修好汽车路或大车路，准备于五月中旬开始入藏；（丁）收集藏民，训练干部；（戊）闻西藏只有六千军队，而且是分散的，似乎不需要我在上次电报中提议的三个军，而只需要一个充足的军或四个师共约四万人左右的兵力，即已够用，惟需加以特殊政治训练，配备精良武器；（己）入藏军队可定为三年一换，以励士气。（四）进军及经营西藏是我党光荣而艰苦的任务。西南刚才占领，西南局诸同志工作极忙，现又给以入藏任务，但因任务重要，且有时间性，故作如上建议。这些建议是否可行，请西南局筹划电复为盼。

毛　泽　东

一月二日上午四时于远方

根据手稿刊印。

注　释

〔1〕德怀，即彭德怀，当时任中共中央西北局第一书记、中国人民解放军第一野战军司令员、西北军区司令员。

〔2〕小平，即邓小平，当时任中共中央西南局第一书记、中国人民解放军第二野战军政治委员、西南军区政治委员。伯承，即刘伯承，当时任中共中央西南局第二书记、中国人民解放军第二野战军司令员。贺龙，当时任中共中央西南局第三书记、中国人民解放军西南军区司令员。

〔3〕西康，即西康省，一九五五年撤销，原辖区划归四川省。

〔4〕打箭炉，今四川康定县。

准备签订新的中苏友好同盟条约

（一九五〇年一月二日、三日）

一

中央：

（一）最近两日这里的工作有一个重要发展。斯大林同志已同意周恩来同志来莫斯科，并签订新的中苏友好同盟条约及贷款、通商、民航等项协定。昨一月一日决定发表我和塔斯社记者谈话，已见今日（二日）各报，你们谅已收到。今日下午八时，莫洛托夫、米高扬〔1〕二同志到我处谈话，问我对中苏条约等事的意见。我即详述三种办法：（甲）签订新的中苏友好同盟条约。这样做有极大利益。中苏关系在新的条约上固定下来，中国工人、农民、知识分子及民族资产阶级左翼都将感觉兴奋，可以孤立民族资产阶级右翼；在国际上我们可以有更大的政治资本去对付帝国主义国家，去审查过去中国和各帝国主义国家所订的条约。（乙）由两国通讯社发一简单公报，仅说到两国当局对于旧中苏友好同盟条约〔2〕及其他问题交换了意见，取得了在重要问题上的一致意见，而不涉及详细内容，实际上把这个问题拖几年再说。这样做,中国外长周恩来当然不要来。(丙)签订一个声明,内容说到两国关系的要点,但不是条约。这样做,周恩来也可以不来。当我详细分析上述三项办法的利害之后,莫洛托夫同志即说,(甲)项办法好,周可以来。我仍问,是否以新条约代替旧条约?莫洛托夫同志说,是的。随即计算周来及签订条约的时间。我说,我的电报一月三日到北京,恩来准备五天,一月九日从北京动身,坐火车十一天,一月十九日到莫斯科,一月二十日至月底约十天时间谈判及签订各项条约,二月初我和周一道回国。同时又谈到我出外游览的问题,商定晋谒列宁墓,去列宁格勒、高尔基城等处看一看,并看一看兵工厂、地下电车(这二项是莫、米二同志提的)、集体农场等处。又谈到和苏联各负责同志谈话的问题(到现在我还没有出门去单独看过他们任何一人)。(二)你们收到此电后,请于五天内准备完毕。希望恩来偕同贸易部长及其他必要助手和必要文件材料,于一月九日从北京动身,坐火车(不是坐飞机)来莫斯科,由董必武〔3〕同志代理政务院总理。对外不要发表,待周到莫后才发表。(三)以上是否可行,五天准备时间是否足够,是否还需多一二天准备时间,有无叫李富春〔4〕或其他同志同来协助之必要,均请考虑电复。

毛　泽　东

一月二日下午十一时

二

中央：

昨日下午十一时电谅达。恩来同志出国来苏须在政务院会议正式通过，并报告此行系为谈判及签订新的中苏友好同盟条约（和旧条约比较在旅大问题上可能有部分的变更，但具体内容尚待谈判。为防御日本及其同盟者的可能的侵略这一目标及承认外蒙独立则仍为新约的基本精神），贷款协定（我们提出的要求是三万万美元，分几年支付，我们所以不提较多的要求是因为在目前数年内多借不如少借为有利），民航协定（有利于建立自己的航空工业）及贸易协定（和苏联确定易货范围对于我们确定发展生产的方向是有利的，同时亦有利于和其他外国订立通商协定）。此外还应约集政府委员之在京者开一座谈会作同样报告。在两次会议上，应指出这一行动将使人民共和国处于更有利的地位，使资本主义各国不能不就我范围，有利于迫使各国无条件承认中国，废除旧约，重订新约，使各资本主义国家不敢妄动。

毛　泽　东

一月三日上午四时

根据手稿刊印。

注　释

〔1〕莫洛托夫（一八九〇——一九八六）、米高扬（一八九五——一九七八），当时均任苏联部长会议副主席。

〔2〕指一九四五年八月十四日中国国民党政府同苏联政府在莫斯科签订的《中苏友好同盟条约》。

〔3〕董必武（一八八六——一九七五），湖北黄安（今红安）人。当时任中央人民政府政务院副总理。

〔4〕李富春，当时任东北人民政府副主席。

关于恢复中华人民共和国在联合国及安理会的合法权利致联合国电[1]

（一九五〇年一月十九日）

联合国大会主席罗慕洛先生、秘书长赖伊先生，并请转达联合国及安全理事会各会员国代表团：

一九五〇年一月八日我曾向联合国发出照会，要求联合国及安全理事会将中国国民党反动残余集团的非法代表予以开除，此抗议照会已承赖伊先生复电表示收到并转达安全理事会各会员国。

现在我再通知你们，主席先生和秘书长先生，中华人民共和国中央人民政府业已任命张闻天为中华人民共和国出席联合国会议和参加联合国工作，包括安全理事会的会议及其工作的代表团的首席代表。

我并要求你们，主席先生和秘书长先生，回答我的下列两项问题，即：

（一）何时开除中国国民党反动残余集团的非法代表出联合国及其安全理事会。我认为这样的反动残余集团的非法代表到现在还这样留在联合国及其安全理事会，是完全不合理的，应当立即开除出去。

（二）以张闻天为首席代表的合法的中华人民共和国的代表团，何时可以出席联合国及其安全理事会的会议并参加工作。我认为应当迅速出席会议并参加工作。

以上各项，请予速复为盼。

中华人民共和国
中央人民政府外交部部长　周恩来

一九五〇年一月十九日

根据一九五〇年一月二十日
《人民日报》刊印。

注　　释

〔1〕这个电报是毛泽东起草的。关于驱除中国国民党残余集团的非法代表出联合国及其安全理事会，由于以美国为首的一些西方国家操纵联合国予以坚决反对，当时未能实现。直到一九七一年十月二十五日，第二十六届联合国大会以压倒多数通过决议，恢复中华人民共和国在联合国及其安全理事会的合法席位，并立即把国民党集团的代表从联合国的一切机构中驱逐出去。

驳斥艾奇逊的无耻造谣[1]

（一九五〇年一月二十日）

〔新华社北京二十日电〕 中央人民政府新闻总署署长胡乔木，本日向新华社记者发表谈话，驳斥美国国务卿艾奇逊的无耻造谣。

胡乔木署长说：美国国务卿艾奇逊一月十二日在美国全国新闻俱乐部的长篇讲演中造了一连串的谣言。美国帝国主义的官员们以艾奇逊这类人为代表，一天一天地变成了如果不乞灵于最无耻的谣言就不能活下去的最低能的政治骗子，这件事实表示了美国帝国主义制度在精神方面堕落到了什么样的程度。艾奇逊的通篇讲演都是以谣言掩盖美国侵略政策的实际。例如他说："我们的利益与亚洲各国人民的利益是符合的。"在提到中国时，他说：美国的利益和中国人民的利益"是并行不悖的"。"自从宣布门户开放政策之时起，经过九国公约[2]之签订，以至联合国大会的最近的决议都是这一个原则，并且我们对它始终不渝。"这里没有一个字不是撒谎。用一切办法钻进中国来，将中国变为美国殖民地，这就是美国的基本政策。用六十万万美元在最近数年中帮助蒋介石杀害了几百万中国人，这就是所谓美国的利益和中国人民的利益"是并行不悖的"。

胡乔木署长说：我们说的艾奇逊的最无耻的谣言还不是上面这些，而是他在中苏关系上所造的谣言。

艾奇逊说："苏联正在将中国北部地区实行合并，这种在外蒙[3]所实行了的办法，在满洲[4]亦几乎实行了。我相信苏联的代理人会从内蒙和新疆向莫斯科作很好的报告。这就是现在的情形，即整个中国居民的广大地区和中国脱离与苏联合并。苏联占据中国北部的四个区域，对于与亚洲有关的强国来说是重要的事实，对于我们来说是非常重要的。"

美国国务院对于中苏关系上的说话有它自己的历史。苏联帮助了中国共产党这一点是没有任何根据的——这是一九四八年以前美国国务院的老爷们常说的话，这是因为那时候在国务院老爷们看来，美国在中国的战争赌博似乎还有希望的原故。苏联企图控制中国——这是一九四九年国务院为中国问题而发表的白皮书中所说的话，这是因为这时候国务院老爷们已经感觉自己的赌博快要输光了的原故。苏联占据中国北部的四个区域——这是一九五〇年一月十二日的话，这是因为美国在中国大陆上的赌博已经彻底输光，剩下一个台湾，似乎还想在那里打点什么主意的原故。谢谢上帝，美国帝国主义者们在中国人民和中国人民解放军的扫荡之下，除了造作这样的谣言之外，已经没有别的更好办法了。所谓中国共产党是苏联的走狗，苏联已经或正在或将要吞并中国这类低能的造谣诬蔑，只能激起中苏两国人民的愤慨，加强中苏两国的友好合作，此外不会有别的结果。

腐朽透顶、矛盾百出的帝国主义制度，是表现得这样的有趣：在艾奇逊低能演说后的第二天，即一九五〇年一月十四日，被中国人民政府逮捕审判并驱逐出境的前美国驻沈阳总领事瓦尔德赏了艾奇逊一个清脆的耳光。据塔斯社一月十四日华盛顿电称："前美驻沈阳总领事瓦尔德返美后，曾与国务院官员谈话。此次谈话后，在回答记者的问题时，他说，除掉行使共管铁路的条约权利以外，并未看见苏联有监督满洲的任何迹象。瓦尔德同时指出，并未看见苏联有吞并满洲的任何迹象。他回答满洲共产党的政权是否受北京的监督时，瓦尔德称：所有共产党的政府，都是受高度的集中管理。据他所知，满洲乃系共产党中国之一部分。"

人们可以看见：在西半球的土地上发生了怎样的故事。一个说：满洲与苏联合并。一个说：并未看见。这两个不是别人，都是美国国务院的有名的官员。

根据一九五〇年一月二十一日
《人民日报》刊印。

注释

〔1〕这则电讯是毛泽东起草的。

〔2〕九国公约，是一九二二年二月美、英、法、日、意、比、荷、葡与中国北洋军阀政府在华盛顿会议上签订的。公约规定"中国门户开放"，列强在华利益"机会均等"等共同侵略中国的原则。

〔3〕外蒙，指蒙古人民共和国。

〔4〕满洲，指中国东北地区。

征询对待富农策略问题的意见

（一九五〇年三月十二日）

邓子恢[1]同志并告林彪、饶漱石、叶剑英、彭德怀、邓小平[2]同志：

（一）子恢寅真电悉，同意你不随林[3]来北京开会而派李雪峰[4]来。（二）请就你们现正召开的各省负责同志会议中征询关于对待富农策略问题的意见电告我们，即是说在今冬开始的南方几省及西北某些地区的土地改革运动中，不但不动资本主义富农，而且不动半封建富农，待到几年之后再去解决半封建富农问题。请你们考虑这样做是否有利些。这样做的理由：第一是土改规模空前伟大，容易发生过左偏向，如果我们只动地主不动富农，则更能孤立地主，保护中农，并防止乱打乱杀，否则很难防止；第二是过去北方土改是在战争中进行的，战争空气掩盖了土改空气，现在基本上已无战争，土改就显得特别突出，给予社会的震动特别显得重大，地主叫唤的声音将特别显得尖锐，如果我们暂时不动半封建富农，待到几年之后再去动他们，则将显得我们更加有理由，即是说更加有政治上的主动权；第三是我们和民族资产阶级的统一战线，现在已经在政治上、经济上和组织上都形成了，而民族资产阶级是与土地问题密切联系的，为了稳定民族资产阶级起见，暂时不动半封建富农似较妥当的。关于暂时不动富农的问题，去年十一月有饶漱石、邓子恢、李富春[5]三同志参加的政治局会议中，我曾提出过，惟未作详细的分析和未作出决定，现在已到需要作决定的时机了。决定之后需要修改土地法及其他有关土改的文件，并颁布出去，以利新区各省土改干部的学习，方有利于今年秋后开始土改，否则将错过时机，陷于被动。因此，不但请中南局，而且请华东局、华南分局、西南局、西北局的同志们对此问题加以讨论，并请将此电转发所属各省省委、各市市委加以讨论，将赞成和反对的意见收集起来迅速电告中央，以凭考虑决策，是为至要。

毛 泽 东

三月十二日

根据手稿刊印。

注 释

〔1〕邓子恢，当时任中共中央中南局第三书记。

〔2〕林彪，当时任中共中央中南局第一书记。饶漱石，当时任中共中央华东局第一书记。叶剑英，当时任中共中央华南分局第一书记。彭德怀，当时任中共中央西北局第一书记。邓小平，当时任中共中央西南局第一书记。

〔3〕林，指林彪。

〔4〕李雪峰，一九〇七年生，山西永济人。当时任中共中央中南局组织部部长。

〔5〕李富春，当时任中共中央东北局副书记。

对资本主义工商业的几个政策问题[1]

（一九五〇年四月）

一

今天的斗争对象主要是帝国主义、封建主义及其走狗国民党反动派残余，而不是民族资产阶级。对于民族资产阶级是有斗争的，但必须团结它，是采用既团结又斗争的政策，以达团结它共同发展国民经济之目的。[2]

二

应限制和排挤的是那些不利于国计民生的工商业，即投机商业，奢侈品和迷信品工商业，而不是正当的有利于国计民生的工商业，对这些工商业当它们困难时应给以扶助使之发展。[3]

三

这是长远的事,在目前阶段不可能无限制地发展,必须同时利用私人资本。〔4〕

四

这是不对的。〔5〕

五

完全错误的说法。〔6〕

六

应当划分阵地,即划分经营范围。讲得很幼稚。〔7〕

七

除盐外,应当划定范围,不要垄断一切。

只能控制几种主要商品(粮、布、油、煤)的一定数量,例如粮食的三分之一等。〔8〕

八

建立百货公司，并不是代替全部商业。[9]

根据毛泽东手稿刊印。

注　释

〔1〕这是毛泽东在全国统战工作会议工商组讨论会的一份发言记录稿上写的批语。

〔2〕这个批语是对发言记录稿中“今天斗争对象，主要是资产阶级”一句话写的。

〔3〕这个批语是对发言记录稿中关于私营工商业的限制和排挤问题写的。

〔4〕这个批语是对发言记录稿中“国营经济是无限制地发展”一句话写的。

〔5〕这个批语是对发言记录稿中“大资本家要停工，我们就让他停工。我们有钱，就接收过来”一句话写的。

〔6〕这个批语是对发言记录稿中这段话写的，即：“我们的政策，是要‘与民争利’。但他们所谓的‘民’，是资产阶级。我们则要争于人民有利的事情。我们说，我们就是‘只许州官放火，不许老百姓点灯’。但这里的‘州官’是人民，我们放火可以，你们点灯就违反群众利益。”

〔7〕这个批语是对发言记录稿中私营工商业“要求划分阵地，要河水不犯井水，我们不允许”一句话写的。

〔8〕这个批语是对发言记录稿中“‘与民争利’，表现在粮食、花纱布、火柴、百货、盐的控制”一句话写的。

〔9〕这个批语是对发言记录稿中“百货公司必须建立，不然即不能稳定物价”一句话写的。

在中央人民政府委员会第七次会议上的讲话

（一九五〇年四月十三日）

政务院财政经济委员会过去六个月在整理收支、稳定物价方面的工作有了很大的成绩。财经委员会的方针是正确的。工作中还有一些缺点，应当注意改正。

我们国家的财政情况已开始好转，这是很好的现象。但整个财政经济情况的根本好转需要有三个条件，即：土地改革的完成，现有工商业的合理调整和国家军政费用的大量节减。这些应当争取逐步实现，也是完全可以实现的，那时就可以出现根本的好转。今后几个月内政府财经领导机关的工作重点，应当放在调整公营企业与私营企业以及公私企业各个部门的相互关系方面，极力克服无政府状态。

《共同纲领》的规定，在经营范围、原料供给、销售市场、劳动条件、技术设备、财政政策、金融政策等方面，调剂各种社会经济成分，在国营经济领导之下，分工合作，各得其所，〔1〕必须充分实现，方有利于整个人民经济的恢复和发展。现在已经发生的在这方面的某些混乱思想，必须澄清。

根据一九五〇年四月十五日
《人民日报》刊印。

注　释

〔1〕见中国人民政治协商会议第一届全体会议一九四九年九月二十九日通过的《中国人民政治协商会议共同纲领》第二十六条。原文是:“国家应在经营范围、原料供给、销售市场、劳动条件、技术设备、财政政策、金融政策等方面,调剂国营经济、合作社经济、农民和手工业者的个体经济、私人资本主义经济和国家资本主义经济,使各种社会经济成分在国营经济领导之下,分工合作,各得其所,以促进整个社会经济的发展。”

转变时期力争不要破坏不应当破坏的事物

（一九五〇年四月十六日）

陈毅[1]同志：

删午电悉。税收问题和失业问题能照正确原则解决，取得各方同意妥慎进行，甚好甚慰。目前处在转变的紧张时期，力争使此种转变进行得好一些，不应当破坏的事物，力争不要破坏，或破坏得少一些，你们把握了这一点，就可以减少阻力，就有了主动权。会议[2]情形，望随时电告。

毛　泽　东

四月十六日二十二时

根据手稿刊印。

注　释

〔1〕陈毅（一九〇一——一九七二），四川乐至人。当时任中共上海市委第一书记、上海市市长。

〔2〕指当时正在举行的上海市第三次各界人民代表会议。这次会议一九五〇年四月十五日开始，二十三日结束。

关于春耕、土改和干部整训工作的意见

（一九五〇年四月二十八日）

漱石、子恢、小平、德怀[1]同志：

下列各点请予电复：（一）目前春耕状况如何，所属各省、区党委是否已集中主要注意力从事春耕生产的组织和领导，农民缺乏种子、肥料及食粮的问题是否可以得到解决，今年是否有争取一个丰收年成的希望，此事关系极为重大，务望注意。（二）华东局、中南局各担任起草一个土地法草案，是否已在着手，我们希望你们能于五月十日起草完成，五月十五日以前送到中央，是否能做到。除一个一般的土地法外，是否还需要发一个关于土改工作的指示，规定土改工作中的许多具体办法，你们是否正在准备起草此项指示。再则，此项指示由各区军政委员会各自发布为好，还是由政务院统一发布为好。总之不论土地法或土改指示，均希望你们能于五月十五日以前送到中央，以便中央及政务院能于五月下半月加以决定，六月一日公布。再则，华东局已经准备了为着土改目的而使用的七万二千个干部，并准备于土地法令公布后的几个月内加以集中整训及学习土改，中南局及西北局关于此项干部的准备情况如何?(三)整训干部已经成了极端迫切的任务,各阶层人民相当普遍地不满意我们许多干部的强迫命令主义的恶劣作风,尤其是表现于征粮、收税和催缴公债等项工作中的上述作风,如不及时加以整顿,即将脱离群众。你们对于此项整训工作是否正在筹划,有无关于整干的计划(步骤)及指示。

毛 泽 东

四月二十八日

根据手稿刊印。

注 释

〔1〕漱石,即饶漱石,当时任中共中央华东局第一书记。子恢,即邓子恢,当时任中共中央中南局第三书记。小平,即邓小平,当时任中共中央西南局第一书记。德怀,即彭德怀,当时任中共中央西北局第一书记。

如实查报苏南
征粮、春耕和救灾情况

（一九五〇年五月十二日）

漱石[1]同志并告子恢[2]：

五月九日电悉。（一）刘瑞龙、谭启龙[3]可于五月二十日到中央。（二）陈丕显[4]可以不来，但请叫陈丕显同志将苏南征粮偏差及纠正情况，春耕中食粮、种子、肥料等如何解决的及现在苏南春耕情况，苏南灾情及救济情况等三项问题，向中央作一有具体内容的较详细的报告用电报发来，以便答复黄炎培[5]（黄炎培报告苏南情况并陈补救办法之意见书，已送你处谅收到，请抄发陈丕显研究）。如材料不足，须经过调查研究，可于六月十日以前做好发来。特别注意调查川沙、南汇、奉贤三县情况。据黄炎培说，此三县有灾民二十万，征粮不但不减免，且要重征，以致三县农民种子没有，肥料不施，食粮不足，农民体力大减难于下田工作等语，是否属实，应派员详查，按照实事求是精神，有则说有，无则说无，是则是，非则非，逐一查明，并加分析具报。（三）你的四月份报告不要做了。

毛　泽　东

五月十二日

根据手稿刊印。

注　释

〔1〕漱石，即饶漱石，当时任中共中央华东局第一书记。

〔2〕子恢，即邓子恢，当时任中共中央中南局第三书记。

〔3〕刘瑞龙（一九一〇——一九八八），江苏南通县（今通州市）人，当时任中共中央华东局农村工作委员会书记。谭启龙，一九一四年生，江西永新人，当时任中共浙江省委副书记。

〔4〕陈丕显（一九一六——一九九五），福建上杭人。当时任中共苏南区委书记。

〔5〕黄炎培（一八七八——一九六五），江苏川沙（一九九三年并入上海浦东新区）人。中国民主建国会主要负责人。当时任中央人民政府委员、政务院副总理。

省以上各级党委必须经常讨论财经工作[1]

（一九五〇年五月二十日）

饶漱石同志并告子恢，小平，德怀，高岗[2]：

一、你托廖鲁言[3]带回的口头意见已收到，都是对的。其中说中央及中财委的政策方案都是正确的，但中央的业务机关分配给地方的具体任务与工作布置有很多太重行不通，是指一些什么事，请列举具体内容电告以便纠正。三、嗣后凡有中央业务机关规定任务方案在地方上窒碍难行者，请各区负责同志一经发现立即电告以便改正。四、各中央局主要负责同志必须亲自抓紧财政、金融、经济工作，各中央局会议必须经常讨论财经工作，不得以为只是财经业务机关的工作而稍有放松，各分局、大市委、省委、区党委亦是如此。中央政治局现在几乎每次会议都要讨论财经工作。五、此电请转分局，各大市委、省委、区党委。

毛　泽　东

五月二十日

根据手稿刊印。

注 释

〔1〕毛泽东给中共中央华东局第一书记饶漱石等的这个电报共五点，收入本书时略去第二点。

〔2〕子恢，即邓子恢，当时任中共中央中南局第三书记。小平，即邓小平，当时任中共中央西南局第一书记。德怀，即彭德怀，当时任中共中央西北局第一书记。高岗，当时任中共中央东北局书记。

〔3〕廖鲁言（一九一三——一九七二），江苏南京人。当时任中共中央政策研究室副主任兼秘书长。

对私营工商业要有所不同、一视同仁[1]

（一九五〇年五月二十五日）

今天的资本主义工商业对社会是需要的，有利的。私营工商业统统要拿到政府的翅膀之下来，是有理由的，因为适应了人民的需要，改善了工人的生活。当然，资本家要拿走一部分利润，那是必需的。私营工商业是会长期存在的，我们不可能很快实行社会主义。到哪一天才需要全面进攻，取消资本家的那一部分呢？照苏联的例子，时间是很长的。他们一九二九年开始集体化，消灭富农经济，后来又搞快了，因此一九三〇年斯大林有一篇文章《胜利冲昏头脑》[2]。所以必须慎重。现在我们有广大的国营工商业，需要把这些企业搞好。要有所不同，一视同仁。有所不同者，是国营占领导地位，是进步的，把位置反转过来是不行的，因为私营工商业比较落后，这一点必须公开说明，我曾同几个资本家说过。其他则一般的应当一视同仁，有的是要逐渐才能办到的，如收购、采办、出口以及市场。工资问题将来也是要解决的。在私人工厂中，也可以有模范工作者和劳动英雄，也应当有生产竞赛。总的说来，这种政策对于国家和人民是有利的，这个利是超过对资本家的利益。

裁员问题、失业救济问题，都应该是一样的，一视同仁，或者如陈云[3]同志所说的“不分厚薄”。这个精神在《共同纲领》第二十六条[4]中已经有了，即统筹兼顾。

根据中央档案馆保存的讲话记录稿刊印。

注　　释

〔1〕这是毛泽东在中共中央政治局会议上的讲话。

〔2〕见《斯大林选集》下卷（人民出版社1979年版），第238—244页。

〔3〕陈云（一九〇五——一九九五），江苏青浦（今属上海市）人。当时任政务院副总理兼财政经济委员会主任。

〔4〕中国人民政治协商会议第一届全体会议一九四九年九月二十九日通过的《中国人民政治协商会议共同纲领》第二十六条规定：“中华人民共和国经济建设的根本方针，是以公私兼顾、劳资两利、城乡互助、内外交流的政策，达到发展生产、繁荣经济之目的。”

关于土地改革报告的修改[1]

（一九五〇年六月四日）

一

少奇同志：

此件[2]看过，很好，很有用。有些修改，请再酌。说富农的部分长了，反而不清楚，有些则说得不大适当，故删去一大部。加上一九四六年以后一段经验，借以纠正一部分同志已经有了的一种错觉，说过去的“左”倾错误是一九四七年十月十日《土地法大纲》[3]上规定了没收富农多余土地财产的原故。如果没有这段说明，则不能纠正此种错觉。

所谓生产力，是指劳动者和生产资料（亦称生产手段）两部分。所谓生产资料，在农村中，首先是土地，其次是农具、牲畜、房屋[4]等。粮食是农民利用生产资料生产出来的生活资料。我们将从地主手里没收的粮食亦和其他被没收的东西列在一起称为生产资料也是可以的，因为这种粮食具有资金的性质。所谓生产关系，是指人们对生产资料的所有关系，即财产的所有权关系。生产资料的使用，例如农民使用（租用）地主的土地，只是地主对于土地的所有关系的结果，这种所有关系表现为佃农对地主的隶属关系（人与人的关系），即是生产关系。过去许多同志在这个问题上犯了二元论(甚至是多元论)的错误,将生产关系和使用关系并列,又将生产资料与生活资料并列,作为划分阶级的标准,把问题弄得很糊涂,划错了许多人的阶级成分。曾于一九四七年冬季叫乔木〔5〕写了一个文件,题为"中国各社会阶级及其待遇的规定"〔6〕,其前面两章是我写的,说明了这个问题,可以参看。

毛　泽　东

六月四日下午

二

除对极少数犯了重大罪行的地主,即罪大恶极的土豪劣绅及坚决反抗土地改革的犯罪分子,应由法庭判处死刑或徒刑而外,对于一般地主只是废除他们的封建的土地所有制,废除他们这一个社会阶级,而不是要消灭他们的肉体。

在一九四六年七月至一九四七年十月这一时期内,华北、山东及东北许多地区的农民群众和我们的农村工作人员,在实施土地改革中,没有能够按照中共中央在一九四六年五月四日颁发的基本上不动富农土地财产的指示,而按照他们自己的意志行动,将富农的土地财产和地主一样地没收了。这是可以理解的。因为这一时期,是中国人民和国民党反动派双方斗争最紧张最残酷的时期。土地改革中发生偏差,也以这一时期为最多,侵犯了一部分中农的利益,破坏了一部分农村中的工商业,并在一些地方发生了乱打乱杀的现象。发生这些现象的原因，主要是由于当时紧张的政治形势和军事形势，同时，也由于我们的大多数农村工作人员没有土地改革的经验，他们不知道正确地划分农村阶级成分的方法，划错了一部分人的阶级成分，将某些富农当成了地主，将某些中农当成了富农。鉴于此种情况，中共中央乃于一九四七年十月十日颁发了《土地法大纲》，将富农和地主加以区别，但允许征收富农多余的土地财产。同年冬季，中共中央颁发了划分农村阶级成分的文件，毛主席发表了《关于目前形势与任务》[7]的文告，任弼时同志也发表了关于土地改革问题的演说[8]。从这时起，农村中发生的某些混乱现象就停止了，土地改革走上了正轨。为了使我们的同志今后在各新解放区进行土地改革工作中不要重复过去的错误，指出过去的经验是有必要的。我们现在是处在完全新的情况下，我们建议的土地改革法，采取了消灭封建制度保存富农经济的方针，也是完全必要的。

各级农民协会的领导成分应该是纯洁的，不纯洁的地方应该发动群众加以改选。这里所谓纯洁，不是说对雇农、贫农、中农中之犯有某些错误者采取关门态度，拒绝他们入会。相反，应当欢迎他们入会，加以教育，团结他们。这里所谓纯洁，是指不要让地主、富农及其代理人加入农会，更不要让他们充当农民协会的领导人员。

根据毛泽东手稿刊印。

注　　释

〔1〕本篇一是毛泽东关于修改土地改革报告给刘少奇的信；本篇二是毛泽东在审阅报告稿时加写的三段文字。

〔2〕指刘少奇准备在全国政协一届二次会议上作的《关于土地改革问题的报告》草稿。

〔3〕《土地法大纲》，即《中国土地法大纲》，由中国共产党全国土地会议一九四七年九月十三日通过，同年十月十日由中共中央公布。

〔4〕这里的"房屋"指作为生产资料的房屋。作为人们生活用房的房屋，毛泽东把它列入生活资料。他在《中共中央关于土地改革中各社会阶级的划分及其待遇的规定》第一章中曾经指出："人们为着要生活，就要生产生活资料，例如粮食，衣服，房屋，燃料，器具等。人们为着要生产生活资料，就要有生产资料，例如土地，原料，牲畜，工具，工场等。"

〔5〕乔木，即胡乔木（一九一二——一九九二），江苏盐城人。当时任毛泽东的秘书。

〔6〕这个文件的全称是《中共中央关于土地改革中各社会阶级的划分及其待遇的规定》。其前两章已编入本书第五卷，题为《中国的社会经济形态、阶级关系和人民民主革命》。

〔7〕即《目前形势和我们的任务》（《毛泽东选集》第四卷，人民出版社 1991 年版，第 1243—1260 页）。

〔8〕指中共中央书记处书记任弼时一九四八年一月十二日在西北野战军前线委员会扩大会议上作的《土地改革中的几个问题》的讲话（《任弼时选集》，人民出版社 1987 年版，第 413—437 页）。

为争取国家财政经济状况的基本好转而斗争[1]

（一九五〇年六月六日）

目前的国际情况对于我们是有利的。以苏联为首的世界和平民主阵线比去年更为壮大。世界各国争取和平反对战争的人民运动有了发展。欲挣脱帝国主义压迫的民族解放运动有了广大的发展，其中特别值得注意的是日本人民和德国人民反对美国占领的群众运动已经起来，东方各被压迫民族的人民解放斗争有了发展。同时，帝国主义国家之间的矛盾，主要的是美国和英国之间的矛盾也发展了。美国资产阶级内部各派之间的争吵和英国资产阶级内部各派之间的争吵也增多了。与此相反，苏联及各人民民主国家相互之间的关系则是很团结的。具有伟大历史意义的新的中苏条约，巩固了两国的友好关系，一方面使我们能够放手地和较快地进行国内的建设工作，一方面又正在推动着全世界人民争取和平和民主反对战争和压迫的伟大斗争。帝国主义阵营的战争威胁依然存在，第三次世界大战的可能性依然存在。但是，制止战争危险，使第三次世界大战避免爆发的斗争力量发展得很快，全世界大多数人民的觉悟程度正在提高。只要全世界共产党能够继续团结一切可能的和平民主力量，并使之获得更大的发展，新的世界战争是能够制止的。国民党反动派所散布的战争谣言是欺骗人民的，是没有根据的。

目前我们国家的情况是：中华人民共和国中央人民政府及各级地方人民政府已经成立。苏联、各人民民主国家及若干资本主义国家已经先后和我国建立了外交关系。战争已在大陆上基本结束，只有台湾和西藏还待解放，还是一个严重的斗争任务。国民党反动派在大陆若干地区内采取了土匪游击战争的方式，煽动了一部分落后分子，和人民政府作斗争。国民党反动派又组织许多秘密的特务分子和间谍分子反对人民政府，在人民中散布谣言，企图破坏共产党和人民政府的威信，企图离间各民族、各民主阶级、各民主党派、各人民团体的团结和合作。特务和间谍们又进行了破坏人民经济事业的活动，对于共产党和人民政府的工作人员采取暗杀手段，为帝国主义和国民党反动派收集情报。所有这些反革命活动，都有帝国主义特别是美帝国主义在背后策动。这些土匪、特务和间谍，都是帝国主义的走狗。人民解放军自从一九四八年冬季取得辽沈、淮海、平津三大战役的决定性胜利以后，从一九四九年四月二十一日开始渡江作战起至现在为止的十三个半月内，占领了除西藏、台湾及若干其他海岛以外的一切国土，消灭了一百八十三万国民党反动派的军队和九十八万土匪游击队，人民公安机关则破获了大批的反动特务组织和特务分子。现在人民解放军在新解放区仍有继续剿灭残余土匪的任务，人民公安机关则有继续打击敌人特务组织的任务。全国大多数人民热烈地拥护共产党、人民政府和人民解放军。人民政府在最近几个月内实现了全国范围的财政经济工作的统一管理和统一领导，争取了财政的收支平衡，制止了通货膨胀，稳定了物价。全国人民用交粮、纳税、买公债的行动支持了人民政府。我们国家去年有广大的灾荒，约有一亿二千万亩耕地和四千万人民受到轻重不同的水灾和旱灾。人民政府组织了对灾民的大规模的救济工作，在许多地方进行了大规模的水利建筑工作。今年年成比去年好，夏收看来一般是好的。如果秋收也是好的，那就可以想象，明年的光景会比今年要好些。帝国主义和国民党反动派的长期统治，造成了社会经济的不正常状态，造成了广大的失业群。革命胜利以后，整个旧的社会经济结构在各种不同的程度上正在重新改组，失业人员又有增多。这是一件大事，人民政府业已开始着手采取救济和安置失业人员的办法，以期有步骤地解决这个问题。人民政府进行了广大的文化教育工作，有广大的知识分子和青年学生参加了新知识的学习，或者参加了革命工作。人民政府对于合理地调整工商业，改善公私关系和劳资关系，已经做了一些工作，现正用大力继续做此项工作。

中国是一个大国，情况极为复杂，革命是在部分地区首先取得胜利，然后取得全国的胜利。符合于此种情况，凡在老解放区（约有一亿六千万人口），土地改革已经完成，社会秩序已经安定，经济建设工作已经开始走上轨道，大多数劳动人民的生活已经有所改善，失业工人和失业知识分子的问题已经解决（东北），或者接近于解决（华北及山东）。特别是在东北，已经开始了有计划的经济建设。在新解放区（约有三亿一千万人口），则因为解放的时间还只有几个月，半年，或者一年，还有四十余万分散在各个偏僻地方的土匪待我们去剿灭，土地问题还没有解决，工商业还没有获得合理的调整，失业现象还是严重地存在，社会秩序还没有安定。一句话，还没有获得有计划地进行经济建设的条件。因此，我曾说过：我们现在在经济战线上已经取得的一批胜利，例如财政收支接近平衡，通货停止膨胀和物价趋向稳定等等，表现了财政经济情况的开始好转，但这还不是根本的好转。要获得财政经济情况的根本好转，需要三个条件，即：（一）土地改革的完成；（二）现有工商业的合理调整；（三）国家机构所需经费的大量节减。要争取这三个条件，需要相当的时间，大约需要三年时间，或者还要多一点。全党和全国人民均应为创造这三个条件而努力奋斗。我和大家都相信，这些条件是完全有把握地能够在三年左右的时间内争取其实现的。到了那时，我们就可以看见我们国家整个财政经济状况的根本好转了。

为此目的，全党和全国人民必须一致团结起来，做好下列各项工作：

（一）有步骤有秩序地进行土地改革工作。因为战争已经在大陆上基本结束，和一九四六年至一九四八年的情况（人民解放军和国民党反动派进行着生死斗争，胜负未分）完全不同了，国家可以用贷款方法去帮助贫农解决困难，以补贫农少得一部分土地的缺陷。因此，我们对待富农的政策应有所改变，即由征收富农多余土地财产的政策改变为保存富农经济的政策，以利于早日恢复农村生产，又利于孤立地主，保护中农和保护小土地出租者。

（二）巩固财政经济工作的统一管理和统一领导，巩固财政收支的平衡和物价的稳定。在此方针下，调整税收，酌量减轻民负。在统筹兼顾的方针下，逐步地消灭经济中的盲目性和无政府状态，合理地调整现有工商业，切实而妥善地改善公私关系和劳资关系，使各种社会经济成分，在具有社会主义性质的国营经济领导之下，分工合作，各得其所，以促进整个社会经济的恢复和发展。有些人认为可以提早消灭资本主义实行社会主义，这种思想是错误的，是不适合我们国家的情况的。

（三）在保障有足够力量用于解放台湾、西藏，巩固国防和镇压反革命的条件之下，人民解放军应在一九五〇年复员一部分，保存主力。必须谨慎地进行此项复员工作，使复员军人回到家乡安心生产。行政系统的整编工作是必要的，亦须适当地处理编余人员，使他们获得工作和学习的机会。

（四）有步骤地谨慎地进行旧有学校教育事业和旧有社会文化事业的改革工作，争取一切爱国的知识分子为人民服务。在这个问题上，拖延时间不愿改革的思想是不对的，过于性急、企图用粗暴方法进行改革的思想也是不对的。

（五）必须认真地进行对于失业工人和失业知识分子的救济工作，有步骤地帮助失业者就业。必须继续认真地进行对于灾民的救济工作。

（六）必须认真地团结各界民主人士，帮助他们解决工作问题和学习问题，克服统一战线工作中的关门主义倾向和迁就主义倾向。必须认真地开好足以团结各界人民共同进行工作的各界人民代表会议。人民政府的一切重要工作都应交人民代表会议讨论，并作出决定。必须使出席人民代表会议的代表们有充分的发言权，任何压制人民代表发言的行动都是错误的。

（七）必须坚决地肃清一切危害人民的土匪、特务、恶霸及其他反革命分子。在这个问题上，必须实行镇压与宽大相结合的政策，即首恶者必办，胁从者不问，立功者受奖的政策，不可偏废。全党和全国人民对于反革命分子的阴谋活动，必须提高警惕性。

（八）坚决地执行中央关于巩固和发展党的组织的指示，关于加强党和人民群众联系的指示，关于开展批评和自我批评的指示，关于全党整风的指示。鉴于我们的党已经发展到四百五十万人，今后必须采取谨慎地发展党的组织的方针，必须坚决地阻止投机分子入党，妥善地洗刷投机分子出党。必须注意有步骤地吸收觉悟工人入党，扩大党的组织的工人成分。在老解放区，一般地应停止在农村中吸收党员。在新解放区，在土地改革完成以前，一般地不应在农村中发展党的组织，以免投机分子乘机混入党内。全党应在一九五〇年的夏秋冬三季，在和各项工作任务密切地相结合而不是相分离的条件之下，进行一次大规模的整风运动，用阅读若干指定文件，总结工作，分析情况，展开批评和自我批评等项方法，提高干部和一般党员的思想水平和政治水平，克服工作中所犯的错误，克服以功臣自居的骄傲自满情绪，克服官僚主义和命令主义，改善党和人民的关系。

根据一九五〇年六月十三日《人民日报》刊印。

注　　释

〔1〕这是毛泽东在中共七届三中全会上的书面报告。

不要四面出击[1]

（一九五〇年六月六日）

七届二中全会以来，我们党领导的新民主主义革命在全国范围内取得了胜利，成立了中华人民共和国。这是一个伟大的胜利，是中国从古未有的大胜利，也是十月革命以后一个带世界性的大胜利。斯大林同志和许多外国同志，都感觉中国革命的胜利是极其伟大的。我们有许多同志，因为在这个斗争中搞惯了，反而不那样感觉。关于中国革命胜利的伟大意义，我们还要在党内和群众中间，做广泛的宣传。

在伟大胜利的形势下，我们面前还有很复杂的斗争，还有许多困难。

我们已经在北方约有一亿六千万人口的地区完成了土地改革，要肯定这个伟大的成绩。我们的解放战争，主要就是靠这一亿六千万人民打胜的。有了土地改革这个胜利，才有了打倒蒋介石的胜利。今年秋季，我们就要在约有三亿一千万人口这样广大的地区开始土地改革，推翻整个地主阶级。在土地改革中，我们的敌人是够大够多的。第一，帝国主义反对我们。第二，台湾、西藏的反动派反对我们。第三，国民党残余、特务、土匪反对我们。第四，地主阶级反对我们。第五，帝国主义在我国设立的教会学校和宗教界中的反动势力，以及我们接收的国民党的文化教育机构中的反动势力，反对我们。这些都是我们的敌人。我们要同这些敌人作斗争，在比过去广大得多的地区完成土地改革，这场斗争是很激烈的，是历史上没有过的。

同时，革命胜利引起了社会经济改组。这种改组是必要的，但暂时也给我们带来很重的负担。由于社会经济改组和战争带来的工商业的某些破坏，许多人对我们不满。现在我们跟民族资产阶级的关系搞得很紧张，他们皇皇不可终日，很不满。失业的知识分子和失业的工人不满意我们，还有一批小手工业者也不满意我们。在大部分农村，由于还没有实行土地改革，又要收公粮，农民也有意见。

我们当前总的方针是什么呢？就是肃清国民党残余、特务、土匪，推翻地主阶级，解放台湾、西藏，跟帝国主义斗争到底。为了孤立和打击当前的敌人，就要把人民中间不满意我们的人变成拥护我们。这件事虽然现在有困难，但是我们总要想各种办法来解决。

我们要合理地调整工商业，使工厂开工，解决失业问题，并且拿出二十亿斤粮食解决失业工人的吃饭问题，使失业工人拥护我们。我们实行减租减息、剿匪反霸、土地改革，广大农民就会拥护我们。我们也要给小手工业者找出路，维持他们的生活。对民族资产阶级，我们要通过合理调整工商业，调整税收，改善同他们的关系，不要搞得太紧张了。对知识分子，要办各种训练班，办军政大学、革命大学，要使用他们，同时对他们进行教育和改造。要让他们学社会发展史、历史唯物论等几门课程。就是那些唯心论者，我们也有办法使他们不反对我们。他们讲上帝造人，我们讲从猿到人。有些知识分子老了，七十几岁了，只要他们拥护党和人民政府，就把他们养起来。

全党都要认真地、谨慎地做好统一战线工作。要在工人阶级领导下，以工农联盟为基础，把小资产阶级、民族资产阶级团结起来。民族资产阶级将来是要消灭的，但是现在要把他们团结在我们身边，不要把他们推开。我们一方面要同他们作斗争，另一方面要团结他们。要向干部讲明这个道理，并且拿事实证明，团结民族资产阶级、民主党派、民主人士和知识分子是对的，是必要的。这些人中间有许多人过去是我们的敌人，现在他们从敌人方面分化出来，到我们这边来了，对这种多少有点可能团结的人，我们也要团结。团结他们，有利于劳动人民。现在我们需要采取这个策略。

团结少数民族很重要。全国少数民族大约有三千万人。少数民族地区的社会改革，是一件重大的事情，必须谨慎对待。我们无论如何不能急躁，急了会出毛病。条件不成熟，不能进行改革。一个条件成熟了，其他条件不成熟，也不要进行重大的改革。当然，这并不是说不要改革。按照《共同纲领》的规定，少数民族地区的风俗习惯是可以改革的。但是，这种改革必须由少数民族自己来解决。没有群众条件，没有人民武装，没有少数民族自己的干部，就不要进行任何带群众性的改革工作。我们一定要帮助少数民族训练他们自己的干部，团结少数民族的广大群众。

总之，我们不要四面出击。四面出击，全国紧张，很不好。我们绝不可树敌太多，必须在一个方面有所让步，有所缓和，集中力量向另一方面进攻。我们一定要做好工作，使工人、农民、小手工业者都拥护我们，使民族资产阶级和知识分子中的绝大多数人不反对我们。这样一来，国民党残余、特务、土匪就孤立了，地主阶级就孤立了，台湾、西藏的反动派就孤立了，帝国主义在我国人民中间就孤立了。我们的政策就是这样，我们的战略策略方针就是这样，三中全会的路线就是这样。

根据人民出版社一九八六年出版的
《毛泽东著作选读》刊印。

注　　释

〔1〕这是毛泽东在中共七届三中全会上讲话的一部分。这部分讲话对他在这次会议上的书面报告《为争取国家财政经济状况的基本好转而斗争》作了说明，解释了报告的战略策略思想。

在全国政协一届二次会议上的讲话

（一九五〇年六月十四日、二十三日）

一 开幕词

诸位委员、诸位同志、诸位朋友们：

人民政治协商会议的全国委员会第二次会议现在开会。在这个会议上，有会务工作、土地改革工作、经济和财政工作、税收工作、外交和统一战线工作、文化和教育工作、军事工作、法院工作等项报告，希望予以讨论。其中，以土地改革问题为此次会议的中心议题。我们希望在此次会议上通过一个土地改革法案，经中央人民政府批准后付之实施，首先使十余万正在准备进行土地改革工作的干部早日学习这个法案，以便在今年秋后大约有一万万农业人口的地区能够顺利地进行土地制度的改革工作。自然，其他各项报告都是重要的，凡有意见都可发表，凡有提案都可付审议，只要能行者都应采纳。我们有伟大而正确的《共同纲领》以为检查工作、讨论问题的准则。《共同纲领》必须充分地付之实行，这是我们国家现时的根本大法。我相信，经过全体同志的努力，我们的会议是会顺利地完成自己的任务的。现在全国人民在中央人民政府领导之下，正在进行巨大的工作，为克服困难，争取经济状况的好转而斗争。我国的一切人民事业均正在循着新的轨道向前发展，每天都可看见进步，看见成绩，任何困难都不能阻止人民事业的前进。人民政治协商会议及其选出的全国委员会，是团结全国各民族、各民主阶级、各民主党派、各人民团体及各界民主人士的伟大的统一战线的政治组织，在全国人民中有很高的威信。我们必须巩固这种团结，巩固我们的统一战线，领导全国人民稳步地达到自己的目的。

根据一九五〇年六月十五日
《人民日报》刊印。

二 闭幕词

此次会议总结了过去时期的经验，决定了各项方针。

这种总结经验和决定方针的工作，是我们大家一起来做的，是各民族、各民主阶级、各民主党派、各人民团体和各界民主人士的代表人物集合在一起来做的。这里，不但有人民政协全国委员会的委员们，而且有中央人民政府、各大行政区人民政府（军政委员会）及各省市人民政府的许多工作人员列席参加讨论，而且有各省市各界人民代表会议协商委员会的代表们列席参加讨论，而且有许多特邀的爱国人士列席参加讨论。这样，我们就能集中广泛的意见，检查过去的工作，决定今后的方针。这种方法，我希望我们以后继续采用，并且希望各大行政区人民政府(军政委员会)和各省市人民政府也采用这种方法。我们的会议在暂时还是建议性质的会议。但是在实际上,我们在这种会议上所做的决定,中央人民政府是当然会采纳并见之实行的,是应当采纳并见之实行的。

我们一致同意了全国委员会的会务报告和中央人民政府的各项工作报告。这里有土地改革工作、政治工作、军事工作、经济和财政工作、税收工作、文化和教育工作、法院工作等项报告,这些报告都是好的。在这些报告中,适当地总结了过去时期的工作经验,规定了今后的工作方针。我们这次会议所以有这样多的议题,是因为我们的新国家成立以后,各方面工作都在开创,都在发展,全国人民正在蓬蓬勃勃地在各个战线上开展真正人民革命的伟大斗争,在军事战线上,在经济战线上,在思想战线上,在土地改革的战线上都是从古未有的极其伟大的斗争,各项工作都待总结,都待指示方针,所以我们有了这样多的议题。我们的会议按法律规定是每年开会两次,其中将有一次为议题众多的会议,一次为议题较少的会议。中国是一个大国,实际的人口超过四亿七千五百万,又处在人民革命的伟大历史时期,这种情况要求我们这样做,我们也就这样做了,我想我们是做得对的。

我们这次会议议题众多,中心的议题是将旧有土地制度加以改革的问题。大家同意刘少奇副主席的报告及中共中央建议的土地改革法草案,并对土地改革法草案作了若干有益的修改和补充。这是很好的,我为新中国数万万农村人民获得翻身机会和国家获得工业化的基本条件而表示高兴,表示庆贺。中国的主要人口是农民,革命靠了农民的援助才取得了胜利，国家工业化又要靠农民的援助才能成功，所以工人阶级应当积极地帮助农民进行土地改革，城市小资产阶级和民族资产阶级也应当赞助这种改革，各民主党派、各人民团体更应当采取这种态度。战争和土改是在新民主主义的历史时期内考验全中国一切人们、一切党派的两个“关”。什么人站在革命人民方面，他就是革命派，什么人站在帝国主义、封建主义、官僚资本主义方面，他就是反革命派。什么人只是口头上站在革命人民方面而在行动上则另是一样，他就是一个口头革命派，如果不但在口头上而且在行动上也站在革命人民方面，他就是一个完全的革命派。战争一关，已经基本上过去了，这一关我们大家都过得很好，全国人民是满意的。现在是要过土改一关，我希望我们大家都和过战争关一样也过得很好。大家多研究，多商量，打通思想，整齐步伐，组成一条伟大的反封建统一战线，就可以领导人民和帮助人民顺利地通过这一关。只要战争关、土改关都过去了，剩下的一关就将容易过去的，那就是社会主义的一关，在全国范围内实行社会主义改造的那一关。只要人们在革命战争中，在革命的土地制度改革中有了贡献，又在今后多年的经济建设和文化建设中有所贡献，等到将来实行私营工业国有化和农业社会化的时候（这种时候还在很远的将来），人民是不会把他们忘记的，他们的前途是光明的。我们的国家就是这样地稳步前进，经过战争，经过新民主主义的改革，而在将来，在国家经济事业和文化事业大为兴盛了以后，在各种条件具备了以后，在全国人民考虑成熟并在大家同意了以后，就可以从容地和妥善地走进社会主义的新时期。我认为讲明这一点是有必要的，这样可以使人们有信心，不致彷徨顾虑，不知道什么时候你们不要我了，我虽想为人民效力也没有机会了。不，不会这样的，只要谁肯真正为人民效力，在人民还有困难的时期内确实帮了忙，做了好事，并且是一贯地做下去，并不半途而废，那末，人民和人民的政府是没有理由不要他的，是没有理由不给他以生活的机会和效力的机会的。

在这个远大目标上，在国外，我们必须坚固地团结苏联、各人民民主国家及全世界一切和平民主力量，对此不可有丝毫的游移和动摇。在国内，我们必须团结各民族、各民主阶级、各民主党派、各人民团体及一切爱国民主人士，必须巩固我们这个已经建立的伟大的有威信的革命统一战线。不论什么人，凡对于这个革命统一战线的巩固工作有所贡献者，我们就欢迎他，他就是正确的；凡对于这个革命统一战线的巩固工作有所损害者，我们就反对他，他就是错误的。要达到巩固革命统一战线的目的，必须采取批评和自我批评的方法。采取这种方法时所用的标准，主要是我们现时的根本大法即《共同纲领》。我们在这次会议中，即根据《共同纲领》，采取了批评和自我批评的方法。这是一个很好的方法，是推动大家坚持真理、修正错误的很好的方法，是人民国家内全体革命人民进行自我教育和自我改造的唯一正确的方法。人民民主专政有两个方法。对敌人说来是用专政的方法，就是说在必要的时期内，不让他们参与政治活动，强迫他们服从人民政府的法律，强迫他们从事劳动并在劳动中改造他们成为新人。对人民说来则与此相反，不是用强迫的方法，而是用民主的方法，就是说必须让他们参与政治活动，不是强迫他们做这样做那样，而是用民主的方法向他们进行教育和说服的工作。这种教育工作是人民内部的自我教育工作，批评和自我批评的方法就是自我教育的基本方法。我希望全国各民族、各民主阶级、各民主党派、各人民团体和一切爱国民主人士，都采用这种方法。

根据一九五〇年六月二十四日
《人民日报》刊印。

给马叙伦[1]的信

（一九五〇年六月十九日、一九五一年一月十五日）

一

马部长：

另件奉还。此事宜速解决，要各校注意健康第一，学习第二。营养不足，宜酌增经费。学习和开会的时间宜大减。病人应有特殊待遇。全国一切学校都应如此。高教会已开过，中小两级宜各开一次。以上请考虑酌办。此致

敬礼

毛　泽　东

六月十九日

二

夷初先生：

关于学生健康问题，前与先生谈过，此问题深值注意，提议采取行政步骤，具体地解决此问题。中共华东局一月十一日电报[2]一件付上请察阅，其中第三项即谈到此问题，提出健康第一，学习第二的方针，我以为是正确的。请与各副部长同

志商酌处理为盼！

敬礼！

毛　泽　东

一月十五日

根据手稿刊印。

注　　释

〔1〕马叙伦（一八八五——一九七〇），字夷初，浙江杭县（今余杭）人。当时任中央人民政府委员、教育部部长。

〔2〕指中共中央华东局、青年团华东工委一九五一年一月十一日关于学校工作给华东各地党委、团委并报中共中央、青年团中央的电报。其中第三项谈到，由于国民党长期反动统治的结果，学生体质孱弱，患病者很多。但解放以来，各地未能很好注意“健康第一，学习第二”之原则，因此造成公立学校之体格最差，大学比中学又差的现象严重存在，这点应引起十分警惕。应按华东高教会议的规定，适当减少正课时间，照顾学生健康需要。

要根治淮河

（一九五〇年七月——九月）

一

周〔1〕：

除目前防救外，须考虑根治办法，现在开始准备，秋起即组织大规模导淮工程，期以一年完成导淮，免去明年水患。请邀集有关人员讨论（一）目前防救、（二）根本导淮两问题。如何，请酌办。

毛　泽　东

七月二十日

二

周：

请令水利部限日作出导淮计划，送我一阅。此计划八月份务须作好，由政务院通过，秋初即开始动工。如何，望酌办。

毛　泽　东

八月五日

三

周：

此电〔2〕第三项有关改变苏北工作计划问题，请加注意。导淮必苏、皖、豫三省同时动手，三省党委的工作计划，均须以此为中心，并早日告诉他们。

毛　泽　东

八月三十一日

四

周：

现已九月底，治淮开工期不宜久延，请督促早日勘测，早日做好计划，早日开工。

毛　泽　东

九月二十一日

根据手稿刊印。

注　　释

〔1〕周，指周恩来。

〔2〕指华东军政委员会一九五〇年八月二十八日转报中共苏北区委对治淮的意见给周恩来的电报。苏北区党委意见的第三项是："如今年即行导淮，则势必要动员苏北党政军民全部力量，苏北今年整个工作方针要重新考虑，既定的土改、复员等工作部署必须改变，这在我们今年工作上转弯是有困难的；且治淮技术上、

人力组织上、思想动员上及河床搬家，及其他物资条件准备等等，均感仓促，对下年农业生产及治沂均受很大影响。如果中央为挽救皖北水灾，要苏北改变整个工作方针，服从整个导淮计划，我们亦当竭力克服困难，完成治淮大计。”

军委关于在军队中实施文化教育的指示

（一九五〇年八月一日）

中国人民解放战争，除西藏、台湾等处尚待解放，各地残余土匪尚待剿灭之外，已经基本上结束。国家的伟大的经济建设工作和文化建设工作，已经开始。今后人民解放军的任务，除必须解放西藏、台湾及剿灭残余土匪外，主要的就是要进行国防建设，准备对付帝国主义的可能侵略，维持国内治安，巩固人民民主专政。同时，也要尽可能地参加国家的经济建设工作和其他工作。我全体人民解放军已经基本上完成了国内革命战争的伟大任务，受到了全国人民的爱戴和拥护，今后必须为完成新的任务而奋斗。鉴于人民解放军的指挥员、战斗员一般的文化水平太低的情况，为了要完成伟大的新任务，就必须提高全体指挥员、战斗员的文化科学与技术水平，并从军队中培养大批的从工农出身的知识分子。因此，中央决定，全军除执行规定的作战任务和生产任务外，必须在今后一个相当时期内着重学习文化，以提高文化为首要任务，使军队形成为一个巨大的学校，组织广大指挥员和战斗员，尤其是文化水平低的干部，参加文化学习。为此，特规定下列各项：

（一）全军规模的文化教育，自一九五一年一月正式开始。务求在三年之内，使一般战士及初级小学程度以下的干部达到高级小学的水平，使一般相当于高级小学程度的干部达到初级中学的水平，然后再继续提高。

（二）在连队的教育时间内，暂规定以百分之六十的时间进行文化教育，以百分之三十的时间进行军事教育，以百分之十的时间进行政治教育。但某些起义部队在一九五一年内其文化教育时间应酌量减少，而增加政治教育时间。全军连队教育的时间分配，如因情况变化而需要改变时，当以命令改变之。

（三）各部队应按在职教育与离职教育衔接并进的方法，而以在职教育为重点，举办下列各种文化学校：

（1）在职的半日文化学校，由团以上各级普遍举办。这种半日学校，应按情况设立初小、高小、中学或专修等班级。在工作繁重、入学干部众多的机关、部队，分为上午与下午两部上课。

（2）为离职干部办的速成小学和速成中学，暂由军及省军区以上各级举办。速成中学可分为普通初级中学与完全中学两种。一级军区可举办离职高级干部的文化补习班。

（3）连队采取学校的形式，进行基本上完备的初小教育与高小教育。

（4）各军政大学，在一年或一年半内，以文化教育为主。部队其他学校，除军委规定或批准者外，暂时不办，或改组为文化学校。

（四）一切在职干部与战士，凡需要学习与补习文化者，不论职别，均应无例外地依照文化课程的考试甄别，参加在职文化教育的适当班次，并认真地进行学习。

各级干部，首先是经历多年斗争而文化水平甚低的工农出身的干部，凡能离职学习者，均应由各级领导机关有计划地分批或轮流抽调，经过考试，送入速成小学，或速成中学，或高级干部的文化补习班去学习。一部分优秀的青年战士，也可选调入学。

（五）在职与离职文化学校的教育，应一律采取速成的、联系实际的但又是正规的教育方针。

学校课程，应参照普通小学、中学的课程予以精简、重编，保持其科学的系统，减去不必要的课程，增加必要课程的内容。小学以国文、算术为基本课，兼有少量的自然、历史与地理常识课。中学亦须着重国文、数学，但应辅之以自然、物理、化学、历史及地理诸课。此外，各种学校均须有一定的军事课及政治课。各种基本课程均应采用中央审定的课本。在中央未发审定的课本之前，可选用既有的课本。

一切文化学校均应建立正规与合理的考试、分级、编班、升级、留级、毕业及发文凭等项制度，制定各种必需的条例及规则，确立学生的自觉纪律，规定教员的责任。

各种文化学校的教育，以上课为主要方法，同时重视自修与辅导等活动，以利切实与迅速地进行教育与学习。

（六）各级在职与离职文化学校的领导人员和教员，由各一级军区统一调配。首先应从各部队的知识分子干部中调用教员。不足之数，由一级军区筹划，从军政大学、人民革命大学、各地普通的大学、中学编余人员及失业知识分子中抽调或招聘之。干部学校的教员应力求优良称职。

(七)军队文化教育所必需的经费,应由一级军区政治部造出预算,经上级批准,由各级供给部门负责及时供应。

(八)部队文化教育工作,应在各级党委统一领导下进行。为了教育工作的顺利进行,得在团以上各级党委领导下,设立包括司、政、后勤及各有关部门负责人与学校负责人在内的文化教育委员会,负责计划文化教育的课程、时间、经费、设备及调配教员、学生等事宜。教育工作的实施,则由各级政治机关及学校负责人领导进行之。

(九)全军文化教育工作的管理机关为军委总政治部。全军文化教育的实施方案及其他必须统一处理的重大事项,军委总政治部必须按时予以解决。

(十)今年尚有五个月,凡没有担负作战任务及巨大工程任务的部队,除进行整风、生产、整编复员、军事训练及政治训练等项工作外,应对调动、招聘和训练教员,调收学生,筹办校舍、课本及其他教育用具等事,完成准备工作,务期明年一月能一律开学。同时,可立即开始进行重点试办,取得经验。

主席 毛泽东

根据中央档案馆保存的原件刊印。

朝鲜战局和我们的方针[1]

（一九五〇年九月五日）

就目前的情况来看，朝鲜战争持久化的可能性正在逐渐增大。过去，我们对于朝鲜战局的估计有速决和持久两种可能性。所谓速决，就是朝鲜人民军乘胜追击，把美军和李承晚[2]的残余伪军赶到海里去。现在美国在朝鲜已经增加了它的军队，因而战争持久的可能性也就随之增加了。朝鲜人民是可能坚持这个持久的战局的，他们动员的人力已超过一百万，朝鲜人民军队现在有十几万人，今后还能继续补充。朝鲜人民斗争很勇敢，美国飞机一面炸桥，朝鲜人民就一面修桥。开始时是白天炸黑夜修，后来则是随时炸随时修，飞机来了，朝鲜人民只在旁边躲一躲，然后还是照旧去修桥。战争开始时，美帝国主义原以为用空军一炸，朝鲜人民就会害怕，结果却碰了一个钉子。这一点也可以说明，朝鲜人民在日本长期统治和压榨之下，一旦站立了起来，就绝不容许任何帝国主义再来侵略他们。朝鲜人民在日本长期的奴役之下，已经变得非常坚决了。东方其他民族在帝国主义的压迫之下，也锻炼得非常坚决了。中华民族就是这样一个坚决战斗的民族。虽然在我们的斗争过程中，有时曾遇到一些困难，但是我们不是靠观音菩萨来救命，而是靠自己的双手去克服困难。在今天，朝鲜战争持久化的可能性虽然增加了，但是最后的胜利还是属于朝鲜人民的，因为全世界爱好和平民主的人民对于朝鲜人民的同情已经和正在不断地增加。

第二次世界大战后，美帝国主义帮助蒋介石发动中国内战时，世界的同情就在中国人民方面，越到后来，这种同情就越到中国人民方面来。中国革命是带有世界性质的。中国革命在东方第一次教育了世界人民，朝鲜战争是第二次教育了世界人民。全世界的人都在思考这个问题。朝鲜战争虽然持久不如速决的好，但持久了更可以教育朝鲜人民和世界人民。

美帝国主义在今天是有许多困难的，内部争吵，外部也不一致。它在军事上只有一个长处，就是铁多，另外却有三个弱点，合起来是一长三短。三个弱点是：第一，战线太长，从德国柏林到朝鲜；第二，运输路线太远，隔着两个大洋，大西洋和太平洋；第三，战斗力太弱。在第二次世界大战中，德国希特勒〔3〕的战线是从波罗的海到黑海，日本东条〔4〕的战线是从中国东北到南洋，都比美国从柏林到朝鲜的战线短。在运输路线上，希特勒从柏林到莫斯科，也比隔着两个大洋要短。在战斗力上，美军不如德、日的军队，这一点不仅郑洞国〔5〕知道，就是我们八路军也是早就知道的。敌人是不可怕的，它的装腔作势和气势汹汹是吓唬人的。但是，美帝国主义也可能在今天要乱来，它是什么都可能干出来的。假如它要那样干，我们没有准备就不好了，我们准备了就好对付它。所谓那样干，无非是打第三次世界大战，而且打原子弹，长期地打，要比第一、第二次世界大战打得长。我们中国人民是打惯了仗的，我们的愿望是不要打仗，但你一定要打，就只好让你打。你打你的，我打我的，你打原子弹，我打手榴弹，抓住你的弱点，跟着你打，最后打败你。对战争打起来的时候，不是小打而是大打，不是短打而是长打，不是普通的打而是打原子弹，我们要有充分准备。你如果一定要那样干，我们就跟上来。

我们要随时准备对付美帝国主义来侵略。我们所进行的军事、政治、经济、文化等各方面的建设事业，都要考虑到敌人就在面前这个情况来讨论和决定。一九五一年的国家概算，也应当这样来制定。

根据中央档案馆保存的讲话记录稿刊印。

注　释

〔1〕这是毛泽东在中央人民政府委员会第九次会议上的讲话。

〔2〕李承晚（一八七五——一九六五），当时任南朝鲜即韩国总统。

〔3〕希特勒（一八八九——一九四五），德国法西斯首领，纳粹党党魁。一九三三年在德国垄断资产阶级支持下出任总理，次年总统兴登堡死后，自称国家元首，实行法西斯统治。一九三九年九月派德军入侵波兰，挑起第二次世界大战；一九四一年六月大举进攻苏联。一九四五年四月在苏军解放柏林时自杀。

〔4〕东条，即东条英机（一八八四——一九四八），日本战犯。一九四一年至一九四四年担任内阁首相期间，发动太平洋战争，把侵略战争的范围从中国扩大到太平洋和东南亚地区。日本投降后被捕，一九四八年被远东国际军事法庭判处绞刑。

〔5〕郑洞国（一九〇三——一九九一），湖南石门人。抗日战争后期曾任驻印度的中国远征军副总指挥兼新一军军长。解放战争后期任国民党军东北“剿总”副总司令，一九四八年十月十九日率部在长春放下武器。中华人民共和国成立后，曾任国防委员会委员、政协全国委员会常委。

在全国战斗英雄和劳动模范代表会议上的祝词

（一九五〇年九月二十五日）

全国战斗英雄代表会议和全国工农兵劳动模范代表会议的代表同志们：

中共中央向你们的会议致热烈的祝贺，并向你们的工作表示感谢和敬意。

你们在消灭敌人的斗争中，在恢复和发展工农业生产的斗争中，克服了很多的艰难困苦，表现了极大的勇敢、智慧和积极性。你们是全中华民族的模范人物，是推动各方面人民事业胜利前进的骨干，是人民政府的可靠支柱和人民政府联系广大群众的桥梁。

中国共产党中央委员会号召全党党员和全国人民向你们学习，同时号召你们，亲爱的全体代表同志和全国所有的战斗英雄、劳动模范同志们，继续在战斗中学习，向广大人民群众学习。只有决不骄傲自满并且继续不疲倦地学习，才能够对于伟大的中华人民共和国继续作出优异的贡献，并从而继续保持你们的光荣称号。

中国必须建立强大的国防军，必须建立强大的经济力量，这是两件大事。这两件事都有赖于同志们和全体人民解放军的指挥员、战斗员一道，和全国工人、农民及其他人民一道，团结一致，协同努力，方能达到目的。当此中华人民共和国开国第一个国庆纪念节日快要到来之际，你们在这里开会，是有巨大意义的。我们庆祝你们的会议获得成功，庆祝你们在今后工作中获得伟大的胜利。

根据一九五〇年九月二十六日
《人民日报》刊印。

关于派志愿军入朝参战问题[1]

（一九五〇年十月二日）

一、我们决定用志愿军名义派一部分军队至朝鲜境内和美国及其走狗李承晚[2]的军队作战，援助朝鲜同志。我们认为这样做是必要的。因为如果让整个朝鲜被美国人占去了，朝鲜革命力量受到根本的失败，则美国侵略者将更为猖獗，于整个东方都是不利的。

二、我们认为既然决定出动中国军队到朝鲜和美国人作战，第一，就要能解决问题，即要准备在朝鲜境内歼灭和驱逐美国及其他国家的侵略军；第二，既然中国军队在朝鲜境内和美国军队打起来（虽然我们用的是志愿军名义），就要准备美国宣布和中国进入战争状态，就要准备美国至少可能使用其空军轰炸中国许多大城市及工业基地，使用其海军攻击沿海地带。

三、这两个问题中，首先的问题是中国的军队能否在朝鲜境内歼灭美国军队，有效地解决朝鲜问题。只要我军能在朝境内歼灭美国军队，主要地是歼灭其第八军（美国的一个有战斗力的老军），则第二个问题（美国和中国宣战）的严重性虽然依然存在，但是，那时的形势就变为于革命阵线和中国都是有利的了。这就是说，朝鲜问题既以战胜美军的结果而在事实上结束了（在形式上可能还未结束，美国可能在一个相当长的时期内不承认朝鲜的胜利），那末，即使美国已和中国公开作战，这个战争也就可能规模不会很大，时间不会很长了。我们认为最不利的情况是中国军队在朝鲜境内不能大量歼灭美国军队，两军相持成为僵局，而美国又已和中国公开进入战争状态，使中国现在已经开始的经济建设计划归于破坏，并引起民族资产阶级及其他一部分人民对我们不满（他们很怕战争）。

四、在目前的情况下，我们决定将预先调至南满洲〔3〕的十二个师（五六个不够）于十月十五日〔4〕开始出动，位于北朝鲜的适当地区（不一定到三八线〔5〕），一面和敢于进攻三八线以北的敌人作战，第一个时期只打防御战，歼灭小股敌人，弄清各方面情况；一面等候苏联武器到达，并将我军装备起来，然后配合朝鲜同志举行反攻，歼灭美国侵略军。

五、根据我们所知的材料，美国一个军（两个步兵师及一个机械化师）包括坦克炮及高射炮在内，共有七公分至二十四公分口径的各种炮一千五百门，而我们的一个军（三个师）只有这样的炮三十六门。敌有制空权，而我们开始训练的一批空军要到一九五一年二月才有三百多架飞机可以用于作战。因此，我军目前尚无一次歼灭一个美国军的把握。而既已决定和美国人作战，就应准备当着美国统帅部在一个战役作战的战场上集中它的一个军和我军作战的时候，我军能够有四倍于敌人的兵力（即用我们的四个军对付敌人的一个军）和一倍半至两倍于敌人的火力（即用二千二百门至三千门七公分口径以上的各种炮对付敌人同样口径的一千五百门炮），而有把握地干净地彻底地歼灭敌人的一个军。

六、除上述十二个师外，我们还正在从长江以南及陕甘区域调动二十四个师位于陇海、津浦、北宁[6]诸线，作为援助朝鲜的第二批及第三批兵力，预计在明年的春季及夏季，按照当时的情况逐步使用上去。

根据毛泽东手稿刊印。

注　　释

〔1〕这是毛泽东给斯大林电报的节录。这个电报没有发出。

〔2〕李承晚，当时任南朝鲜即韩国总统。

〔3〕南满洲，指沈阳至大连铁路线以东的庄河、丹东、通化、临江、清原和沈阳西南的辽中等地区。

〔4〕后改为十月十九日出动。

〔5〕第二次世界大战临近结束时，美国和苏联商定在朝鲜国土上以北纬三十八度线，作为对日本采取军事行动和受降范围的临时分界线，这条界线通称“三八线”。

〔6〕津浦线，指天津至浦口的铁路，今京沪线的一段。北宁线，指北京至沈阳的铁路，今京哈线的一段。

组成中国人民志愿军的命令

（一九五〇年十月八日）

彭、高、贺〔1〕，邓、洪、解〔2〕及中国人民志愿军各级领导同志们：

（一）为了援助朝鲜人民解放战争，反对美帝国主义及其走狗们的进攻，借以保卫朝鲜人民、中国人民及东方各国人民的利益，着将东北边防军改为中国人民志愿军，迅即向朝鲜境内出动，协同朝鲜同志向侵略者作战并争取光荣的胜利。

（二）中国人民志愿军辖十三兵团及所属之三十八军、三十九军、四十军、四十二军，及边防炮兵司令部与所属之炮兵一师、二师、八师。上述各部须立即准备完毕，待令出动。

（三）任命彭德怀同志为中国人民志愿军司令员兼政治委员。

（四）中国人民志愿军以东北行政区为总后方基地，所有一切后方工作供应事宜，以及有关援助朝鲜同志的事务，统由东北军区司令员兼政治委员高岗同志调度指挥并负责保证之。

（五）我中国人民志愿军进入朝鲜境内，必须对朝鲜人民、朝鲜人民军、朝鲜民主政府、朝鲜劳动党（即共产党）、其他民主党派及朝鲜人民的领袖金日成〔3〕同志表示友爱和尊重，严格地遵守军事纪律和政治纪律，这是保证完成军事任务的一个极重要的政治基础。

（六）必须深刻地估计到各种可能遇到和必然会遇到的困难情况，并准备用高度的热情，勇气，细心和刻苦耐劳的精神去克服这些困难。目前总的国际形势和国内形势于我们有利，于侵略者不利，只要同志们坚决勇敢，善于团结当地人民，善于和侵略者作战，最后胜利就是我们的。

中国人民革命军事委员会主席　毛泽东

一九五〇年十月八日于北京

根据中央档案馆保存的原件刊印。

注　释

〔1〕彭，指彭德怀。高，指高岗。贺，指贺晋年，一九〇九年生，陕西安定（今子长）人，当时任中国人民解放军东北军区副司令员兼参谋长。

〔2〕邓，指邓华，当时任中国人民解放军第十三兵团司令员兼政治委员。洪，指洪学智，一九一三年生，安徽金寨人，当时任中国人民解放军第十三兵团副司令员。解，指解方（一九〇八——一九八四），吉林东平（今东丰）人，当时任中国人民解放军第十三兵团参谋长。

〔3〕金日成（一九一二——一九九四），当时任朝鲜劳动党中央委员会委员长、朝鲜民主主义人民共和国内阁首相、朝鲜人民军最高指挥官。

人民解放军必须进入西藏[1]

（一九五〇年十月十一日）

外交部：

应告袁大使：（一）西藏是中国领土，西藏问题是中国内政问题。人民解放军必须进入西藏。首先希望不经战争进入西藏，故要西藏代表团九月来北京谈判，该团故意拖延，至今尚未动身。现人民解放军已向昌都前进，数日内可能占领昌都。如西藏愿意谈判，代表团应速来京。（二）朝鲜问题应照周总理九月三十日演说内容答复之，即中国不能坐视其邻人受侵略而置之不理，扩大战争的责任应由侵略国担负。外交部拟电送阅。

毛　泽　东

十月十一日

根据手稿刊印。

注　　释

〔1〕这是毛泽东在中国驻印度大使袁仲贤一九五〇年十月十日关于印度对西藏问题的态度给外交部的报告上写的批语。

中国人民志愿军应当和必须入朝参战

（一九五〇年十月十三日）

周恩来同志：

（一）与高岗、彭德怀[1]二同志及其他政治局同志商量结果，一致认为我军还是出动到朝鲜为有利。在第一时期可以专打伪军，我军对付伪军是有把握的，可以在元山、平壤线以北大块山区打开朝鲜的根据地，可以振奋朝鲜人民重组人民军。两个月后，苏联志愿空军就可以到达。六个月后可以收到苏联给我们的炮火及坦克装备，训练完毕即可攻击美军。在第一时期，只要能歼灭几个伪军的师团，朝鲜局势即可起一个对我们有利的变化。

（二）我们采取上述积极政策，对中国、对朝鲜、对东方、对世界都极为有利；而我们不出兵让敌人压至鸭绿江边，国内国际反动气焰增高，则对各方都不利，首先是对东北更不利，整个东北边防军将被吸住，南满电力将被控制。

（三）真日[2]菲里波夫[3]和你联名电上说，苏可以完全满足我们的飞机、大炮、坦克等项装备，不知它是用租借办法，还是要用钱买，只要能用租借办法，保持二十万万美元预算用于经济、文化等项建设及一般军政费用，则我军可以放心进入朝鲜进行长期战争，并能保持国内大多数人的团结。

（四）只要苏联能于两个月或两个半月内除出动志愿空军帮助我们在朝鲜作战外，又能出动掩护空军到京、津、沈、沪、宁、青等地，则我们也不怕整个的空袭，只是在两个月或两个半月内如遇美军空袭则要忍受一些损失。

（五）总之，我们认为应当参战，必须参战。参战利益极大，不参战损害极大。只对上述第三、第四两点没有把握，因此，请你留在莫斯科几天，和苏联同志重新商定上述问题，并以电报速复为盼。

毛　泽　东

十月十三日二十二时

根据中央档案馆保存的原件刊印。

注　　释

〔1〕高岗，当时任中共中央政治局委员、中国人民解放军东北军区司令员兼政治委员。彭德怀，当时任中共中央政治局委员、中国人民志愿军司令员兼政治委员。

〔2〕真日，即十一日。

〔3〕菲里波夫，指斯大林。

中国人民志愿军入朝作战的方针和部署〔1〕

（一九五〇年十月十四日）

（一）我已告彭德怀〔2〕，在他到德川研究情况后，在平壤、元山铁路线以北德川、宁远公路线以南地区构筑两道至三道防御阵线。如敌来攻则在阵地前面分割歼灭之，如平壤美军、元山伪军两路来攻则打孤立较薄之一路。现在的决心是打伪军，也可以打某些孤立的美军。如时间许可则将工事继续增强，在六个月内如敌人固守平壤、元山不出，则我军亦不去打平壤、元山。在我军装备、训练完毕，空中和地上均对敌军具有压倒的优势条件之后，再去攻击平壤、元山等处，即在六个月以后再谈攻击问题。我们这样做是有把握的和很有利益的。

（二）美军现尚停留在三八线〔3〕，它进攻到平壤需要时间，由平壤再向德川进攻又需要时间。如平壤美军不向德川进攻，元山的伪军估计也难于单独进攻，这样就给我军的开进及修筑布防的时间。

（三）我军决于十月十九日开动，先头军步行二百公里至德川需七天，休息一二天，可于十月二十八日在德川、宁远线以南地区开始构筑工事。全军二十六万人渡过鸭绿江需要十天时间，即要到十月二十八日才可以渡江完毕。

（四）为着准备在十一月内在敌进攻德川区域时打一个胜仗，我们决定还是出发二十六万人（十二个步兵师、三个炮兵师）均开进为好。在工事已经修好敌又固守平壤、元山不敢来攻的情况下，再将军队的一半左右开回中国境内练兵就粮，打大仗时再去。

（五）在我军开进半数修筑工事期间，朝鲜人民军方面还是继续抵抗，尽可能迟滞美、伪两军前进为有利。

根据军事科学出版社、中央文献出版社一九九二年出版的《毛泽东军事文集》第六卷刊印。

注　释

〔1〕这是毛泽东给当时正在苏联商谈援助朝鲜问题的周恩来的电报的节录。

〔2〕彭德怀，当时任中国人民志愿军司令员兼政治委员。

〔3〕三八线，见本卷第99页注〔5〕。

在稳当可靠的基础上争取一切可能的胜利

（一九五〇年十月二十三日）

彭[1]，并告高[2]：

二十二日戌时电[3]悉。你的方针是稳当的，我们应当从稳当的基点出发，不做办不到的事。朝鲜战局，就军事方面来说决定于下列几点。第一是目前正在部署的战役是否能利用敌人完全没有料到的突然性全歼两个、三个甚至四个伪军师（伪三师将随伪六师后跟进，伪一师亦可能增援）。此战如果是一个大胜仗，则敌人将作重新部署，新义州、宣川、定州等处至少在一个时期内不会来占，伪首、伪三两师将从咸兴一带退回元山地区，而长津可保，新安州、顺川两点是否保守也可能成问题，成川至阳德一段铁路无兵保守向我敞开一个大缺口，在现有兵力的条件下，敌人将立即处于被动地位。如果这次突然性的作战胜利不大，伪六、七、八师主力未被迅速歼灭，或被逃脱，或竟固守待援，伪一、伪首及美军一部增援到达，使我不得不于阵前撤退，则形势将改到于敌有利，熙川、长津两处的保守也将发生困难。第二是敌人飞机杀伤我之人员、妨碍我之活动究竟有多大。如果我能利用夜间行军作战做到很熟练的程度，敌人虽有大量飞机仍不能给我太大的杀伤和妨碍，则我军可以继续进行野战及打许多孤立据点，即是说，除平壤、元山、汉城、大丘、釜山等大城市及其附近地区我无飞机无法进攻外，其余地方的敌人都可能被我各个歼灭，即使美国再增几个师来，我也可各个歼灭之。如此便有迫使美国和我进行外交谈判之可能，或者待我飞机大炮的条件具备之后把这些大城市逐一打开。如果敌人飞机对我的伤亡和妨碍大得使我无法进行有利的作战，则在我飞机条件尚未具备的半年至一年内我军将处于很困难的地位。第三，如果美国再调五个至十个师来朝鲜，而在这以前我军又未能在运动战中及打孤立据点的作战中歼灭几个美国师及几个伪军师，则形势也将于我不利，如果相反，则于我有利。以上这几点，均可于此次战役及尔后几个月内获得经验和证明。我认为我们应当力争此次战役的完满胜利，力争在敌机炸扰下仍能保持旺盛的士气进行有力的作战，力争在敌人从美国或他处增调兵力到朝鲜以前多歼灭几部分敌人的兵力，使其增补赶不上损失。总之我们应在稳当可靠的基础上争取一切可能的胜利。

毛　泽　东

十月二十三日

根据手稿刊印。

注　　释

〔1〕彭，指彭德怀，当时任中国人民志愿军司令员兼政治委员。

〔2〕高，指高岗，当时任中国人民解放军东北军区司令员兼政治委员。

〔3〕指彭德怀一九五〇年十月二十二日戌时关于目前战役计划给毛泽东并高岗的电报。电报提出：半年内我军的基本方针，是保持长津、熙川、龟城以北山区和长甸河口、辑安、临江线渡河交通，争取时间准备反攻条件。目前战役计划一面以一个军钳制敌人，一面集中三个军寻机消灭伪军两三个师，争取扩大巩固元山、平壤线以北山区，发展南朝鲜游击战争。

坚决站在抗美援朝保家卫国的爱国立场上

（一九五〇年十二月二日）

天津市工商业联合会主任委员李烛尘先生，副主任委员毕鸣岐先生、朱继圣先生，天津市工商业界抗美援朝保家卫国示威游行大会的四万二千九百八十九位爱国同胞们：

你们在十一月三十日给我的电报[1]看到了。你们认清了美帝国主义者发动侵略中国和朝鲜的反动性质，你们不受他们的欺骗，不怕他们的恐吓，坚决地站在抗美援朝、保家卫国的爱国立场上，并在十一月三十日举行了正义的示威游行，这是值得欢迎的。美国帝国主义者对于中国人民做了很多的欺骗宣传，一切爱国者都不应相信这些欺骗言论。美国帝国主义者侵略朝鲜，侵略中国的台湾，轰炸中国的东北，并使用各种流氓手段恐吓中国人民，一切爱国者都应有决心反抗美帝国主义的侵略，并不受他们的恐吓。中国人民抗美援朝保家卫国志愿军的英勇行为，是值得赞扬的。全国工人、农民、知识分子及工商业家，凡属爱国者，一致团结起来，反对美帝国主义的侵略，是完全正确的。我希望全中国一切爱国的工商业家，和人民大众一道，结成一条比过去更加巩固的反对帝国主义侵略的统一战线，这就预示着中国人民在反对帝国主义侵略的神圣斗争中一定要得到最后胜利。

毛　泽　东

一九五〇年十二月二日

根据一九五〇年十二月三日

《人民日报》刊印。

注　释

〔1〕指一九五〇年十一月三十日天津市工商业界抗美援朝、保家卫国示威游行大会给毛泽东的电报。

解放平壤的两则电讯[1]

（一九五〇年十二月四日、六日）

一

〔新华社四日讯〕 本社记者从朝鲜战场发来的消息：在朝鲜人民军与我国人民志愿军大举反攻的情况下，美国侵略军的第二师、第二十五师，土耳其旅，李承晚[2]匪军的第六师、第七师、第八师等部，受到了歼灭性的打击，各该部残敌，均向南面狂奔逃命。在此次作战中受打击较少的美侵略军骑兵第一师、步兵第二十四师，英澳第二十七旅及李承晚匪军的第一师等部，则交番掩护，节节南逃。英勇的朝鲜人民军和我国人民志愿军全线追击，业已占领安州、新安州、价川、肃川、顺川、成川、江东等城。东线方面，被朝鲜人民军及我国人民志愿军在咸兴北面长津湖一带地区所切断和包围的美侵略军陆战第一师、步兵第七师两个师的主力，已被歼灭一大部分，残敌继续被歼击中。又咸兴向北面增援的敌军，已被数次击溃，并受到了歼灭性的打击。侵占城津、清津及鸭绿江边惠山镇等处的美侵略军步兵第七师一个团及李承晚匪军的首都师、第三师等部，正在慌忙地向咸兴、元山方向逃窜。东西两线敌军，恐慌万状，急于逃命。平壤城内之敌，正在罪恶地屠杀人民，焚毁物资及该城发电设备，大火弥漫平壤城。朝鲜人民军和我国人民志愿军正向平壤方向攻进中。

根据一九五〇年十二月五日
《人民日报》刊印。

二

〔新华社六日讯〕 本社记者从朝鲜前线报道：朝鲜人民军和我国人民志愿军本日解放平壤。美国和其他国家的侵略军以及李承晚匪军残部，向平壤以南溃退。朝鲜人民军和我国人民志愿军的正规部队，于十二月六日下午二时进入平壤城。

根据一九五〇年十二月七日
《人民日报》刊印。

注　释

〔1〕这两则电讯是毛泽东起草的。

〔2〕李承晚，当时任南朝鲜即韩国总统。

中国人民志愿军必须越过三八线[1]作战

（一九五〇年十二月十三日）

彭[2]，并告高[3]：

十二月八日十八时电悉。（一）目前美、英各国正要求我军停止于三八线以北，以利其整军再战。因此，我军必须越过三八线。如到三八线以北即停止，将给政治上以很大的不利。（二）此次南进，希望在开城南北地区，即离汉城不远的一带地区，寻歼几部分敌人。然后看情形，如果敌人以很大力量固守汉城，则我军主力可退至开城一线及其以北地区休整，准备攻击汉城条件，而以几个师迫近汉江中流北岸活动，支援人民军越过汉江歼击伪军。如果敌人放弃汉城，则我西线六个军在平壤、汉城间休整一时期。（三）明年一月中旬补充一大批新兵极为重要，请高加紧准备。请高、彭考虑是否有必要和可能，从前线各军（东西两线共九个军）抽派干部至沈阳加强管训新兵的工作。宋时轮[4]部目前即须补兵一部，恢复元气，是否可能，请高筹划见告。（四）空军掩护铁道运输线正在筹备，有实现可能，但最后确定尚待商办。

毛　泽　东

十二月十三日

根据手稿刊印。

注　　释

〔1〕三八线，见本卷第99页注〔5〕。

〔2〕彭，指彭德怀，当时任中国人民志愿军司令员兼政治委员。

〔3〕高，指高岗，当时任中国人民解放军东北军区司令员兼政治委员。

〔4〕宋时轮（一九〇七——一九九一），湖南醴陵人。当时任中国人民志愿军第九兵团司令员兼政治委员。

给陈叔通[1]的信

（一九五〇年十二月十八日）

叔老：

来示诵悉，已告陈云、薄一波[2]两同志酌办。全国有五百万工商户，其中商业行户大约有三百万，在整个经济事业由旧的轨道转入新民主主义轨道中，当有一大批商行和手工业需要转业和改组，这是不可避免的，政府应当妥为指导这件事。

敬问

安好！

毛　泽　东

十二月十八日

根据手稿刊印。

注　释

〔1〕陈叔通（一八七六——一九六六），浙江杭州人。当时任中央人民政府委员、政协全国委员会副主席。

〔2〕陈云，当时任政务院副总理兼财政经济委员会主任。薄一波，当时任政务院财政经济委员会副主任。

关于镇压反革命

（一九五〇年十二月——一九五一年十月）

一

对镇压反革命分子，请注意打得稳，打得准，打得狠，使社会各界没有话说。〔1〕

（一九五〇年十二月十九日）

二

在湘西二十一个县中杀了一批匪首、恶霸、特务，准备在今年由地方再杀一批。我以为这个处置是很必要的。只有如此，才能使敌焰下降，民气大伸。如果我们优柔寡断，姑息养奸，则将遗祸人民，脱离群众。

所谓打得稳，就是要注意策略。打得准，就是不要杀错。打得狠，就是要坚决地杀掉一切应杀的反动分子（不应杀者，当然不杀）。只要我们不杀错，资产阶级虽有叫唤，也就不怕他们叫唤。〔2〕

（一九五一年一月十七日）

三

为了打落敌焰，伸张民气，对匪首、惯匪、恶霸及确有证据的重要特务和会门头子，应当放手杀几批。为了不致弄错，使自己陷于被动，对尚无证据的特务及会门头子，应当进行侦察，取得确证，而不要随便捕人杀人。分清这两种情况的界限是必要的。〔3〕

（一九五一年一月二十四日）

四

所谓胁从不问，是指被迫参加而未作坏事，或未作较大坏事者。至于助恶有据，即是从犯，应当判罪，如主犯判死刑，从犯至少判徒刑，有些罪大的从犯应判死刑，不在胁从不问之列。〔4〕

（一九五一年二月二十八日）

五

山东军区政治部副主任黄祖炎同志于三月十三日被反革命分子王聚民在一次会议上用枪刺杀。这是我党高级干部被党内暗藏的反革命分子所刺杀，而为过去所少见的，应当引起全党警惕。王聚民为山东惠民军分区政治部宣传科副科长，一九四一年混入我党，家庭为恶霸，在土改中被斗，王行凶后当场自杀。据山东分局及军区来电说，此事显系反革命分子在我党及人民政府坚决镇压反革命之际的报复行动。特此通报，务请你们注意：(一)严防反革命的报复。应当肯定反革命的报复是必然会有的，必须预先采取防制的办法，千万不可疏忽。除加强警卫外，最重要的是采取积极手段，破获反革命的组织，消灭反革命的巢穴，坚决迅速地杀掉一切应当杀掉的反革命分子，使反革命措手不及，无力施行报复手段。(二)必须认识党内、政府内和军队内已有少数反革命分子混进来，决不可认为太平无事。现在就应开始注意这个问题，考查可疑的分子，聚集材料。在地委及专署一级以上机关内，军分区及师一级以上的机关内，城市则为市、区两级机关内，特别注意考查这类可疑的分子，一有材料，就应做适宜的处置，保障党、政、军各级领导机关的纯洁和安全，决不可优柔寡断，姑息养奸，是为至要。〔5〕

（一九五一年三月十八日）

六

镇反是一场伟大的斗争，这件事做好了，政权才能巩固。镇反包括：(一)社会上的反革命；(二)隐藏在军政系统旧人员和新知识分子中的反革命；(三)隐藏在党内的反革命。镇压这三方面的反革命，当然要有步骤，不能同时并举，但是对于党、政、军的某些最重要部门特别是公安部门则须及时清理，将可疑分子预作处置，使这些机关掌握在可靠人员手里，则是完全必要的。在可能的条件下也可以将一、二两项同时做，例如西

南军政委员会直属机关的清理工作已经在做，并且有成绩。〔6〕

（一九五一年三月二十四日）

七

山东有些地方存在着劲头不足的偏向，有些地方存在着草率从事的偏向，这是全国各省市大体上都存在的两种偏向，都应注意纠正。特别是草率从事的偏向，危险最大。因为劲头不足，经过教育说服，劲头总会足起来的，反革命早几天杀，迟几天杀，关系并不甚大。惟独草率从事，错捕错杀了人，则影响很坏。请你们对镇反工作，实行严格控制，务必谨慎从事，务必纠正一切草率从事的偏向。我们一定要镇压一切反革命，但是一定不可捕错杀错。〔7〕

（一九五一年三月三十日）

八

镇压反革命无论在城市在乡村均须大张旗鼓，广泛宣传，使人民家喻户晓。北京的办法，请各地一致仿效。镇压反革命必须严格限制在匪首、惯匪、恶霸、特务、反动会门头子等项范围之内，不能将小偷、吸毒犯、普通地主、普通国民党党团员、普通国民党军官也包括在内。判死刑者，必须是罪重者，重罪轻判是错误的，轻罪重判也是错误的。最主要的是捕人杀人名单的批准权必须控制在地委一级手里。镇压反革命的运动现在可以说已经在全国范围内发动了，各级党委的注意力，主要应放在精细审查名单和广泛进行宣传这两点上，抓住了这两点，就不会犯错误。北京市委因为抓住了这两点，所以获得了很大的成绩。〔8〕

（一九五一年四月二日）

九

杀人不能太多，太多则丧失社会同情，也损失劳动力。其原则是凡有血债或其他重大罪行非杀不能平民愤者，应坚决杀掉，以平民愤而利生产。凡无血债或其他引起民愤的重大罪行，但有应杀之罪者，例如有些特务或间谍分子，有些教育界及经济界中的反革命等，可判死刑，但缓期一年或二年执行，强迫他们劳动，以观后效。如他们在劳动中能改造，则第二步可改判无期徒刑，第三步可改判有期徒刑。（凡判徒刑一年以上者，一般都应组织他们劳动，不能吃闲饭。）这样，主动权抓在我们手里，尔后要怎样办都可以。〔9〕

（一九五一年四月三十日）

十

中央已决定，在共产党内，在人民解放军内，在人民政府系统内，在教育界，在工商界，在宗教界，在各民主党派和各人民团体内清出的反革命分子，除罪不至死应判有期或无期徒刑，或予管制监视者外，凡应杀分子，只杀有血债者，有引起群众愤恨的其他重大罪行例如强奸许多妇女、掠夺许多财产者，以及最严重地损害国家利益者；其余，一律采取判处死刑、缓期二年执行、在缓刑期内强制劳动、以观后效的政策。这个政策是一个慎重的政策，可以避免犯错误。这个政策可以获得广大社会人士的同情。这个政策可以分化反革命势力，利于彻底消灭反革命。这个政策又保存了大批的劳动力，利于国家的建设事业。因此，这是一个正确的政策。估计在上述党、政、军、教、经、团各界清出来的应杀的反革命分子中，有血债或有其他引起群众愤恨的罪行或最严重地损害国家利益的人只占极少数，大约不过十分之一二，而判处死刑缓期执行的人可能占十分之八九，即可保全十分之八九的死罪分子不杀。他们和农村中的匪首、惯匪、恶霸不同，也和城市的恶霸、匪首、惯匪、大流氓头及会道门大首领不同，也和某些最严重地损害国家利益的特务不同，即没有引起群众痛恨的血债或其他重大罪行。他们损害国家利益的程度是严重的，但还不是最严重的。他们犯有死罪，但群众未直接受害。如果我们把这些人杀了，群众是不容易了解的，社会人士是不会十分同情的，又损失了大批的劳动力，又不能起分化敌人的作用，而且我们可能在这个问题上犯错误。因此，中央决定对于这样的一些人，采取判处死刑、缓期执行、强制劳动、以观后效的政策。如果这些人中有若干人不能改造，继续为恶，将来仍可以杀，主动权操在我们手里。各地党、政、军、教、经、团中清出来的反革命分子，请各地均照上述原则处理。其应执行死刑的极少数人（大约占死罪分子的十分之一二），为慎重起见，一律要报请大行政区或大军区批准。有关统一战线的重要分子，须报请中央批准。此外，对于农村中的反革命亦只杀那些非杀不能平民愤者，凡人民不要杀的人一律不要杀。其中有些人亦应采取判死缓刑的政策。人民要求杀的人则必须杀掉，以平民愤而利生产。〔10〕

（一九五一年五月八日）

十一

缓期二年执行的政策，决不应解释为对于负有血债或有其他重大罪行人民要求处死的罪犯而不处死，如果这样做，那就是错误的。我们必须向区村干部和人民群众解释清楚，对于罪大恶极民愤甚深非杀不足以平民愤者必须处死，以平民愤。只对那些民愤不深、人民并不要求处死但又犯有死罪者，方可判处死刑、缓期二年执行、强迫劳动、以观后效。〔11〕

（一九五一年六月十五日）

十二

整个镇压反革命的工作，必须在各级党委的统一领导之下。一切公安机关和有关镇压反革命的机关的负责同志，都必须和过去一样，坚决接受党委的领导。〔12〕

（一九五一年九月）

十三

反革命势力已经受到了我们一个极其严重的打击。但是他们还有残余力量没有肃清，外面还在不断派遣进来，里面的残余分子还可能发酵扩大，并且他们还在作疯狂的活动，危害人民的事业。如果我们丧失警惕性，如果我们就此住手，不再向反革命作斗争了，那我们就会要上反革命的老当。因此我们必须继续提高警惕性，必须继续打击反革命，只要还有反革命分子存在，我们就要彻底消灭他。〔13〕

（一九五一年十月）

根据毛泽东手稿刊印。

注　　释

〔1〕这是毛泽东关于镇压反革命的方针问题给中共湖南省委书记黄克诚的电报的主要部分。

〔2〕这是毛泽东为转发中国人民解放军第四十七军关于镇压反革命情况的报告给中共中央华东局、中南局、西南局、西北局、华北局、东北局和华南分局负责人的电报的节录。

〔3〕这是毛泽东为转发中共中央华东局关于镇压反革命应注意的问题给福建省委的电报所写批语的主要部分。

〔4〕这是毛泽东为转发西南军区党委关于镇反工作报告给华东、中南、西北、华北、东北各大军区的电报的一部分。

〔5〕这是毛泽东为中共中央起草的关于山东军区政治部副主任黄祖炎被刺杀事件的通报。

〔6〕这是毛泽东关于同意上海市委镇反计划的复电的一部分。

〔7〕这是毛泽东为转发中共中央山东分局镇反工作报告所写批语的主要部分。

〔8〕这是毛泽东为转发中共北京市委关于镇反工作经验报告所写的批语。

〔9〕这是毛泽东为转发中共中央西南局关于镇反问题给川北区党委的指示所写批语的主要部分。

〔**10**〕这是毛泽东为中共中央起草的关于对犯有死罪的反革命分子应大部采取判处死刑缓期二年执行的政策的决定。

〔**11**〕这是毛泽东关于“死缓”政策的解释给各中央局并转分局、省市区党委、地委及县委的电报。

〔**12**〕这是毛泽东在审阅第四次全国公安会议决议草案时加写的一段文字。

〔**13**〕这是毛泽东在审阅公安部部长罗瑞卿向全国政协一届三次会议作关于目前反革命活动的情况和我们的对策的报告稿时加写的一段文字。

朝鲜作战必须作长期打算

（一九五〇年十二月二十一日）

德怀[1]同志并告高岗[2]同志及宋、陶[3]：

十九日二十四时电悉。答复如下：（一）在你所述的情况之下，九兵团即在咸兴地区休整，只将重伤病员运回东北，抽出干部回东北带训新兵，较为妥善。（二）杨得志部[4]现已集中徐州、济南间地区，开了干部会，朱总[5]去讲了话。如有必需，三月中参战无问题。目前仍以在徐、济间整训一时期为宜。待要使用之前一个月可开至沈阳、安东[6]间，补一部新兵（该兵团九个师，平均每师只有六千余人，极不充实），如友方[7]装备那时已到，可将装备改换即开朝鲜参战。（三）你对敌情估计是正确的。必须作长期打算。（四）美、英正在利用三八线[8]在人们中存在的旧印象，进行其政治宣传，并企图诱我停战，故我军此时越过三八线再打一仗，然后进行休整是必要的。（五）打法完全同意你的意见，即目前美、英军集中于汉城地区，不利攻击，我应专找伪军打。就总的方面说，只要能歼灭伪军全部或大部，美军即陷于孤立，不可能长期留在朝鲜。如能再歼灭美军几个师，朝鲜问题更好解决。就此次战役说，如果发展顺利，并能找到粮食，则春川、加平、洪川地区可能寻歼较多的伪军。（六）在战役发起前，只要有可能，即应休息几天，恢复疲劳，然后投入战斗。在打伪一师、伪六师之前是这样，在打春川之前也是这样。总之，主动权在我手里，可以从容不迫地作战，不使部队过于疲劳。（七）如不顺利则适时收兵，到适当地点休整再战，这个意见也是对的。（八）增加汽车，速运棉鞋、大衣、棉衣、被毯，极为必要。请高岗同志设法解决。

毛　泽　东

十二月二十一日

根据手稿刊印。

注　　释

〔1〕德怀，即彭德怀，当时任中国人民志愿军司令员兼政治委员。

〔2〕高岗，当时任中国人民解放军东北军区司令员兼政治委员。

〔3〕宋，指宋时轮，当时任中国人民志愿军第九兵团司令员兼政治委员。陶，指陶勇（一九一二——一九六七），安徽霍丘人，当时任中国人民志愿军第九兵团副司令员。

〔4〕指杨得志任司令员的中国人民解放军第十九兵团。

〔5〕指朱德。

〔6〕安东，今丹东市。

〔7〕指苏联。

〔8〕三八线，见本卷第99页注〔5〕。

为《瞿秋白文集》题词

（一九五〇年十二月三十一日）

瞿秋白[1]同志死去十五年了。在他生前，许多人不了解他，或者反对他，但他为人民工作的勇气并没有挫下来。他在革命困难的年月里坚持了英雄的立场，宁愿向刽子手的屠刀走去，不愿屈服。他的这种为人民工作的精神，这种临难不屈的意志和他在文字中保存下来的思想，将永远活着，不会死去。瞿秋白同志是肯用脑子想问题的，他是有思想的。他的遗集的出版，将有益于青年们，有益于人民的事业，特别是在文化事业方面。

毛　泽　东

一九五〇年十二月三十一日

根据手稿刊印。

注　　释

〔1〕瞿秋白（一八九九——一九三五），江苏常州人。中国共产党的早期主要领导人之一。一九二七年八月主持召开中共中央紧急会议（即八七会议），纠正和结束了陈独秀的投降主义，确定了土地革命和武装反抗国民党反动派屠杀政策的总方针。一九二七年十一月至一九二八年四月犯过“左”倾盲动主义错误。一九三〇年九月主持召开六届三中全会，纠正李立三“左”倾冒险主义的错误。一九三一

年一月六届四中全会上被王明“左”倾教条主义排斥于党中央领导之外。此后，在上海同鲁迅合作从事革命文化运动。一九三四年到中央苏区，任中华苏维埃共和国中央政府教育人民委员。红军长征后留在中央苏区。一九三五年二月从江西往福建转移途中被国民党逮捕，六月十八日在福建长汀英勇就义。

志愿军要爱护朝鲜的一山一水一草一木[1]

（一九五一年一月十九日）

以金日成[2]同志为首的朝鲜劳动党和人民军，在朝鲜五年来的斗争中有了伟大的成绩，他们坚决反对帝国主义和封建主义，建立了为人民服务的人民政权，建立了英勇的人民军，和苏联、中国及其他人民国家建立了友好关系，现在又正在和美国侵略军及李承晚[3]匪军进行着英勇的斗争。因此，一切在朝鲜的中国志愿军同志必须认真地向朝鲜同志学习，全心全意地拥护朝鲜人民，拥护朝鲜民主主义人民共和国政府，拥护朝鲜人民军，拥护朝鲜劳动党，拥护朝鲜人民领袖金日成同志。中朝两国同志要亲如兄弟般地团结在一起，休戚与共，生死相依，为战胜共同敌人而奋斗到底。中国同志必须将朝鲜的事情看做自己的事情一样，教育指挥员战斗员爱护朝鲜的一山一水一草一木，不拿朝鲜人民的一针一线，如同我们在国内的看法和做法一样，这就是胜利的政治基础。只要我们能够这样做，最后胜利就一定会得到。

根据毛泽东手稿刊印。

注　释

〔1〕这是毛泽东审阅中国人民志愿军司令员兼政治委员彭德怀在中朝军队高级干部联席会议上的报告稿时加写的一段文字。

〔2〕金日成，当时任朝鲜劳动党中央委员会委员长、朝鲜民主主义人民共和国内阁首相、朝鲜人民军最高指挥官。

〔3〕李承晚，当时任南朝鲜即韩国总统。

加强城市工作，依靠工人阶级

（一九五一年一月、二月）

一

小平〔1〕同志并告漱石、子恢、仲勋、一波、高岗〔2〕各同志：

一月八日综合报告〔3〕收到阅悉。方针正确，成绩很大，甚慰。你们的第一次城市工作会议开得有成绩，甚好。假如可能的话，在今年五月一日以前，请你再召开一次城市工作会议，对城市工作，主要是对工会工作，对工商业的领导方向和对城市政权问题，加以深入研究，并做出某些决定，为四中全会讨论工会工作准备材料。四中全会准备在五月开，请按此部署工作。

毛　泽　东

一月二十二日

二

漱石、子恢、剑英〔4〕、仲勋、一波、高岗同志：

兹将邓小平同志一月八日的报告转给你们，可以看出西南工作的概况。其中提到西南已开了一次城市工作会议，着重地批判了党内较为普遍的看不起工人的思想，明确依靠工人阶级应成为党的指导思想，应把它贯彻到各项工作各个部门中去等语。现在华东、中南、西北各区正处土改和镇压反革命等项工作的高潮，许多同志当然很忙，但请你们考虑，腾出一段时间，在五月一日以前，召开一次城市工作会议，着重地研究和解决依靠工人阶级的思想问题，工厂管理问题，工会工作问题，为四中全会讨论这个问题准备意见。四中全会拟在五月召开，请你们按照这个时间部署工作。

毛　泽　东

一月二十四日

根据手稿刊印。

三

各中央局，并转所属各分局、市委、省委、区党委：

春耕即到，土改工作应在短时间内告一段落，领导农民全力从事春耕，争取今年的丰收年成，这是极端重要的。在春耕期内，各中央局、分局、市委、省委、区党委，除指导春耕、总结土改经验、训练土改干部、清理镇反积案、总结镇反经验等项工作之外，请划出一段时间，召开一次城市工作会议，总结一九五〇年一年城市工作经验，将城市工作中的几个主要问题，例如（一）依靠工人的思想问题，（二）工厂管理问题，（三）工会工作问题，（四）城市建政问题，（五）城市建党问题，（六）城市肃反问题，（七）城市统一战线问题等，加以研究和总结，指导所属增强对于城市工作的领导，并为五月开会的四中全会准备意见。上列各项问题当然一次不能讨论完毕，应分开几次专题会议，各市委尤其应作此种专题讨论。下面是成都市委的报告，发给你们作参考。

中　央

二月七日

根据毛泽东手稿刊印。

注　释

〔1〕小平，即邓小平，当时任中共中央西南局第一书记。

〔2〕漱石，即饶漱石，当时任中共中央华东局第一书记。子恢，即邓子恢，当时任中共中央中南局第三书记。仲勋，即习仲勋，当时任中共中央西北局第一书记。一波，即薄一波，当时任中共中央华北局第一书记。高岗，当时任中共中央东北局书记。

〔3〕指邓小平一九五一年一月八日关于中共中央西南局一九五〇年十一、十二两月工作情况给毛泽东并中央的报告。报告着重汇报了农村减租退押运动开展的情况和第一次城市工作会议情况。报告说，关于城市工作，已专门召集了一次城市工作会议。会议的主要收获，在于自此以后，我们将加强对于城市工作的研究和指导。会议中着重批判了党内较为普遍的看不起工人的思想，明确了依靠工人阶级应成为党的指导思想，应把它贯彻到各项工作、各个部门中去。

〔4〕剑英，即叶剑英，当时任中共中央华南分局第一书记。

对东南沿海设防和构筑工事的意见

（一九五一年一月二十四日）

邓、谭、赵、苏〔1〕，并告陈、唐、张、周〔2〕及剑英、漱石、陶铸〔3〕及广西军区：

一月十七日电悉。(一)过去未经你们察看设计，盲目地构筑工事，浪费甚大，是一教训。以后凡需支用经费，构筑工事、要塞，修建道路、房屋、仓库等项，均需经过你们派人察看设计，做出预算，经过中央审核批准，然后动手兴建，否则不予报销。(二)虎门要塞修建计划已定，费用照发。(三)榆林港是否照虎门那样建筑一个炮兵团的要塞，你们可设计作预算电呈考虑。(四)对海外守岛部队做出两个方案是对的。珠江口外各岛中必须坚守者，应有物质准备，也是对的。(五)汕头至大亚湾一线及其他海岸线与内地，根本不要修筑什么工事或要塞，敌来让其登陆，并须诱其深入，然后聚而歼之。军队须离开海岸线，驻在便于按照上述意图歼灭敌人的适当地点，从事整训，不要去守海岸线。为稽查特务潜入及打灭少数匪众登陆，应由保安队及地方武装担任。(六)修复公路上的桥梁是必要的，但只要普通军车能行即可，不要特别大修，按此规模修建的费用可以照发，否则不发。（七）敌人进攻，只有蒋匪，不会有外国人。蒋匪有五十万军队，其中海军、空军、军事学校、军事机关、地方部队、军人家属等占了二十余万，能作战的正规陆军最多三十万人，至少须留十万人守备台湾，故能动用侵粤侵闽侵浙者最多不过二十万人。即使他集中二十万人打一处，只要他登上大陆，我均可以两三个军至多三四个军各个歼灭之。在我们方面，只有虎门、厦门、舟山、吴淞四处及珠江口外某些海岛必须确保，不令侵入。其余一切海岸线，都不要守而要让他进来，以利聚歼。海南岛不是能养活十万以上军队的地方，敌在十万人以下登陆，我有一个正规师及冯白驹〔4〕部在岛上坚持，再将四十三军主力加上去，即可各个歼灭之。许多共产党员打了二十几年的仗，忽然把经验都忘了，到处修工事，畏敌如虎，你们应加教育，叫他们不要如此。（八）在厦门、舟山、吴淞三处修建阵地及福建、浦东等地修理道路桥梁，请陈、唐、张、周指示下面注意只择十分必要者好好设计修建之，务须避免浪费。

毛　泽　东

一月二十四日

根据手稿刊印。

注　释

〔1〕邓，指邓子恢，当时任中国人民解放军中南军区第二政治委员。谭，指谭政（一九〇七——一九八八），湖南湘乡人，当时任中国人民解放军中南军区第三政治委员。赵，指赵尔陆（一九〇五——一九六七），山西崞县（今原平）人，当时任中国人民解放军中南军区参谋长。苏，指苏静（一九一〇——一九九七），福建海澄

(今龙海)人,当时任中南军区副参谋长。

〔2〕陈,指陈毅,当时任中国人民解放军华东军区司令员。唐,指唐亮(一九一〇——一九八六),湖南浏阳人,当时任中国人民解放军华东军区政治部副主任。张,指张震,一九一四年生,湖南平江人,当时任中国人民解放军华东军区参谋长。周,指周骏鸣,当时任中国人民解放军华东军区副参谋长。

〔3〕剑英,即叶剑英,当时任中国人民解放军广东军区司令员兼政治委员。漱石,即饶漱石,当时任中国人民解放军华东军区政治委员。陶铸(一九〇八——一九六九),湖南祁阳人,当时任中国人民解放军中南军区政治部主任。

〔4〕冯白驹(一九〇三——一九七三),广东琼山(今属海南)人。当时任中国人民解放军海南军区司令员兼政治委员。

土改工作应注意的主要之点[1]

（一九五一年一月）

土改工作主要应注意是否真正发动了群众，由群众自己动手（由上面派干部帮助）推翻地主阶级，分配土地。只要合乎这个方向就是好的。有些偏差，例如侵犯中农，破坏工商业，划错阶级成分，消灭富农，使地主一律扫地出门以及捉人太多等等，应由省委、地委两级随时指导纠正。要求一点不出乱子是很难的，只要省、地两级掌握得好，随时纠正偏差，使农民群众高高兴兴地减了租，退了押，清了匪，反了霸，分了土地，农会、乡政权和民兵都掌握在以贫雇农为骨干的人们的手里，那就很好了。北京若干民主人士到各省去看看，有益无害。是我们叫他们去的，不是他们自己要求的。他们到了，是则是，非则非，老老实实地向他们讲明白，他们不会妨碍土改的。

根据毛泽东手稿刊印。

注　释

〔1〕这是毛泽东为转发中共中央中南局关于发动群众做好土改工作给江西、湖南省委的指示所写批语的主要部分。

土地改革要有秩序分阶段进行

（一九五一年二月七日）

中南局，华南分局，并告华东局及福建省委，西南局，西北局：

一月二十六日中南局转来杜润生[1]同志一月十九日电已收到，我们同意杜润生所提的方法，即首先在各县普遍发动群众，进行减租、退押、反霸及镇压反革命的斗争，整顿基层组织，将此作为一个阶段，接着转入分田阶段。这样做是完全必要的，而且也是最迅速的。土地改革的正确秩序，本来应当如此。华东、中南许多地方，凡土改工作做得最好的，都是经过了这样的秩序。过去华北、东北及山东的土改经验也是如此。我们所说广东土改工作应当加快进行，并不是要求广东同志违反这样的秩序，群众还没有起来，基层组织还不可靠，就要生硬地不成熟地进行分配土地的工作，而是要加快发动群众，整顿基层组织，接着进行分田。广东在过去一年多的时间内，没有抓紧发动群众、整顿基层这一个最基本的环节，所以现在一提到分田就感觉吃力，但现在这样去做还不算迟，还应该这样去做。

中　央

二月七日

根据毛泽东手稿刊印。

注　　释

〔1〕杜润生，一九一三年生，山西太谷人。当时任中共中央中南局秘书长、中南土地改革委员会副主任。

给黄炎培[1]的信

（一九五一年二月十七日）

黄任老：

刚才送上广东纠正宽大无边情报一份，现又送上广西的一份，请参阅。这两处是最典型的例子，其他地方不如此两处之甚，但亦大体相去不远，引起群众不满，极为普遍。不杀匪首和惯匪，则匪剿不净，且越剿越多。不杀恶霸，则农会不能组成，农民不敢分田。不杀重要的特务，则破坏、暗杀层出不穷。总之，对匪首、恶霸、特务（重要的）必须采取坚决镇压的政策，群众才能翻身，人民政权才能巩固。当然，对可杀可不杀的那一部分人，应当判处徒刑，或交群众监视，用劳动去改造之，不要杀。如同宽大应有边，镇压也应有边，无边是不对的，已经解决了问题，群众已经满意了的地区，即不应再杀人了。顺致

敬意！

毛　泽　东

二月十七日

根据人民出版社一九八三年出版的《毛泽东书信选集》刊印。

注释

〔1〕黄炎培，字任之，中国民主建国会主要负责人。当时任中央人民政府委员、政务院副总理。

中共中央政治局扩大会议决议要点[1]

（一九五一年二月十八日）

中央于二月中旬召开有各中央局负责同志参加的政治局会议，讨论了各项重要问题，兹将决议要点通报如下。

一　二十二个月的准备工作

“三年准备、十年计划经济建设”的思想，要使省市级以上干部都明白。准备时间，现在起，还有二十二个月，必须从各方面加紧进行工作。

二　抗美援朝的宣传教育运动

必须在全国范围内继续推行这个运动，已推行者深入之，未推行者普及之，务使全国每处每人都受到这种教育。

三　土　　改

1、农忙时一律停一下,总结经验。

2、争取今年丰收。

3、依靠县农民代表会及训练班。

4、积极造成条件。凡条件不成熟者,无论何时何地不要勉强去做。

5、土改完成,立即转入生产、教育两大工作。

6、同意华东分期退押的办法。

7、劝告农民以不采非刑拷打为有利。

8、土改后,增划区乡,缩小区乡行政范围。

四　镇压反革命

1、判处死刑一般须经过群众,并使民主人士与闻。

2、严密控制,不要乱,不要错。

3、注意“中层”[2],谨慎地清理旧人员及新知识分子中暗藏的反革命分子。

4、注意“内层”,谨慎地清理侵入党内的反革命分子,十分加强保密工作。

5、还要向干部做教育,并给干部撑腰。

五 城市工作

1、各中央局、分局、省市区党委今年必须召开两次城市工作会议，议程如中央所通知，向中央作两次专题报告。

2、加强党委对城市工作的领导，实行七届二中全会决议。

3、向干部做教育，明确依靠工人阶级的思想。

4、工厂内，以实现生产计划为中心，实行党、政、工、团的统一领导。

5、力争在增加生产的基础上逐步改善工人生活。

6、在城市建设计划中，应贯彻为生产、为工人服务的观点。

7、全国总工会及各上级工会应着重解决下面的具体问题。

8、党委及工会应着重典型经验的创造，迅速推及各处。

六 整党及建党

1、我们的党是伟大的，光荣的，正确的，这是主要方面，必须加以肯定，并向各级干部讲明白。但是存在着问题，必须加以整理，并对新区建党采取慎重的态度，这方面也要讲明白。

2、整党、建党，均须由中央及各中央局实行严格的控制，下面不得自由行动。

3、整党，应以三年时间实现之。其步骤，应是以一年时间（一九五一年）普遍进行关于怎样做一个共产党员的教育，使所有党员明白做一个共产党员的标准，并训练组织工作人员。同时，进行典型试验。然后，根据经验进行整党，但城市可以在一九五一年进行整党。整党时，首先将“第四部分人”[3]清洗出去。然后对“第二部分人”、“第三部分人”加以区别，对其中经过教育而仍确实不合党员条件者劝其退党，务使这些退党者自愿地退出，不要伤感情，不要重复一九四八年“搬石头”[4]的经验。

4、城市及新区建党必须采取慎重的方针。城市着重在产业工人中建立党的组织。乡村须在土改完毕始能吸收经过教育合于党员条件者建立党的支部，在头两年内乡村支部一般不要超过十个党员。无论在城市和乡村，均应对于愿意接受党的教育的积极分子，进行关于怎样做一个共产党员的教育，经过这种教育然后将其中确实合于党员条件者吸收入党。

七 统一战线工作

1、要求各中央局、分局、省市区党委一九五一年召集两次会议，讨论统一战线工作，并向中央作两次关于这方面的专题报告。

2、必须向干部讲清楚为什么要加强统一战线工作的理由。

3、知识分子，工商业界，宗教界，民主党派，民主人士，必须在反帝反封建的基础上将他们团结起来，并加以教育。

4、认真在各少数民族中进行工作，推行区域自治和训练少数民族自己的干部是两项中心工作。

八　整　风

一年一次，冬季进行，时间要短，任务是检查工作，总结工作经验，发扬成绩，纠正缺点错误，借以教育干部。

根据中央档案馆保存的原件刊印。

注　释

〔1〕这是毛泽东为中共中央起草的党内通报。

〔2〕镇压反革命的工作，分为外层、中层、内层。清理“外层”，是指清查隐藏在社会上的反革命分子；清理“中层”，是指清查隐藏在中国人民解放军和人民政府机关内部的反革命分子；清理“内层”，是指清查隐藏在共产党内的反革命分子。

〔3〕一九五一年整党时，把党员划分为四种人：一、具备党员条件的；二、不完全具备党员条件，或者有较严重的毛病，必须加以改造提高的；三、不够党员条件的消极落后分子；四、混入党内的阶级异己分子、叛变分子、投机分子、蜕化变质分子等。

〔4〕指一九四八年整党运动中曾经发生的“左”的偏向。所谓“搬石头”，即抛开原有的党支部，将原基层干部一律撤职，有的地区甚至大批停止地主、富农家庭出身的党员的党籍。中共中央及时总结这方面的教训，明确规定整党的主要内容为“三查三整”，即查阶级、查思想、查作风以及整顿组织、整顿思想、整顿作风，使整党工作克服“左”的偏向，健康地向前发展。

大城市必须
有计划地修建居民住房

（一九五一年二月十八日）

各中央局，并转分局，各大市委、省委及区党委：

北京市委所提组织公私合营的房产公司，修建房屋解决房荒的计划，各大城市凡严重缺乏房屋者均可仿行。现在大城市房屋缺乏，已引起人民很大不满，必须有计划地建筑新房，修理旧房，满足人民的需要。

中　央

二月十八日

根据毛泽东手稿刊印。

关于志愿军实行轮番作战的方针[1]

（一九五一年三月一日）

一、从目前朝鲜战场最近进行的战役[2]中可以看出，敌人不被大部消灭，是不会退出朝鲜的，而要大部消灭这些敌人，则需要时间。因此，朝鲜战争有长期化的可能，至少我应作两年的准备。目前敌人的作战意图是企图与我进行消耗战。在过去一个月当中，敌人当站住阵地之后，经过调整补充，便寻找机会向我作试探性的进攻，其目的在一方面不容许我在前线作必要的休补，另一方面则利用其技术条件消耗我军。同时，敌人对朝沿海的袭扰、运输线的不间断的轰炸，均甚为积极。我军补充物资只有百分之六十至七十能达前线，有百分之三十至四十在途中被炸毁。在目前一个半月内，因我新军未到，老军未补充，敌人有重新进出三八线[3]南北地区的可能。

二、为粉碎敌人意图，坚持长期作战，达到逐步歼灭敌人之目的，我中国志愿军拟采取轮番作战的方针。中国志愿军已决定编组三番轮流的部队，即将现在朝鲜作战的九个军三十个师作为第一番志愿部队；将正从国内调去的六个军及现在朝鲜即将补充的三个军（有两个军现在元山、咸兴地区休整）

共九个军二十七个师作为第二番志愿部队，约四月上旬可全部到达三八线地区，接替现在汉江前线的六个军的任务；将准备从国内调去的六个军及第一番志愿部队中的四个军共十个军三十个师作为第三番志愿部队，准备六月中调用。上述十个军中的四个军，因打了五个月，必须补充休整，在第二番志愿部队接替前线任务后，即调至平壤、元山地区休补，兼顾海防。第一番志愿部队中其他两个军，则调回国内整补。在过去四个战役中，中国志愿军战斗的与非战斗的伤亡及减员已超过十万人，正将补充老兵新兵十二万人；今明两年准备再有伤亡三十万人，再补充三十万人，以利轮番作战。

三、根据一、二两月份的作战经验，我因有三个军在咸兴以北战役中损伤较大，从事休整，致现在前线作战的只有六个军，减员甚大，未获补充，因之我无后备力量，在战役胜利时不能扩张战果，在敌人增援时不能打敌援兵。同时，我军南进，后方线长，供应很困难，还须留兵守备。故在敌人未被大量消灭前及我尚无空军掩护条件下，我如过早逼敌南退，反不利我分割歼敌。鉴于此种情况，在我第二番志愿部队九个军于四月上旬达到前线以前，敌之陆军还较我占优势，我应避免进行战役性的出击，而以第二番志愿部队六个军及朝鲜人民军四个军在南汉江以北地区进行防御，迟阻敌人。但必须估计，在今后一个半月内，敌人有可能寻机进攻，逼我应战。在此种情况下，我军拟让敌人进至三八线南北地区，在我第二番志愿部队九个军到齐后，再进行有力的新的战役。我们计划，在我第二番部队到达后，在四月十五日至六月底两个半月内，在三八线南北地区消灭美军及李承晚军建制部队数万人，然后向南汉江以南推进，最为有利。

总之，在美国坚持继续作战，美军继续获得大量补充并准备和我军作长期消耗战的形势下，我军必须准备长期作战，以几年时间，消耗美国几十万人，使其知难而退，才能解决朝鲜问题。

根据中央档案馆保存的原件刊印。

注　释

〔**1**〕这是毛泽东给斯大林电报的节录。

〔**2**〕指第四次战役。

〔**3**〕三八线，见本卷第99页注〔5〕。

组织民主人士
参观或参加土改、镇反工作

（一九五一年三月十八日、三十日）

一

漱石、子恢、小平、仲勋[1]同志：

民主人士及大学教授愿意去看土改的，应放手让他们去看，不要事先布置，让他们随意去看，不要只让他们看好的，也要让他们看些坏的，这样来教育他们。吴景超、朱光潜[2]等去西安附近看土改，影响很好。要将这样的事例教育我们的干部，打破关门主义的思想。

毛　泽　东

三月十八日

二

华东、中南、西南、西北、华北各中央局，并转分局、省委、区党委、大中市委及地委：

除抗美援朝工作必须和各民主党派、民主人士一起去做不必再说外，土改、镇反两项工作，也必须使各民主党派、民主人士参加，越多越好。请你们计划一下，在今年夏、秋、冬三季的土改工作和镇反工作，从各大城市中等城市分几十批组织各民主党派、民主人士、教授、教员、资本家下乡去参观，或参加工作。只要他们愿意去，就要欢迎他们去。不要怕他们去，不要向他们戒备，因为他们不是反动派。好的坏的，都让他们去看，让他们纷纷议论，自由发表意见，只有好处，没有坏处。至于城市中的镇反工作，更要让他们参加，整个城市的人民都要讨论镇反工作，大家注意对付反革命。下面是川西区党委的报告，请你们看一看。

毛　泽　东

三月三十日

根据手稿刊印。

注　释

〔1〕漱石，即饶漱石，当时任中共中央华东局第一书记。子恢，即邓子恢，当时任中共中央中南局第三书记。小平，即邓小平，当时任中共中央西南局第一书记。仲勋，即习仲勋，当时任中共中央西北局第一书记。

〔2〕吴景超（一九〇一——一九六八），安徽歙县人，当时是清华大学社会学系教授。朱光潜（一八九七——一九八六），安徽桐城人，当时是北京大学西方语言文学系教授。

给李达[1]的信

（一九五一年三月二十七日）

鹤鸣兄：

两次来信及附来《〈实践论〉解说》第二部分，均收到了，谢谢您！《解说》的第一部分也在刊物[2]上看到了。这个《解说》极好，对于用通俗的言语宣传唯物论有很大的作用。待你的第三部分写完并发表之后，应当出一单行本，以广流传。第二部分中论帝国主义和教条主义、经验主义的那两页上有一点小的修改[3]，请加斟酌。如已发表，则在印单行本时修改好了。

关于辩证唯物论的通俗宣传，过去做得太少，而这是广大工作干部和青年学生的迫切需要，希望你多多写些文章。

顺致

敬意！

毛　泽　东

三月二十七日

《实践论》中将太平天国放在排外主义一起说不妥，出选集时拟加修改[4]，此处暂仍照原。

根据手稿刊印。

注　释

〔1〕李达（一八九〇——一九六六），字鹤鸣，湖南零陵（今永州市）人。当时任湖南大学校长。

〔2〕指《新建设》杂志，《〈实践论〉解说》第一部分，发表在一九五一年出版的该刊第三卷第六期。

〔3〕毛泽东对李达的《〈实践论〉解说》稿第二部分的主要修改有下列几点：一、在《解说》中谈到中国人民对列强作排外主义的自发斗争的地方，加写了这样一句话："中国人民那时还不知道应当把外国的政府和人民、资本家和工人、地主和农民加以区别，我们应当反对侵略中国的外国地主资本家和政府官员，他们是帝国主义者，而在宣传上争取外国的人民，并不是一切外国人都是坏人，都要排斥。"二、在《解说》中谈到孙中山当年所倡导的民族主义完全以清政府为对象，从未提起过反帝国主义的地方，加写了这样一句话："虽然辛亥革命实际上起了反对帝国主义的作用，因为推翻了帝国主义的走狗——满清政府，当然就带着反帝的作用，因而引起了帝国主义对于辛亥革命的不满，不帮助孙中山而帮助袁世凯；但是当时的革命党人的主观上并没有认识这一点"。三、《解说》中说："唯物论的'唯理论'是今日教条主义的来源，唯物论的'经验论'是今日经验主义的来源。"毛泽东把这句话修改为："唯物论的'唯理论'与今日教条主义相像，唯物论的'经验论'则与今日经验主义相像。"

〔4〕《实践论》中将太平天国放在排外主义一起说的那句话，在一九五一年十月出版的《毛泽东选集》第一卷中，未作修改。

正确解释对旧人员“包下来”的政策

（一九五一年四月二十二日）

各中央局并转分局、省委、区党委、大中市委，各大军区并转各省军区，中央军委各直属部门、各特种兵司，中央政府各党组：

（一）关于在政府系统中和军事系统中审查旧人员和新知识分子的工作，各地各部门现已开始着手进行。在答复“包下来”的问题时，我们看见有说得不适当的。例如“有的人说，解放接收时原封不动包下来了，今天又来处理，是否有矛盾？”答复：“没有矛盾。镇压与宽大结合的政策，并无变动。以前包下来是为迅速恢复生产，安定工作。特务分子不积极生产，而积极破坏生产。今天既然已了解他是坚决与人民为敌的罪大恶极的反革命分子，为什么还不处理？”（滕代远[1]同志在铁路工会的报告）。这样答复是不妥当的。一九四九年四月中国人民革命军事委员会发表约法八章的布告，内称：“凡有一技之长而无严重的反动行为或严重的劣迹者，人民政府当予分别录用。”人民解放军和人民政府从来也没有说过可以把有“严重的反动行为或严重的劣迹”的人们包下来。现在审查旧人员（还有新知识分子），就是要将那些混入军事系统和政府系统

(包括公营工矿)中的有“严重的反动行为或严重的劣迹”的人们清理出来，分别加以惩办或淘汰。同时对于那些并无严重的反动行为或严重的劣迹的人们(这些人占大多数)，则因为清出了那些有严重的反动行为或严重的劣迹的人们，而使他们显得历史清白或虽有问题但不严重，利于团结和改造。这后一类人又分为两部分，第一部分是历史清白没有问题的；第二部分是有些问题，但不严重，只要坦白承认错误，可以继续工作的(其中有些人须调动工作岗位)。(二)所谓有严重的反动行为，包括恶霸，匪首，惯匪，特务，欺压过许多人的行政官吏(这些人多属国民党及三青团的重要分子)，反动的军官以及反动会道门的头子等。(三)下面是李立三〔2〕同志给中央的信，其中所说工厂和矿山的恶霸应予惩办，这是毫无疑义的，请你们加以注意。

毛　泽　东

四月二十二日

根据手稿刊印。

注　　释

〔1〕滕代远(一九〇四——一九七四)，湖南麻阳人。当时任中央人民政府铁道部部长。

〔2〕李立三(一八九九——一九六七)，湖南醴陵人。当时任中央人民政府劳动部部长、中华全国总工会副主席。

镇压反革命必须实行党的群众路线[1]

（一九五一年五月十五日）

一

关于杀反革命的数字，必须控制在一定比例以内。这里的原则是：对于有血债或其他最严重的罪行非杀不足以平民愤者和最严重地损害国家利益者，必须坚决地判处死刑，并迅即执行。对于没有血债、民愤不大和虽然严重地损害国家利益但尚未达到最严重的程度，而又罪该处死者，应当采取判处死刑、缓期二年执行、强迫劳动、以观后效的政策。特别是对于在共产党内，在人民政府系统内，在人民解放军系统内，在文化教育界，在工商界，在宗教界，在民主党派和人民团体内清出来的应判死刑的反革命分子，一般以处决十分之一二为原则，其余十分之八九均应采取判处死刑、缓期执行、强迫劳动、以观后效的政策。如此，才能获得社会的同情；才能避免我们自己在这个问题上犯错误；才能分化和瓦解敌人，有利于彻底消灭反革命势力；又保存了大批的劳动力，有利于国家的生产建设。同时，在处决反革命问题上，乡村已达人口千分之一（在西北地区为千分之零点五)、城市已达人口千分之零点五者,应即停止大批地杀人。此外还应明确地规定:凡介在可捕可不捕之间的人一定不要捕,如果捕了就是犯错误;凡介在可杀可不杀之间的人一定不要杀,如果杀了就是犯错误。

二

现在全国积案未清的罪犯很多,必须有几个月用全力清理积案。因此决定:在今年六月一日至九月三十日的四个月内,全国各地,不论农村和城市,除现行犯和由各省、区、市党委呈请各中央局批准的少数人外,应一律停止捕人,以便集中精力清理积案。

三

为了防止在镇压反革命运动的高潮中发生"左"的偏向,决定从六月一日起,全国一切地方,包括那些至今仍然杀人甚少的地方在内,将捕人批准权一律收回到地委专署一级,将杀人批准权一律收回到省一级,离省远者由省级派代表前往处理。任何地方不得要求改变此项决定。关于在共产党内,在人民政府系统内,在人民解放军系统内,在文化教育界,在工商界,在宗教界,在各民主党派和各人民团体内清出的反革命分子,其捕人和判罪应遵照中央五月八日指示[2],一律报请大行政区或大军区批准,有关统一战线的重要分子,须报请中央批准,以昭慎重。

四

清理大批罪犯的积案，是最近几个月内的一个极其艰巨的工作。各地必须通过党委，并在党委的坚强领导之下，从各方面调集大批的得力干部，采用突击方式，在六月至九月的四个月内，将积案基本处理清楚。其中最大部分，必须在六、七两月内处理清楚。如果不在夏季处理完毕，拖到秋冬冷季，必将产生严重后果。

在清理方法上，首先应清理该杀的和可以释放的。对于拟判一年以上徒刑的犯人，除不能劳动者外，必须一律组织他们参加劳动。为克服监狱拥挤、营养不良、医药不足、发生疾病死亡等不良情况，应当仿照北京的办法，立即使他们离开监狱，参加劳动，在劳动过程中听候判决。对于判刑在一年以下的犯人，在多数群众同意的条件下，可以采取缓刑或假释的办法，交群众负责管制。

五

对于"中层"和"内层"〔3〕的反革命分子，必须从现在开始，有计划地加以清查。决定遵照中央指示在今年夏秋两季，采用整风方式，对留用人员和新吸收的知识分子普遍地初步地清查一次。其目的是弄清情况和处理一些最突出的问题。其方法是学习镇反文件，向着留用人员和新吸收的知识分子，号召他们中间有问题的人（不是一切人）用真诚老实的态度，交清历史，坦白其隐藏的问题。这种坦白运动必须由首长负责主持，采取自愿原则，不得施行强迫。每一单位时间要短，不要拖长。其策略是争取多数，孤立少数，以待冬季的进一步清查。对于首脑机关、公安机关及其他要害部门，则须在六月至九月内首先加以清查，并取得经验，以资推广。在政府系统、学校和工厂中进行此种清查工作时，必须有党外人士参加此种清查工作的委员会，避免由共产党员孤立地去做。

六

公安系统，包括警察和公安部队在内，必须于此次镇压反革命的伟大斗争过程中，如像南京公安局所提出的计划那样，认真地加以审查、清理和补充，使公安系统健全起来。

七

全国各地，必须在此次镇压反革命的伟大斗争中普遍地组织群众的治安保卫委员会。此项委员会，农村以乡为单位，城市以机关、学校、工厂、街道为单位，经过人民选举组织之。委员人数少者三人，多者十一人，必须吸收可靠的党外爱国分子参加，成为统一战线的保卫治安的组织。此项委员会受基层政府和公安机关的领导，担负协助人民政府肃清反革命，防奸、防谍，保卫国家和公众治安的责任。此项委员会，乡村须在土改完成之后，城市须在镇反工作开展之后，有领导地进行组织，以免坏人乘机侵入。

八

目前在全国进行的镇压反革命的运动是一场伟大的激烈的和复杂的斗争。全国各地已经实行的有效的工作路线，是党委领导，全党动员，群众动员，吸收各民主党派及各界人士参加，统一计划，统一行动，严格地审查捕人和杀人的名单，注意各个时期的斗争策略，广泛地进行宣传教育工作（各种代表会、干部会、座谈会、群众会，在会上举行苦主控诉，展览罪证，利用电影、幻灯、戏曲、报纸、小册子和传单作宣传，做到家喻户晓，人人明白），打破关门主义和神秘主义，坚决地反对草率从事的偏向。凡是完全遵照这个路线去做的，就是完全正确的。凡是没有遵照这个路线去做的，就是错误的。凡是大体上遵照了这个路线，但没有完全遵照这个路线去做的，就是大体上正确但不完全正确的。我们认为这个工作路线是继续深入镇压反革命工作和取得完满胜利的保证。在今后镇反工作中必须完全遵守这个工作路线。其中最重要者为严格地审查捕杀名单和广泛地做好宣传教育。做到了这两点，就可以避免犯错误。

九

为了使镇压反革命的伟大斗争完全遵守上述工作路线，避免犯错误和纠正已经发生的偏向，中央一级，大行政区一级，省区市一级和专区一级，共四级，均必须派遣多数的视察组，每组三人，向下一级至几级检查各地的镇反工作。各级工作组凡未派者，必须于六月内派出，不得迟延。视察和检查的标准是中央和各大行政区关于镇反工作的各项决议、指示和法令。

十

为了迅速地了解情况和及时地纠正错误，决定从六月一日至九月三十日的四个月内，从县级起直至中央，共五级，必须每五天由下级公安机关的首长用电话、电报或其他方法报告工作情况一次，不得违误。

根据中央档案馆保存的原件刊印。

注　释

〔1〕这是毛泽东审阅第三次全国公安会议决议稿时加写和改写的几段文字。

〔2〕指中共中央一九五一年五月八日关于对犯有死罪的反革命分子应大部采取判处死刑缓期执行政策的决定。见本卷第121—123页。

〔3〕镇压反革命的工作，分为外层、中层、内层。清理“中层”，是指清查隐藏在中国人民解放军和人民政府机关内部的反革命分子；清理“内层”，是指清查隐藏在中国共产党内的反革命分子。

必须重视人民群众来信

（一九五一年五月十六日）

各中央局，并转分局，省委，区党委，市委，地委，县委；各大行政区，各省市区，各专区，各县人民政府的党组，并告中央人民政府各部门的党组：

必须重视人民的通信，要给人民来信以恰当的处理，满足群众的正当要求，要把这件事看成是共产党和人民政府加强和人民联系的一种方法，不要采取掉以轻心置之不理的官僚主义的态度。如果人民来信很多，本人处理困难，应设立适当人数的专门机关或专门的人，处理这些信件。如果来信不多，本人或秘书能够处理，则不要另设专人。下面是专门处理人民给我来信的秘书室关于处理今年头三个月信件工作的报告〔1〕，发给你们参考，我认为这个报告的观点是正确的。

毛　泽　东

一九五一年五月十六日

根据手稿刊印。

注　　释

〔1〕指中共中央办公厅秘书室一九五一年四月三十日关于一至三月处理群

众来信情况向毛泽东的报告。报告对这段时间收到的近两万封群众来信进行分类统计，概述了来信反映的问题，以及对这些来信处理的情况。报告并说“还有九千多封，是地方组织动员群众写的成批致敬信，有的现在还继续向这里寄。这种情形，无法一一回信，准备给该地以总的回信”。毛泽东对此写了批注：“组织群众成批地写致敬信是不好的，以后不要这样做。”

应当重视电影《武训传》的讨论[1]

（一九五一年五月二十日）

《武训传》所提出的问题带有根本的性质。像武训那样的人，处在清朝末年中国人民反对外国侵略者和反对国内的反动封建统治者的伟大斗争的时代，根本不去触动封建经济基础及其上层建筑的一根毫毛，反而狂热地宣传封建文化，并为了取得自己所没有的宣传封建文化的地位，就对反动的封建统治者竭尽奴颜婢膝的能事，这种丑恶的行为，难道是我们所应当歌颂的吗？向着人民群众歌颂这种丑恶的行为，甚至打出"为人民服务"的革命旗号来歌颂，甚至用革命的农民斗争的失败作为反衬来歌颂，这难道是我们所能够容忍的吗？承认或者容忍这种歌颂，就是承认或者容忍污蔑农民革命斗争，污蔑中国历史，污蔑中国民族的反动宣传，就是把反动宣传认为正当的宣传。

电影《武训传》的出现，特别是对于武训和电影《武训传》的歌颂竟至如此之多，说明了我国文化界的思想混乱达到了何等的程度！

在许多作者看来，历史的发展不是以新事物代替旧事物，而是以种种努力去保持旧事物使它得免于死亡；不是以阶级斗争去推翻应当推翻的反动的封建统治者，而是像武训那样否定被压迫人民的阶级斗争，向反动的封建统治者投降。我们的作者们不去研究过去历史中压迫中国人民的敌人是些什么人，向这些敌人投降并为他们服务的人是否有值得称赞的地方。我们的作者们也不去研究自从一八四〇年鸦片战争以来的一百多年中，中国发生了一些什么向着旧的社会经济形态及其上层建筑（政治、文化等等）作斗争的新的社会经济形态，新的阶级力量，新的人物和新的思想，而去决定什么东西是应当称赞或歌颂的，什么东西是不应当称赞或歌颂的，什么东西是应当反对的。

特别值得注意的，是一些号称学得了马克思主义的共产党员。他们学得了社会发展史——历史唯物论，但是一遇到具体的历史事件，具体的历史人物（如像武训），具体的反历史的思想（如像电影《武训传》及其他关于武训的著作），就丧失了批判的能力，有些人则竟至向这种反动思想投降。资产阶级的反动思想侵入了战斗的共产党，这难道不是事实吗？一些共产党员自称已经学得的马克思主义，究竟跑到什么地方去了呢？

为了上述种种缘故，应当展开关于电影《武训传》及其他有关武训的著作和论文的讨论，求得彻底地澄清在这个问题上的混乱思想。

根据毛泽东手稿刊印。

注　释

〔1〕这是毛泽东审阅《人民日报》社论稿《应当重视电影〈武训传〉的讨论》时加写和改写的几段文字，构成了这篇社论的主体。

在庆祝签订和平解放西藏办法协议宴会上的讲话

（一九五一年五月二十四日）

几百年来，中国各民族之间是不团结的，特别是汉民族与西藏民族之间是不团结的，西藏民族内部也不团结。这是反动的清朝政府和蒋介石政府统治的结果，也是帝国主义挑拨离间的结果。现在，达赖喇嘛〔1〕所领导的力量与班禅额尔德尼〔2〕所领导的力量与中央人民政府之间，都团结起来了。这是中国人民打倒了帝国主义及国内反动统治之后才达到的。这种团结是兄弟般的团结，不是一方面压迫另一方面。这种团结是各方面共同努力的结果。今后，在这一团结基础之上，我们各民族之间，将在各方面，将在政治、经济、文化等一切方面，得到发展和进步。

根据一九五一年五月二十八日《人民日报》刊印。

注　　释

〔1〕达赖喇嘛，即达赖喇嘛·丹增嘉措，一九三五年生，青海湟中人。当时是西藏地方宗教和政治领袖之一。

〔2〕班禅额尔德尼，即班禅额尔德尼·确吉坚赞（一九三八——一九八九），青海循化人。当时是西藏地方宗教和政治领袖之一。

给达赖喇嘛[1]的信

（一九五一年五月二十四日）

达赖喇嘛先生：

感谢你经阿沛·阿旺晋美[2]先生带给我的信和礼物。

西藏地方政府在你亲政以后，开始改变以往的态度，响应中央人民政府和平解放西藏的号召，派遣以阿沛·阿旺晋美先生为首的全权代表来到北京举行谈判。你的这项举措是完全正确的。

现在，中央人民政府全权代表和西藏地方政府全权代表，在友好基础之上，经过多次商谈，已签订了关于和平解放西藏办法的协议。这个协议是符合于西藏民族和西藏人民的利益，同时也符合于全中国各民族人民的利益。从此，西藏地方政府和西藏人民在伟大祖国大家庭中，在中央人民政府统一领导下，得以永远摆脱帝国主义的羁绊和异民族的压迫，站起来，为西藏人民自己的事业而努力。我希望你和你领导的西藏地方政府认真地实行关于和平解放西藏办法的协议，尽力协助人民解放军和平开进西藏地区。我特派张经武[3]代表同你的代表们一道前来你处，以资联络。如你有需要他协助的地方，可随时与他接洽。附来礼物，至希收纳！

中央人民政府主席　毛泽东

一九五一年五月二十四日

根据中央档案馆保存的原件刊印。

注　释

〔1〕达赖喇嘛，即达赖喇嘛·丹增嘉措，当时是西藏地方宗教和政治领袖之一。

〔2〕阿沛·阿旺晋美，一九一〇年生，西藏拉萨人。原西藏地方政府噶伦、昌都总管，当时是西藏地方政府派来北京谈判和平解放西藏问题的首席代表。

〔3〕张经武（一九〇六——一九七一），湖南酃县（今炎陵）人。当时任中央人民政府驻西藏代表。

对美英军目前只宜打小歼灭战

（一九五一年五月二十六日）

德怀[1]同志：

历次战役证明我军实行战略或战役性的大迂回，一次包围美军几个师，或一个整师，甚至一个整团，都难达到歼灭任务。这是因为美军在现时还有颇强的战斗意志和自信心。为了打落敌人的这种自信心以达最后大围歼的目的，似宜每次作战野心不要太大，只要求我军每一个军在一次作战中，歼灭美、英、土军一个整营，至多两个整营，也就够了。现在我第一线有八个军，每个军歼敌一个整营，共有八个整营，这就给敌以很大的打击了。假如每次每军能歼敌两个整营，共有十六个整营，那对敌人打击就更大了。如果这样做办不到，则还是要求每次每军只歼敌一个整营为适宜。这就是说，打美、英军和打伪军不同，打伪军可以实行战略或战役的大包围，打美、英军则在几个月内还不要实行这种大包围，只实行战术的小包围，即每军每次只精心选择敌军一个营或略多一点为对象而全部地包围歼灭之。这样，再打三四个战役，即每个美、英师，都再有三四整营被干净歼灭，则其士气非降低不可，其信心非动摇不可，那时就可以作一次歼敌一个整师或两个、三个整师的计划了。过去我们打蒋介石的新一军、新六军、五军、十八军和桂系的第七军，就是经过这种小歼灭到大歼灭的过程的。我军入朝以来五次战役，已完成这种小歼灭战的一段路程，但是还不够，还须经过几次战役才能完成小歼灭战的阶段，进到大歼灭战的阶段。至于打的地点，只要敌人肯进，越在北面一些越好，只要不超过平壤、元山线就行了。以上请你考虑电告。

毛　泽　东

五月二十六日

根据手稿刊印。

注　　释

〔1〕德怀，即彭德怀，当时任中国人民志愿军司令员兼政治委员。

停战谈判期间军事上应采取的对策

（一九五一年七月二日）

德怀、高岗[1]同志，并金日成[2]同志：

在和敌方代表准备谈判及实行谈判期间，大约有十天到十四天，请你们严格和充分地注意下列各点：（一）争取在十天内，用极大努力，加强第一线部队的人员特别是武器和弹药的补充。请高岗同志将后方应运人员、武器、弹药等，尽这十天内外运入北朝鲜境内。必须准备着一经签订停战协定，这些人员和物资就不能运输和调动了。（二）极力提高警惕。我第一线各军，必须准备对付在谈判前及谈判期内敌军可能对我来一次大的攻击，在后方，则举行大规模的空炸，以期迫我订立城下之盟。如遇敌军大举进攻时，我军必须大举反攻，将其打败。（三）杨成武[3]两个军及五十军，须令其迅速开到指定地点，防止敌人乘机在元山登陆，我三十八、三十九及四十二军则应准备对付敌人可能在西边登陆。（四）请你们设想在停战协定成立以后可能发生的各种情况，并预筹对策。

毛　泽　东

七月二日二十四时

根据手稿刊印。

注　释

〔1〕德怀，即彭德怀，当时任中国人民志愿军司令员兼政治委员。高岗，当时任中国人民解放军东北军区司令员兼政治委员。

〔2〕金日成，当时任朝鲜劳动党中央委员会委员长、朝鲜民主主义人民共和国内阁首相、朝鲜人民军最高指挥官。

〔3〕杨成武，一九一四年生，福建长汀人。当时任中国人民志愿军第二十兵团司令员。

必须重视卫生、防疫和医疗工作

（一九五一年九月九日）

各中央局，并转分局、省市区党委、地委及县委：

贺诚同志这个报告[1]很好，你们收到后，可在党内刊物上发表，引起各级领导同志注意。中央认为各级党委对于卫生、防疫和一般医疗工作的缺乏注意是党的工作中的一项重大缺点，必须加以改正。今后必须把卫生、防疫和一般医疗工作看作一项重大的政治任务，极力发展这项工作。对卫生工作人员必须加以领导和帮助。对卫生工作必须及时加以检查。在经费方面，除中央预算所列者外，应尽其可能在地方上筹出经费。必须教育干部，使他们懂得，就现状来说，每年全国人民因为缺乏卫生知识和卫生工作引起疾病和死亡所受人力、畜力和经济上的损失，可能超过每年全国人民所受水、旱、风、虫各项灾荒所受的损失，因此至少要将卫生工作和救灾防灾工作同等看待，而决不应该轻视卫生工作。

中共中央

一九五一年九月九日

根据毛泽东手稿刊印。

注　　释

〔1〕指中央人民政府卫生部党组书记、副部长贺诚一九五一年九月七日关于全国防疫工作给中共中央的报告。报告总结了新中国成立以来卫生工作遵循“面向工农兵、预防为主、团结中西医”三项原则取得的成绩和工作中还存在的缺点，提出要使防疫工作收到应有的效果，必须各级党、政领导同志给予适当的重视，但不少省县以下的党、政领导干部，只把不饿死人认为是政府的责任，对因不卫生而病死人则重视不够，认为是难以避免的“天灾”。实际上因疫病而死的人数远超过饿死的，而其中大多是可以预防的。

入藏部队的
当前任务和兵力部署

（一九五一年九月十三日）

小平[1]同志：

我先遣支队已到拉萨，张国华[2]所率部队不久亦可到太昭[3]、拉萨一线。关于这些部队一九五一年的任务是以修筑公路为主，还是以生产粮食解决给养为主的问题，张国华在京时曾对我说应该是筑路而不是生产。张并认为明年一年即可修通甘孜至拉萨公路。但据后来所得情报，明年修通是不可能的，也许需要两年至三年才能修通。似此，如果我军不从事生产，则给养将成严重问题，靠藏政府供给，或靠购买，则对藏民影响不好。因此请你考虑是否可以定为生产与筑路并重，即令甘孜到拉萨沿途所驻部队以一部分担任生产，以一部分担任筑路，在生产季节以较多的人从事生产，在其他季节则以全力筑路。此点在现在就应确定，以便在冬季有所准备。此外，关于兵力分布问题，似应在几个月内，在日喀则和日喀则到拉萨的中间地点各派一部分军队进驻，并在这些地方布置生产，使班禅[4]能回后藏，并便于展开工作。原先决定明年不进驻上述各点的计划似应改变，惟进驻时间可在张国华到拉萨和西藏政府的关系完全弄好之后，即在三四个月之后为适宜。以上望复。

毛　泽　东

九月十三日

根据手稿刊印。

注　　释

〔1〕小平，即邓小平，当时任中共中央西南局第一书记、中国人民解放军西南军区政治委员。

〔2〕张国华（一九一四——一九七二），江西永新人。当时任中国人民解放军第十八军军长。

〔3〕太昭，今西藏自治区工布江达县。

〔4〕班禅，即班禅额尔德尼·确吉坚赞，当时是西藏地方宗教和政治领袖之一。

逐步发展
农业生产互助合作组织

（一九五一年十月十七日）

各中央局、各中央分局、各省市区党委及各地委：

兹将高岗同志关于东北农村的生产合作互助运动的报告[1]发给你们参考，并可在党内刊物上发表。中央认为高岗同志在这个报告中所提出的方针是正确的。一切已经完成了土地改革任务的地区的党委都应研究这个问题，领导农民群众逐步地组成和发展各种以私有财产为基础的农业生产互助合作组织，同时不要轻视和排斥不愿参加这个运动的个体农民。每个省区都要建立生产新式农具的国营工厂，以便农民购用此种农具。省、专区和县都要建立至少一个公营农场，以为示范之用。中央已经起草了一个关于发展农业生产互助合作运动的指示（草案），不久即可发给你们。

中共中央

一九五一年十月十七日

根据毛泽东手稿刊印。

注　　释

〔1〕指中共中央东北局书记高岗一九五一年十月十四日关于东北农村的生产合作互助运动给毛泽东的报告。报告中提出，对农村生产合作互助运动要根据群众的自愿与需要，加以积极扶助与发展，并逐步由低级引向较为高级的形式。这里的关键是对合作互助组领导的实际成效如何，即是否提高了农业生产力，多打了粮食，增加了农民的收入。各类形式的合作互助组要做出比较优良的成绩，来积极动员与吸引单干的农户自愿加入各种类型的合作互助组，但必须强调自愿，不能对单干户有任何强迫和歧视。对单干户在生产与生活上的困难，同样要帮助他们解决。人民政府应从各方面给互助组以优待，特别是在农具、技术指导与供销方面。

在全国政协一届三次会议上的讲话

（一九五一年十月二十三日、十一月一日）

一　开幕词

（一九五一年十月二十三日）

各位委员，各位同志们：

我们的人民政治协商会议第一届全国委员会第三次会议，现在开会了。在这次会议上，除了全国委员会的委员之外，应邀列席的尚有中国人民志愿军、人民解放军、工业劳动模范、农业劳动模范、老根据地代表、教育工作者、文艺工作者、工商业家、各种专家、宗教界、少数民族、华侨、妇女、青年、省市协商委员会及其他方面的代表人物，尚有许多政府工作人员。出席和列席人员中包括了许多为人民所公认的战斗英雄、劳动模范和模范工作者。我们这次会议的这个规模，充分地表现了中华人民共和国在各个战线上都有了巨大的成就和进步。

在过去的一年中，在我们国家内展开了抗美援朝、土地改革和镇压反革命三个大规模的运动，取得了伟大的胜利。大陆上的反革命残余即将基本肃清。土地改革，除一部分少数民族住居的地区以外，即将于一九五二年全部完成。全中国人民在抗美援朝运动中空前广泛地团结起来，向着美帝国主义的侵略势力进行了坚决的斗争。中国人民志愿军代表着中国人民的伟大意志，与朝鲜人民军一道，打破了美帝国主义企图侵占朝鲜民主主义人民共和国并进而侵入中国大陆的狂妄计划，从而鼓舞了朝鲜、中国、亚洲和全世界爱好和平的人民，使他们增加了保卫和平、反对侵略的信心。我们应当向英勇的中国人民志愿军和朝鲜人民军表示庆贺和敬意！

由于上述三大运动已经取得的胜利，由于各级人民政府和各界人民的共同努力，我们的国家已经实现了空前未有的统一。西藏问题业已用和平的方法予以解决。国防力量业已增强。人民民主专政业已巩固。而我们的金融和物价则继续保持着稳定，我们的经济建设事业和文化教育事业的恢复和发展的工作，也已前进了一大步。

在工业和农业战线上正在发展着的爱国增产运动，是我们国家值得庆贺的新气象。在农村中实现土地改革和在工厂企业中实现民主改革之后，工人和农民即获得发展其爱国增产的极大积极性，并改善其物质生活和文化生活的可能。只要我们善于团结、教育和依靠工人和农民，我国就一定会要出现一个普遍高涨的爱国增产运动。

在我国的文化教育战线和各种知识分子中，根据中央人民政府的方针，广泛地开展了一个自我教育和自我改造的运动，这同样是我国值得庆贺的新气象。在全国委员会第二次会议闭幕的时候，我曾提出了以批评和自我批评方法进行自我教育和自我改造的建议。现在，这个建议已经逐步地变为现实。思想改造，首先是各种知识分子的思想改造，是我国在各方面彻底实现民主改革和逐步实行工业化的重要条件之一。因此，我们预祝这个自我教育和自我改造运动能够在稳步前进中获得更大的成就。

一切事实都证明：我们的人民民主专政的制度，较之资本主义国家的政治制度具有极大的优越性。在这种制度的基础上，我国人民能够发挥其无穷无尽的力量。这种力量，是任何敌人所不能战胜的。

抗美援朝的伟大斗争现在还在继续进行，并且必须继续进行到美国政府愿意和平解决的时候为止。我们不要去侵犯任何国家，我们只是反对帝国主义者对于我国的侵略。大家都明白，如果不是美国军队占领我国的台湾、侵略朝鲜民主主义人民共和国和打到了我国的东北边疆，中国人民是不会和美国军队作战的。但是既然美国侵略者已经向我们进攻了，我们就不能不举起反侵略的旗帜，这是完全必要的和完全正义的，全国人民都已明白这种必要性和正义性。为了继续坚持这个必要的正义的斗争，我们就需要继续加强抗美援朝的工作，需要增加生产，厉行节约，以支持中国人民志愿军。这是中国人民今天的中心任务，因此也就是我们这次会议的中心任务。

我们很早就表示：朝鲜问题应当用和平方法予以解决。现在还是这样。只要美国政府愿意在公平合理的基础上解决问题，不再如过去那样用种种可耻的方法破坏和阻挠谈判的进行，则朝鲜的停战谈判是可能成功的，否则就不可能成功。

在中华人民共和国成立以来的两年中，我们各方面的工作都获得了伟大的胜利。这些胜利，我们是依靠了一切可能团结的力量才获得的。在国内，我们是依靠了各民族、各民主阶级、各民主党派、各人民团体以及一切爱国民主人士在工人阶级和共产党领导之下的巩固团结。在国际范围内，我们是依靠了以苏联为首的和平民主阵营的巩固团结以及世界各国爱好和平的人民的深厚同情。由于这样，我们就获得了各方面工作的伟大胜利，这是我们的敌人所没有料到的。我们的敌人认为：新生的中华人民共和国面前摆着重重的困难，他们又用侵略战争来反对我们，我们没有可能克服自己的困难，没有可能反击侵略者。出于敌人的意料之外，我们居然能够克服自己的困难，居然能够反击侵略者，并获得伟大的胜利。我们的敌人眼光短浅，他们看不到我们这种国内国际伟大团结的力量，他们看不到由外国帝国主义欺负中国人民的时代，已由中华人民共和国的成立而永远宣告结束了。他们也看不到帝国主义称霸世界的时代，已由社会主义苏联的成立，已由中华人民共和国的成立，已由各人民民主国家的成立，已由中苏两个伟大国家在友好互助同盟条约基础上的巩固团结，已由整个和平民主阵营的巩固团结以及世界各国广大和平人民对于这个伟大阵营的深厚同情，而永远宣告结束了。我们的敌人看不到这些，他们还想欺负中华人民共和国，他们还想称霸世界。但是，同志们，我可以断定，他们的想法是狂妄的，是徒然的，是不可能达到目的的。与此相反，中华人民共和国是不能欺负的，以苏联为首的伟大和平阵营是不能侵犯的，全世界和平人民是不能欺骗的。同志们，自从伟大的苏联十月社会主义革命胜利以后，世界上人民胜利的局面就确定了，现在则因为中华人民共和国的成立和各人民民主国家的成立而使这个局面发展和巩固了。不错，在第一次世界大战和俄国十月革命以后的历史时期中，曾经发生过德国、意大利和日本三个帝国主义国家企图称霸世界的事实，这种事实还是发生在中华人民共和国和许多人民民主国家没有成立的时候。但是结果如何呢？难道还没有证明这三个帝国主义国家的企图是狂妄的和徒然的吗？难道不是适得其反，想要称霸的帝国主义却得到了被打倒的结果吗？现在的局面完全不同了，伟大的中华人民共和国成立了，许多人民民主国家成立了，世界人民的觉悟程度提高了，整个亚洲和北部非洲的民族解放斗争蓬蓬勃勃地起来了，整个帝国主义体系的力量极大地削弱了，还有一个极其重要的事实是我们最亲密的盟国苏联的力量大大地增强了。在这种时候，再有帝国主义国家企图重走过去德、意、日三国侵略者的老路，则其结果不是完全可以料到的吗？总之一句话，今后的世界必须是人民的世界，世界各国必须由各国人民自己管理自己，而决不能再是帝国主义及其走狗横行霸道的世界了。我希望我国人民好好地自己团结一致，并好好地和我们的苏联盟友团结一致，好好地和一切人民民主国家团结一致，好好地和世界上一切同情我们的民族和人民团结一致，向着争取反侵略斗争的胜利、向着建设我们伟大国家的胜利、向着保卫世界持久和平的胜利而继续前进。同志们，只要我们这样做，我相信，胜利决定地是我们的。

根据一九五一年十月二十四日
《人民日报》刊印。

二　闭幕词

（一九五一年十一月一日）

同志们，我们的会议已经胜利地完成了，我为这次会议的成功表示庆贺。如像我们在国际国内各项伟大斗争中团结一致一样，我们的会议也是团结一致的。而且我们的团结是一年比一年好，一年比一年更亲密，一年比一年更加生气勃勃。这是完全可以理解的，因为我国的人民民主统一战线是在伟大的革命斗争中一步一步地形成的，它是一个包括全国各民族、各民主阶级、各民主党派、各人民团体以及一切爱国民主人士在内的几万万人的统一战线，它是以工人、农民为基础的，它是在工人阶级和共产党领导之下的，它又是采用自我批评方法的，因此，它就能够巩固地团结一致，它就能够越来越有生气，越来越有力量，它就是任何敌人所不能战胜的。同志们，我们已经总结了过去一年的经验，规定了今后工作的方针，并且补选了十八名委员，让我们领导全国人民继续前进，争取新的更大的胜利吧！

根据一九五一年十一月二日
《人民日报》新闻稿刊印。

在文学艺术界开展整风学习

（一九五一年十一月二十六日）

各中央局，并转分局、各省市区党委，各同级政府文化部门的党组和文艺团体的党组：

（一）中央批准中央宣传部一九五一年十一月二十三日向中央所作的报告[1]，认为这一报告是正确的。（二）请各中央局、分局、省委、市委、区党委自己和当地从事文学艺术工作的负责同志都注意研究这个报告，仿照北京的办法在当地文学艺术界开展一个有准备的有目的的整风学习运动，发动严肃的批评和自我批评，克服文艺干部中的错误思想，发扬正确思想，整顿文艺工作，使文艺工作向着健全的方向发展。为使这一整风运动获得良好的结果，各中央局、分局、省委、市委、区党委的负责同志和宣传部负责同志必须亲手抓紧对文艺界整风运动的领导，先将你们的计划报告中央和中央宣传部批准。（三）中央这一指示和中央宣传部的报告可以在党内刊物上发表，并可给党外同情分子阅看。

中共中央

一九五一年十一月二十六日

根据毛泽东手稿刊印。

注　释

〔1〕中共中央宣传部的这个报告，在分析两年来文艺工作的成绩和缺点时指出：特别是在文艺工作的领导方面，存在着一种忽视思想工作、脱离政治、脱离群众、迁就资产阶级小资产阶级的倾向，使文艺战线发生混乱，在党的文艺干部中也发展着某些无组织无纪律的现象。为此，决定在文艺干部中进行一次整风学习，以澄清文艺界的各种错误思想，认真建立党对文艺工作的有效领导。

关于“三反”、“五反”

（一九五一年十一月——一九五二年五月）

一

反贪污、反浪费一事，实是全党一件大事，我们已告诉你们严重地注意此事。我们认为需要来一次全党的大清理，彻底揭露一切大、中、小贪污事件，而着重打击大贪污犯，对中小贪污犯则取教育改造不使重犯的方针，才能停止很多党员被资产阶级所腐蚀的极大危险现象，才能克服二中全会〔1〕所早已料到的这种情况，并实现二中全会防止腐蚀的方针，务请你们加以注意。〔2〕

（一九五一年十一月三十日）

二

华北天津地委前书记刘青山及现书记张子善均是大贪污犯，已经华北局发现，并着手处理，我们认为华北局的方针是正确的。这件事给中央、中央局、分局、省市区党委提出了警告。必须严重地注意干部被资产阶级腐蚀发生严重贪污行为这一事实，注意发现、揭露和惩处，并须当作一场大斗争来处理。[3]

（一九五一年十一月三十日）

三

应把反贪污、反浪费、反官僚主义的斗争看作如同镇压反革命的斗争一样的重要，一样的发动广大群众包括民主党派及社会各界人士去进行，一样的大张旗鼓去进行，一样的首长负责，亲自动手，号召坦白和检举，轻者批评教育，重者撤职、惩办、判处徒刑（劳动改造），直至枪毙一批最严重的贪污犯，才能解决问题。[4]

（一九五一年十二月八日）

四

军事系统各部门，特别是后勤部门，贪污、浪费和官僚主义的情况极为严重。很多党员，甚至负责干部，沉埋于事务工作，政治思想极不发展，党内生活极不健全，因此许多人陷入了贪污、浪费和官僚主义的泥坑，许多人本位主义极为浓厚，只顾小局，不顾大局。这种情况，必须改变。必须在整个军事系统，特别着重在后勤部门，展开整党整风，展开反贪污、反浪费、反官僚主义的严重斗争，并号召一切指战员参加这个斗争。[5]

（一九五一年十二月十一日）

五

一定要使一切与公家发生关系而有贪污、行贿、偷税、盗窃等犯法行为的私人工商业者，坦白或检举其一切犯法行为，特别注意在天津、青岛、上海、南京、广州、武汉、重庆、沈阳及各省省城用大力发动这一斗争，借此给资产阶级三年以来在此问题上对于我党的猖狂进攻（这种进攻比战争还要危险和严重）以一个坚决的反攻，给以重大的打击，争取在两个月至三个月内基本上完成此项任务。请各级党委对于此事进行严密的部署，将此项斗争当作一场大规模的阶级斗争看待。此种部署应当是内部（各机关、学校、部队和公营企业）和外部（私人工商界）同时进行，领导机关和法庭密切配合，报纸和广播则作大力宣传，并注意组织机密消息的内部通报。在大城市，并可专为此事出版内部报刊。

在这个斗争中，对民主党派和各界民主人士应酌予照顾，注意组织“三反”斗争的统一战线。〔6〕

（一九五二年一月五日）

六

在全国一切城市，首先在大城市和中等城市中，依靠工人阶级，团结守法的资产阶级及其他市民，向着违法的资产阶级开展一个大规模的坚决的彻底的反对行贿、反对偷税漏税、反对盗骗国家财产、反对偷工减料和反对盗窃经济情报的斗争，以配合党政军民内部的反对贪污、反对浪费、反对官僚主义的斗争，现在是极为必要和极为适时的。在这个斗争中，各城市的党组织对于阶级和群众的力量必须作精密的部署，必须注意利用矛盾、实行分化、团结多数、孤立少数的策略，在斗争中迅速形成“五反”的统一战线。这种统一战线，在一个大城市中，在猛烈展开“五反”之后，大约有三个星期就可以形成。只要形成了这个统一战线，那些罪大恶极的反动资本家就会陷于孤立，国家就能很有理由地和顺利地给他们以各种必要的惩处，例如逮捕、徒刑、枪决、没收、罚款等等。全国各大城市（包括各省城）在二月上旬均应进入“五反”战斗，请你们速作部署。〔7〕

（一九五二年一月二十六日）

七

鉴于贪污一千万元〔8〕以下的中小贪污分子占全体贪污人数的百分之九十五至百分之九十七，带着很大的群众性，中央已规定除对其中情节严重者应予以刑事处分外，其情节不严重者一般应免予刑事处分，而由其工作机关按其情况，予以不同程度的行政处分，以示严肃。其有在革命工作中一贯表现好、偶犯贪污错误、数量甚小者，还可以免予行政处分。此外尚有一些迹近贪污、按其实际不能叫作贪污者，不应以贪污论。如此规定，大约有百分之八十五以上的中小贪污分子可免刑事处分（即不送法院，不判徒刑），而只给以行政处分，便于争取团结和教育改造这一批人，以利开展“三反”斗争和建设工作。关于行政处分的项目，除中央已规定撤职、降级、调职、记过等四项外，兹再增加警告一项，共为五项。估计有很多小贪污分子，例如五十万元以下而情节不严重者（此类人占全体贪污人数的百分之七十上下），只须给以警告就可以了。关于贪污一千万元以下而免予刑事处分者，如是党员团员，他们的党籍团籍问题，如何处理，中央尚无成熟的意见，请你们根据“三反”斗争中处理贪污分子的情况提出意见，电告中央考虑。关于一切应给刑事处分的人均须立即开除党籍团籍，中央已有通知，请你们一律遵行。关于一千万元以上的贪污犯（即所谓大、中、小老虎），也应按其情节分为死刑、死刑缓期、无期徒刑、各种有期徒刑以及免予刑事处分而给以行政处分等类，中央人民政府最高法院已于二月一日审判七名大贪污犯的事件中，给了方向的表示。〔9〕

（一九五二年二月九日）

八

一、春耕即到，各省级、专区级和县级除对春耕作出全盘布置外，并应指定专人负责经常领导春耕工作，争取今年丰收，不得疏忽。二、春耕前及春耕中，区、乡两级均不得进行“三反”斗争，应以全力从事春耕工作（有些新区还有土改工作）。区、乡两级的“三反”应放在春耕完成以后去做，并应在各中央局、各分局、各省委区党委的统一部署和统一号令之下进行。区、乡两级已经发动“三反”斗争者，除县级以上党委为了典型试验的少数地点外，均应停止，以防发

生混乱现象。〔10〕

（一九五二年二月九日）

九

大贪污犯是人民的敌人，他们已经不是我们的同志或朋友，故应坚决彻底干净全部地将他们肃清，而不应有丝毫的留恋或同情。〔11〕

（一九五二年二月十日）

十

一、各城市市委市政府均应于开展“三反”和“五反”斗争的同时，注意维持经济生活的正常进行，如果在一个短时间内出现了不正常状态，亦应迅速恢复正常状态。二、为着维持经济生活的正常进行，除对没有问题的守法的工商户（在北京有一万户，在天津有一万几千户），应鼓励他们照常营业外，对于问题不大的半违法半守法的工商户，应于“五反”斗争开展后分作几批做出结论，安定他们。这一类工商户占全体工商户的绝大多数，在北京约占全体五万工商户的三万七千多户。他们中大多数只有偷税漏税问题，一部分有侵吞盗窃问题但不严重。对于这些人，应于发动工人店员，划清劳资界限，检举他们的偷漏、侵吞、盗窃，并多方诱导他们自己坦白其违法行为之后，给他们做出结论，叫他们补税一年，有侵吞盗窃者退出侵盗财产，宣布免予罚款。这个“只退不罚”政策，可以安定绝大多数资本家，可以组成广大的“五反”统一战线。真正的“五反”统一战线，只有在对这类资本家做出几批“只退不罚”的结论，并予公布之后，才能形成。这种结论，大约在运动开展一个月的时候就应做出两三批，而在一个半月至多两个月内必须做完。北京、天津两市必须于本月内做完。做迟了，很不利。三、上述两部分资本家，即守法资本家和半守法半违法资本家，占着全体资本家的百分之九十五左右，只有把他们争取过来，才能使占百分之五左右的反动资本家完全陷于孤立。故对半守法半违法资本家必须严守只退不罚（更不捉人）政策，并力争早作结论。有些人问题没有彻底弄清也就算了，如果要对这些人在这次斗争中彻底弄清一切问题，势必拖长时间，对整个局势不利。四、剩下大约占百分之五左右的资本家，又可分为两部分：（甲）严重违法但不是完全违法的资本家，这类人约占百分之四左右，我们的政策是进行检查，补税，退财，罚款，但不捉人。（乙）完全违法的资本家，这类人约占百分之一左右。又分三类。第一类，补税，退财，罚款，捉人，但不判徒刑。就是说，把他们捉起来，关几天，许其取保释放，随传随到。捉的目的只在打落其反动气焰，不在于判徒刑，因为徒刑判多了是不利的。这类人约占百分之点五左右。第二类，补税，退财，罚款，捉人，判徒刑，直至没收其财产。这类人亦约占百分之点五左右，不宜太多，尤其没收财产不可太多。第三类，判死刑，没收财产。这类人要极少，北京、天津拟共只杀十人左右，并且不要杀得太早。各地杀资本家要得中央批准才能执行。因为杀资本家和杀反革命不同，必须慎重，否则不利。五、捉资本家一般必须具备三个条件，即第一，完全违法；第二，抗拒运动；第三，在资本家中人缘不好。如果只有前二条，没有后一条，我们将他逮捕，必定不得人心。所谓“人缘不好”，就是在多数资本家看来他是不正派的。六、关于拨给加工定货任务问题及其他和恢复或维持正常经济生活有关问题，请中财委速予处理。〔12〕

（一九五二年二月十五日）

十一

目前第一要注意打尽老虎，不要松劲；第二要注意调查研究，算大账，算细账，清查老虎真假，严禁逼供信。注意这两条，就可获得全胜。〔13〕

（一九五二年二月二十二日）

十二

在任何城市进行“五反”，必须分析情况，确定策略，组织工人、组织干部（工作队）、组织指挥机关，并做出全盘计划，方能真正开展“五反”斗争，并在斗争中不断修改自己的计划，决不能盲目地进行“五反”。市委须每天指导各区，几天总结一次经验。各中央局、分局、省市区党委须几天讨论当地“五反”工作一次，决不能满足于只发一二个原则指示。〔14〕

（一九五二年三月五日）

十三

一、在“五反”运动中对工商户处理的基本原则是：过去从宽，今后从严（例如补税一般只补一九五一年的）；多数从宽，少数从严；坦白从宽，抗拒从严；工业从宽，商业从严；普通商业从宽，投机商业从严。望各级党委在“五反”中掌握这几条原则。

二、在“五反”目标下划分私人工商户的类型，应分为守法的、基本守法的、半守法半违法的、严重违法的和完全违法的五类。就大城市说，前三类约占百分之九十五左右，后二类约占百分之五左右。各个大城市略有出入，大体相差不远。中等城市则和这个比例数字相差较大。

三、这五类包括资产阶级和非资产阶级的独立手工业户及家庭商业户，不包括摊贩。各大城市可以暂时不去处理摊贩，但对独立手工业户和家庭商业户最好给以处理。各中等城市在“五反”中最好对独立工商户及摊贩均给以处理。不雇工人、店员（但有些人家带了学徒）的独立工商户在我国各大中城市数目很大，他们中许多是守法的，也有许多是基本守法部分违法的（即有小额偷漏税，即所谓有小问题的），也有少数是属于半守法半违法即偷漏税较大的。我们既要在此次“五反”中处理一大批小资本家，给他们做出结论，也应尽可能努力将和小资本家数目大略相等的独立工商户加以处理，给他们做出结论，这对于目前的“五反”和今后的经济建设都是有利的。这两种工商户一般都无大问题，给他们做结论是不困难的。做了结论以后，我们就获得了广大群众的拥护。但个别城市如认为先给其他工商户做结论，而将独立工商户的结论放在后面去做较为方便，也是可以的。

四、根据城市的实际情况，我们决定将过去所定的四类工商户改为五类，即将守法户一类改为守法户和基本守法户两类，其他三类不变。在北京五万工商户（包括独立工商户，不包括摊贩）中，守法户约占百分之十左右，基本守法户约占百分之六十左右，半守法半违法户约占百分之二十五左右，严重违法户约占百分之四左右，完全违法户约占百分之一左右。将完全守法户和有小问题的基本守法户分开，又将基本守法户中偷漏税较少的和偷漏税稍多的分别对待，这样做，可能发生很大的教育作用。

五、各大中城市中，有些市委，对于各类工商户的情况极不明了，如何分别对待这些工商户的策略观点又不明确，工会和政府工作队（或检查组）的组织和训练甚为潦草，便仓卒发动“五反”，引起了一些混乱，望这些市委提起注意，迅速加以克服。此外，检查违法工商户，必须由市委市政府予以严密控制，各机关不得自由派人检查，更不得随便捉资本家到机关来审讯。又无论“三反”、“五反”，均不得采用肉刑逼供方法，严防自杀现象发生，已发生者立即订出防止办法，务使“三反”、“五反”均按正轨健全发展，争取完满胜利。

六、县、区、乡现在一律不进行“三反”、“五反”，将来何时进行及如何进行，中央另有通知。个别已在县城试做“五反”、在区试做“三反”者务须严格控制，不得妨碍春耕和经济活动。中等城市也不要同时一律进行“五反”，而要分批进行，并须在严格控制下进行。〔15〕

（一九五二年三月五日）

十四

财委、军区两系统好转甚慰，望加紧督促，争取本月基本完成军队及广州的“三反”。同时请严格掌握广州“五反”，不使引起混乱。某些陷于停顿的经济活动，应大力注意恢复。其他城市，非有充分准备，不要轻易发动“五反”。〔16〕

（一九五二年三月七日）

十五

在此次“五反”斗争中及其以后，我们必须达到下述目的：

（一）彻底查明私人工商业的情况，以利团结和控制资产阶级，进行国家的计划经济。情况不明，是无法进行计划经济的。

（二）明确划分工人阶级和资产阶级的界限，肃清工会中的贪污现象和脱离群众的官僚主义现象，清除资产阶级在工会中的走狗。各地工会均发生此种走狗及动摇于劳资之间的中间分子，我们必须在斗争中教育并争取中间分子，对于有严重罪行的资本家走狗则予以开除。

（三）改组同业公会和工商联合会，开除那些“五毒”〔17〕俱全的人们及其他业已完全丧失威信的人们出这些团体的领导机关，吸引那些在“五反”中表现较好的人们进来。除完全违法者外，各类工商业者均应有代表。

（四）帮助民主建国会的负责人整顿民主建国会，开除那些“五毒”俱全的人及大失人望的人，增加一批较好的人，使之成为一个能够代表资产阶级主要是工业资产阶级的合法利益，并以共同纲领和“五反”的原则教育资产阶级的政治团体。各部分资本家的秘密结社，例如“星四聚餐会”〔18〕等，则应设法予以解散。

（五）清除“五毒”，消灭投机商业，使整个资产阶级服从国家法令，经营有益于国计民生的工商业；在国家划定的范围内，尽量发展私人工业（只要资本家愿意和合乎《共同纲领》），逐步缩小私人商业；国家逐年增加对私营产品的包销订货计划，逐年增加对私营工商业的计划性；重新划定私资利润额，既要使私资感觉有利可图，又要使私资无法夺取暴利。

（六）废除后账，经济公开，逐步建立工人、店员监督生产和经营的制度。

（七）从补、退、罚、没中追回国家及人民的大部分经济损失。

（八）在一切大的和中等的私营企业的工人、店员中建立党的支部，加强党的工作。〔19〕

（一九五二年三月二十三日）

十六

薄一波同志三月二十五日关于“五反”的策略和部署〔20〕很好，各城市均应仿行。上海“五反”的重点首先放在占六十二万人中的四十三万人方面，是正确的。尤其不误生产，极为重要，各城市凡误生产者，均应立即改变做法。〔21〕

（一九五二年三月二十九日）

十七

必须将一切真正的贪污犯、贪污嫌疑分子和弄错了的人按照中央历次指示和政府法令认真地如实地加以判处和审查清楚，不得放纵一个坏人，不得冤枉一个好人。对赃款凡能追出者必须一律坚决追出，惟不得累及无辜家属，不得派人到农村追赃款（除个别确有大赃存在农村、社会舆论认为应追者外），不得硬追那些本来追不出的部分。〔22〕

（一九五二年五月九日）

十八

一、在“五反”斗争中，工作组和工人对资本家违法所得数一般都算得很高，在定案时必须合理地降下来，使合乎经济情况的实际，必须使一般资本家在补退之后还有盈余。谭震林〔23〕同志提出上海清算出十万亿违法所得数，超过了资本家一九五一年的实际所得，他们准备降至四万亿，提出二分之一或三分之一的比例。我们认为二分之一的比例太多，三分之一的比例则稍微少一点，以照三分之一略多一点为适宜。薄一波同志回京报告，广州新药业原定违法所得一千亿元，由我们几次主动核减，最后定为三百六十亿元，出于资本家意料之外的宽大，大家高兴。这个比例即是比三分之一稍微多一点。请各市委衡量全局，大体按此比例定案，我们就能在政治上和经济上完全取得主动，而使经济迅速恢复和发展，使资本家重新靠拢我们，恢复经营积极性，使工人不致失业。二、补退时间，除少数确能和确愿早日补退者以及极少数应没收者外，大多数资本家的补退时间一律推迟到九月或十月开始为适宜。数大者可分多年补退，一部分还可作为公股不要交出现金。这样于活跃市场、防止失业是完全必要的。罚款可只施行于极少数人，判刑尤其要少，杭州的处置很好。三、各城市应照杭州那样，由省委书记、市委书记亲手审查几家大厂店，做出模型，说服干部和工人（必须适当地着重地去说服他们），同时即向一切违法资本家宣示我们的宽大和认真的态度，显示我们的“五反”斗争，主要不是为了搞几个钱，而是为了改造社会。杭州市的经验很具体生动，值得大家一看。四、此外，调整城市交流，在付工缴费方面不应当采取苛刻政策，应当说服干部积极从事经济工作，不要采取消极态度等项都是很重要的。天津市委亦提出了工缴费不应苛刻的意见，统望各地注意。五、工人监督生产一事，势在必行，但不宜行得太急。中央同意目前只在少数厂、店举行典型试验，待资本家喘过气来，到秋季或冬季再行逐步推广。六、工人福利问题，必须解决，但又必须解决得合乎实际的经济情况，不能太低，但又决不可太高，致陷自己于被动。七、总之，“三反”和“五反”的胜利是极其伟大的，毫无疑义应当进行“三反”和“五反”，不进行这一正义的斗争我们就会失败。现当“三反”、“五反”最后定案之际，我们必须本斗争从严处理从宽、应当严者严之应当宽者宽之的原则，好好结束这场斗争。〔24〕

（一九五二年五月九日）

十九

现当"三反"运动进至法庭审判、追赃定案的阶段，必须认真负责，实事求是，不怕麻烦，坚持到底，是者定之，错者改之，应降者降之，应升者升之，嫌疑难定者暂不处理，总之，必须做到如实地解决问题，主观主义的思想和怕麻烦的情绪，必须克服。这是共产党人统治国家的一次很好的学习，对全党和全国人民都具有很大的意义。〔25〕

（一九五二年五月十日）

根据毛泽东手稿刊印。

注　　释

〔1〕二中全会，指一九四九年三月五日至十三日在河北省平山县西柏坡村举行的中共七届二中全会。

〔2〕这是毛泽东为中共中央起草的转发西南局第一书记邓小平关于西南局委员会会议、西南军政委员会会议和西南军区党代表会议情况报告的批语。

〔3〕这是毛泽东为中共中央起草的转发华北局关于刘青山、张子善大贪污案调查处理情况报告的批语。

〔4〕这是毛泽东为中共中央起草的关于大张旗鼓进行"三反"斗争等问题给华东局、福建省委并告各中央局、各大军区等的电报。

〔5〕这是毛泽东为转发华北军区后勤部党委关于"三反"斗争报告写的批语。

〔6〕这是毛泽东为中共中央起草的转发北京市委关于"三反"斗争报告的批语。

〔7〕这是毛泽东为中共中央起草的关于首先在大中城市开展"五反"斗争的指示。

〔8〕这是按当时流通的人民币计算的，本篇以下均同。中国人民银行自一九五五年三月一日起发行新人民币，代替原来流通的旧人民币，新币一元等于旧币一万元。

〔9〕这是毛泽东为中共中央起草的关于中小贪污分子分别处分问题的补充指示。

〔10〕这是毛泽东为中共中央起草的关于春耕工作的指示。

〔11〕这是毛泽东在中共中央华北局第三书记、中国人民解放军华北军区副政治委员刘澜涛关于华北军区后勤部“三反”斗争报告上写的批语。

〔12〕这是毛泽东为中共中央起草的关于“五反”斗争中对各类资本家的处理意见的指示。

〔13〕这是毛泽东为转发华东军区党委关于“三反”中打虎情况报告写的批语。

〔14〕这是毛泽东为转发中央人民政府节约检查委员会主任薄一波关于上海市“五反”准备工作报告写的批语。薄一波当时受中央委派，到上海帮助“三反”、“五反”工作。

〔15〕这是毛泽东为中共中央起草的关于在“五反”中对工商户处理的标准和办法的指示。

〔16〕这是毛泽东关于严格掌握广州“五反”斗争等问题给中共中央华南分局第一书记、中国人民解放军华南军区司令员叶剑英的电报。

〔17〕“五毒”，指资本家的行贿、偷税漏税、盗骗国家财产、偷工减料和盗窃经济情报五种违法行为。

〔18〕“星四聚餐会”，是重庆一些资本家的秘密结社，它进行了一系列严重违法的地下活动，在“五反”运动中被揭发和取缔。

〔19〕这是毛泽东为中共中央起草的关于“五反”斗争必须达到八项目的的指示。

〔20〕指薄一波一九五二年三月二十五日关于上海“五反”第一战役的经验和第二战役的部署给毛泽东并中央的报告。

〔21〕这是毛泽东为中共中央起草的转发薄一波关于上海“五反”报告的批语。

〔22〕这是毛泽东为中共中央起草的转发中央人民政府公安部部长、节约检查委员会委员罗瑞卿关于华南军区纠正“三反”定案中右倾思想的报告的批语。罗瑞卿当时受中央委派，到中南区帮助“三反”、“五反”工作。

〔**23**〕谭震林，当时任中共中央华东局代理书记。

〔**24**〕这是毛泽东为中共中央起草的关于“五反”定案和补退工作的指示。

〔**25**〕这是毛泽东为中共中央起草的转发重工业部关于“三反”追赃定案经验报告的批语。

实行增产节约，反对贪污、浪费和官僚主义[1]

（一九五一年十二月）

一

一九五二年是我们三年准备工作的最后一年。从一九五三年起，我们就要进入大规模经济建设了，准备以二十年时间完成中国的工业化。完成工业化当然不只是重工业和国防工业，一切必要的轻工业都应建设起来。为了完成国家工业化，必须发展农业，并逐步完成农业社会化。但是首先重要并能带动轻工业和农业向前发展的是建设重工业和国防工业。为了建设重工业和国防工业，就要付出很多的资金，而资金的来源只有增产节约一条康庄大道，这是应为全党同志所明白了解的。因此，中央于一九五一年十月召开了扩大的政治局会议，决定了这一方针；并于同月至十一月一日经过人民政协全国委员会通过了这一方针。务望中央和军委各部门，中央人民政府和人民团体各党组，各中央局，各中央分局，各省委、市委、区党委、地委，各同级军区党委、各同级政府党组和各同级人民团体党组，领导全党、全军和全国人民展开爱国增产节约运动，使这个运动成为真正的全体人民运动，而为实现上述计划而斗争。必须认识：这一方针不是消极的，而是具有重大积极意义的。它是既保证朝鲜战争能够胜利又保证国内物价继续稳定的方针，它是积累资金、取得经验、加速国家经济建设的方针，它又是整肃党纪、提高工作效率和转移社会风气的方针，总而言之，它是带动我们国家在政治、军事、经济、文化各方面的全局都将迅速进步，并奠定将来伟大建设基础的方针。

二

自从我们占领城市两年至三年以来，严重的贪污案件不断发生，证明一九四九年春季党的二中全会〔2〕严重地指出资产阶级对党的侵蚀的必然性和为防止及克服此种巨大危险的必要性，是完全正确的，现在是全党动员切实执行这项决议的紧要时机了。再不切实执行这项决议，我们就会犯大错误。现在必须向全党提出警告：一切从事国家工作、党务工作和人民团体工作的党员，利用职权实行贪污和实行浪费，都是严重的犯罪行为。中央人民政府不久将颁布惩治贪污的条例和惩治浪费的条例，各级领导机关必须仿照实行惩治反革命条例那样，大张旗鼓地发动一切工作人员和有关的群众进行学习，号召坦白和检举，并由主要负责同志亲自督促和检查。一切贪污行为必须揭发，按其情节轻重，给以程度不等的处理，从警告、调职、撤职、开除党籍、判处各种徒刑，直至枪决。典型的贪污犯，必须动员群众进行公审，依法治罪。

浪费和贪污在性质上虽有若干不同，但浪费的损失大于贪污,其结果又常与侵吞、盗窃和骗取国家财物或收受他人贿赂的行为相接近。故严惩浪费,必须与严惩贪污同时进行。浪费的范围极广,项目极多,又是一个普遍的严重现象,故须着重地进行斗争,并须定出惩治办法。

反贪污斗争和反浪费斗争的开展和深入,必将接触到各方面存在着的各种程度的官僚主义和自由主义的工作作风。这种作风,是贪污和浪费现象所以存在和发展的根本原因。中央要求党的各级领导机关在此次精兵简政的工作中,在展开全国规模的爱国增产节约运动中,在进行反对贪污和反对浪费的斗争中,同时展开一个反对官僚主义的斗争。凡在其所属机关、部队、团体、学校或企业中发生了严重的贪污现象或浪费现象,而事前毫无觉察、事后又不厉行惩治者,称为严重的官僚主义分子。这种严重的官僚主义分子,虽然没有亲手参加贪污行为或浪费行为,亦应以失职论处,决不宽恕。

为着有力地彻底地消灭贪污现象、浪费现象和官僚主义现象,必须奖励那些不贪污、不浪费和毫无官僚主义习气的模范的单位和人物,从这些单位和人物与那些贪污者、浪费者和官僚主义者之间划出明显的界限来。

三

本决定一直下达到党的地委和军队的军党委。在省委或地委召集县委人员开会、在大城市市委召集区委人员开会、在省军区或军党委召集军分区和团级以上人员开会的时候,应将本决定发给他们阅读,最好是组织集体阅读,并向他们解释由他们所提出的疑问。其他干部相当于县委团党委和大城市区委一级者均应使其有阅读的机会(用集体阅读的方法),但不得让不可靠的分子阅读,不得在任何刊物上登载,并不得遗失。为使本决定的基本方针和各项办法能充分见之实行,必须不厌求详地向干部进行解释,使他们明确地认识全局的情况和任务的重要性。

根据中央档案馆保存的原件刊印。

注　释

〔1〕这是毛泽东审阅《中共中央关于实行精兵简政,增产节约,反对贪污、反对浪费和反对官僚主义的决定》稿时改写和加写的三段文字。

〔2〕二中全会,指一九四九年三月五日至十三日在河北省平山县西柏坡村举行的中共七届二中全会。

给西北各族人民抗美援朝代表会议的复电

（一九五一年十二月十二日）

西北各族人民抗美援朝代表会议全体代表同志们：

感谢你们给我的电报。过去一年多以来，西北区各族人民在抗美援朝的爱国斗争中，作了很大的努力，得到了很大的成绩。你们的这次代表会议，决定进一步团结各族人民，增加生产，厉行节约，开展爱国主义的宣传教育工作，以支持中国人民志愿军，这是很好的。帝国主义过去敢于欺负中国的原因之一，是中国各民族不团结，但是这个时代已经永远过去了，从中华人民共和国成立的那一天起，中国各民族就开始团结成为友爱合作的大家庭，足以战胜任何帝国主义的侵略，并且把我们的祖国建设成为繁荣强盛的国家。

祝你们的会议成功！

毛　泽　东

十二月十二日

根据一九五一年十二月十四日《人民日报》刊印。

不要因领导重点转移而放松对土改工作的领导

（一九五一年十二月十三日）

中南局，并告华东局、西南局、西北局、华北局，并请转发各省、市、区党委：

（一）中央批准中南局一九五一年十二月十日关于中南区土地改革工作进行状况的分析和一九五二年土改工作方针的报告，认为这个报告是完全正确的。中央认为，在目前这种时机，在全国各新区的土地改革大约已完成了一半、但尚有一半必须集中大力去做才能完成（已分配完毕者尚有复查问题），如果只顾赶急图快，就有流于形式不能切实解决问题的危险的这种时机，中南局同志们提出这一分析，是适时的和完全必要的。请各中央局和各省、区党委不要因为中央提出依土改完成情况适时地转移省级以上的主要领导方向到城市和工业方面的方针，而放松了对于一九五二年土改工作的领导，如果这样做，那就会犯错误。中央指出：关于农村和城市、土改和工业的领导上注意力的分配和领导重点的转移问题具体解决，请各中央局，各省委、区党委精密地掌握着，不要分配不适当和转移不适时。（二）将中南局这个报告发给各中央局和省、市、区党委，仿照办理，并请在党内刊物上发表。

中　央

一九五一年十二月十三日

根据毛泽东手稿刊印。

把农业互助合作当作一件大事去做

（一九五一年十二月十五日）

各中央局，并转分局，省、市、区党委：

（一）兹将关于农业生产互助合作的决议草案〔1〕一件发给你们，请印发到县委和区委。请即照此草案在党内外进行解释，并组织实行。这是在一切已经完成了土地改革的地区都要解释和实行的，请你们当作一件大事去做。这个决议草案可以在党内刊物上发表，但不要在党外报刊上发表，因为还是草案。（二）这个草案比十月间发给一些同志带回去的草案有了一些修改，请将十月草案收回作废。

中　央

一九五一年十二月十五日

根据毛泽东手稿刊印。

注　释

〔1〕指中共中央一九五一年十二月十五日关于农业生产互助合作的决议草案。毛泽东在审阅这个草案时加了一些话，主要是：（一）在谈到“必须在农村中提出爱国的口号，使农民的生产和国家的要求结合起来”处，加写了“片面地提出‘发

家致富’的口号，是错误的”一句。(二)在谈到“国营农场应当推广，以发挥它的示范作用，并给互助组和合作社以技术上的援助和指导”处，加写了“在农民完全同意并有机器条件的地方，亦可试办少数社会主义性质的集体农庄，例如每省有一个至几个，以便取得经验，并为农民示范”一句。一九五三年二月十五日中共中央发出通知，将这个决议草案作为正式决议。

半工人阶级也是领导阶级的提法必须改正[1]

（一九五一年十二月十五日、二十三日）

一

少奇同志：

游览情形好否？谅已到达杭州。

据安子文、胡乔木[2]等同志说，像河北党校阴一刚等来信那样表示不同意半工人阶级也是领导阶级的人，尚有许多，许多地方整党中都提出了这个问题，而这种提议是有理由的，现在不能不改正整党决议草案中的那种提法。此事现已陷于被动，只有改正才能恢复主动。现将电文[3]一件，安子文报告[4]一件，河北党校阴一刚等来信一件，送你审阅，征求你的意见，请予示复，并交来人带回为盼。

此间各事均好，勿念。

祝你们安吉！

毛　泽　东

十二月十五日

二

周、朱、陈、安子文、胡乔木、杨尚昆〔5〕同志：

此问题曾去信征求刘少奇同志意见，现得回信，请阅。我又在电文上作了一些修改〔6〕，并觉得宜将阴、罗二同志的信及安子文的信连同中央电报印发各地，才能将此问题弄清楚，并使中央在此问题上取得主动。如同意，请尚昆办。

毛　泽　东

十二月二十三日

根据手稿刊印。

注　　释

〔1〕新民主主义革命和社会主义革命时期，工人阶级是中国革命的领导阶级，在中国共产党的文件中历来是明确的。半工人阶级也是领导阶级的提法，只在建国前后的个别文件中出现过。一九四八年二月，毛泽东在修改《中共中央关于土地改革中各社会阶级的划分及其待遇的规定》稿时曾使用过这个提法，说"无产阶级和半无产阶级（贫农）为人民民主革命和新民主国家政权的领导阶级，而无产阶级则是主要的领导阶级"。一九五一年三、四月间，中共中央召开的第一次全国组织工作会议根据刘少奇报告起草的《关于整顿党的基层组织的决议》中，也提到"中国革命在过去是城市工人阶级和乡村半工人阶级领导的，在今后更需要工人阶级的领导"；同年七月《中共中央关于工人阶级与半工人阶级的领导作用问题的解释》中，将这句话改为"中国革命在过去是城市和乡村的工人阶级与半工人阶级领导的"。同年十月二十七日，中共河北省委党校阴一刚、罗云路来信对半工人阶级也是领导阶级的提法提出不同意见。毛泽东把来信批给安子文，要他提出处理意见。安子文提出，对半工人阶级也是领导阶级的提法应予修改。毛泽东同意改正

这个提法,并写信征求刘少奇的意见。刘少奇很快复信同意。同年十二月中共中央正式发出《关于中国革命领导阶级问题的修正指示》,指出:“关于中国革命的领导问题,无论过去或今后,均应只提是工人阶级(通过其先锋队中国共产党)领导的,不应再把半工人阶级包括在内。”

〔2〕安子文(一九〇九——一九八〇),陕西绥德双湖峪镇(今属子洲)人,当时任中共中央组织部副部长。胡乔木,当时任中共中央宣传部副部长、毛泽东的秘书。

〔3〕指当时起草的中共中央《关于中国革命领导阶级问题的修正指示》稿。

〔4〕指安子文一九五一年十一月二十八日关于半工人阶级也是领导阶级这个提法应予修正给毛泽东的报告。

〔5〕周,指周恩来。朱,指朱德。陈,指陈云,当时任中共中央书记处书记、政务院副总理。杨尚昆(一九〇七——一九九八),四川潼南(今属重庆市)人,当时任中共中央办公厅主任。

〔6〕毛泽东对中共中央《关于中国革命领导阶级问题的修正指示》稿的修改,主要是:在指示稿中讲到过去党的文件中几次提到中国革命的领导阶级时,曾说半工人阶级也“是包括在内的”后面,加写:“过去的这种提法,中央认为是不适当的,而河北省党校阴一刚、罗云路二同志的意见则是正确的”。

关于试办集体农庄的意见

（一九五一年十二月十七日）

王震[1]同志并告仲勋、宗逊[2]同志，各中央局，各大军区：

（一）王震十二月十四日的报告[3]收到，我认为这个报告是正确的。除最后一条外，可以向分局扩大会和军区生产代表会议提出。（二）在你的计划中有利用军队集体劳动的经验，试办十个农民的集体农庄的计划，这个计划很好。中央在即将发出的关于发展农业互助合作的决议草案里，已将每省试办一个或几个集体农庄一点加上去了。这种集体农庄在目前当然只能是少数的，即每省只能办一个至几个。新疆因为是将军队垦出的一部分土地、军队修好的一部分水利和房屋让给农民，如果又能给以机器援助，农民可能很乐意干。望将这方面的经验随时报告。（三）各军区和各地方，凡已有用机器耕种收割的国营农场和个别集体农庄（例如河北天津县廊房地方的农民集体农庄），或准备这样做的国营农场或集体农庄，均望将这看作一件大事，用力经营，随时总结经验报告中央。（四）将王震的报告发给各大军区和各中央局参考。

毛　泽　东

十二月十七日

根据手稿刊印。

注 释

〔1〕王震，当时任中共中央新疆分局书记、中国人民解放军新疆军区代司令员兼代政治委员。

〔2〕仲勋，即习仲勋，当时任中共中央西北局第一书记、中国人民解放军西北军区政治委员。宗逊，即张宗逊（一九〇八——一九九八），陕西渭南人，当时任中国人民解放军西北军区第一副司令员。

〔3〕指王震一九五一年十二月十四日关于新疆军区生产会议内容及明年生产计划给毛泽东并习仲勋、张宗逊的报告。报告中说，军区准备在一九五二年冬实行土地改革中，将过去两年分散的生产部队修建的小型水渠和所耕种的上万亩土地及建筑的房屋让出，派军队党员干部帮助当地农民组织集体农庄十个（每处一万至一万五千亩土地），利用军队集体劳动的经验，认真试办农民的集体农庄。军队除担负警备任务外，集中屯垦经营大农场。

元 旦 祝 词[1]

（一九五二年一月一日）

祝我们全体——人民政府的工作人员，人民志愿军和人民解放军的指挥员、战斗员，各民主党派，各人民团体，各少数民族和全国人民，在各个工作战线上的胜利！

祝我们在抗美援朝战线上的胜利！

祝我们在国防战线上的胜利！

祝我们在土地改革战线上的胜利！

祝我们在镇压反革命战线上的胜利！

祝我们在经济和财政战线上的胜利！

祝我们在文化和教育战线上的胜利！

祝我们在社会各界首先是知识分子的思想改造战线上的胜利！

我还要祝我们在新开辟的一条战线上的胜利，这就是号召我国全体人民和一切工作人员一致起来，大张旗鼓地，雷厉风行地，开展一个大规模的反对贪污、反对浪费、反对官僚主义的斗争，将这些旧社会遗留下来的污毒洗干净！

同志们，我们在上述一切战线上，在一九五一年，都已取得了胜利，有许多是极其伟大的胜利。我们希望，经过我们的共同努力，所有这些工作，在一九五二年能够取得更大的胜利。

中华人民共和国万岁！

根据一九五二年一月三日
《人民日报》刊印。

注 释

〔1〕这是毛泽东在中央人民政府举行的一九五二年元旦团拜会上的祝词。

军委关于部队集体转业的命令[1]

（一九五二年二月一日）

中国人民解放军已胜利地完成了解放中国大陆的伟大事业。中国人民志愿军与朝鲜人民军并肩作战，挫败了美帝国主义的侵略计划，把它从鸭绿江边，打回到三八线[2]。抗美援朝、土地改革、镇压反革命三大革命运动取得了伟大的胜利。物价保持了稳定，工农业生产获得了很大的恢复。反对贪污、反对浪费、反对官僚主义的爱国革命运动，正在全国范围内，以空前巨大的规模开展着。全国军民在中国共产党领导之下英勇奋斗所获得的这一切胜利，为我们祖国的国防建设和经济建设铺平了道路，为建立一个独立、自由、繁荣、富强的新中国奠定了基础。

但是我们从来不满足于已得的胜利，我们总是在巩固胜利，发展胜利。同志们要知道，中国民族和人民要彻底解放，必须实现国家工业化，而我们已作了的工作，还只是向这个方向刚才开步走。同志们要知道，在新民主主义建设中，以及将来过渡到社会主义的建设中，国内外的敌人会千方百计地进行破坏和抵抗，我们还必须大力加强国防建设，巩固人民民主专政，巩固国防，来保障祖国的建设；而发展工农业生产，又是加强国防建设的物质基础。同志们还要知道，胜利了的中国对东方和世界和平的国际责任，而要更好地担承伟大的保卫东方和世界和平的责任，要依靠我们对祖国建设的努力。

我们人民解放军在中国共产党领导之下，从创建之日起，就具有高度的爱国主义和国际主义精神，本着全心全意为人民服务的宗旨，英勇奋斗，艰苦奋斗。今天，我们人民解放军，将在已有的胜利基础上，站在国防的最前线，经济建设的最前线，协同全国人民，为独立、自由、繁荣、富强的新中国而继续奋斗！

为此目的，除各特种兵和大部分陆军，应继续加强正规化、现代化的训练，警惕地站在自己的战斗岗位，保卫祖国国防外，我批准中国人民解放军　　军　　师转为中国人民解放军　　师的改编计划，将光荣的祖国经济建设任务赋予你们。你们过去曾是久经锻炼的有高度组织性纪律性的战斗队，我相信你们将在生产建设的战线上，成为有熟练技术的建设突击队。你们将以英雄的榜样，为全国人民的，也就是你们自己的未来的幸福生活，在新的战线上奋斗，并取得辉煌的胜利。你们现在可以把战斗的武器保存起来，拿起生产建设的武器。当祖国有事需要召唤你们的时候，我将命令你们重新拿起战斗的武器，捍卫祖国。

此　令

主席　毛泽东

根据中央档案馆保存的原件刊印。

注　　释

〔**1**〕这是中央人民政府人民革命军事委员会的命令。

〔**2**〕三八线，见本卷第99页注〔5〕。

关于西藏工作的方针

（一九五二年四月六日）

西南局、西藏工委并告西北局、新疆分局：

我们基本上同意西南局、西南军区四月二日给西藏工委和西藏军区的指示电[1]，认为这个电报所取的基本方针（除了改编藏军一点外）及许多具体步骤是正确的。只有照此做去，才能使我军在西藏立于不败之地。

西藏情况和新疆不同，无论在政治上经济上西藏均比新疆差得多。我王震[2]部入疆，尚且首先用全力注意精打细算，自力更生，生产自给。现在他们已站稳脚跟，取得少数民族热烈拥护。目前正进行减租减息，今冬进行土改，群众将更拥护我们。新疆和关内汽车畅达，和苏联有密切经济联系，在物质福利上给了少数民族很大好处。西藏至少在两三年内不能实行减租，不能实行土改。新疆有几十万汉人，西藏几乎全无汉人，我军是处在一个完全不同的民族区域。我们惟靠两条基本政策，争取群众，使自己立于不败。第一条是精打细算，生产自给，并以此影响群众，这是最基本的环节。公路即使修通，也不能靠此大量运粮。印度可能答应交换粮物入藏，但我们的立脚点，应放在将来有一天万一印度不给粮物我军也能活下去。我们要用一切努力和适当办法，争取达赖[3]及其上层集团的大多数，孤立少数坏分子，达到不流血地在多年内逐步地改革西藏经济、政治的目的；但也要准备对付坏分子可能率领藏军举行叛变，向我袭击，在这种时候我军仍能在西藏活下去和坚持下去。凡此均须依靠精打细算，生产自给。以这一条最基本的政策为基础，才能达到目的。第二条可做和必须做的，是同印度和内地打通贸易关系，使西藏出入口趋于平衡，不因我军入藏而使藏民生活水平稍有下降，并争取使他们在生活上有所改善。只要我们对生产和贸易两个问题不能解决，我们就失去存在的物质基础，坏分子就每天握有资本去煽动落后群众和藏军反对我们，我们团结多数、孤立少数的政策就将软弱无力，无法实现。

西南局四月二日电报的全部意见中，只有一点值得考虑，这就是短期内改编藏军和成立军政委员会是否可能和得策的问题。我们意见，目前不要改编藏军，也不要在形式上成立军分区，也不要成立军政委员会。暂时一切仍旧，拖下去，以待一年或两年后我军确能生产自给并获得群众拥护的时候，再谈这些问题。在这一年至两年内可能发生两种情况：一种是我们团结多数、孤立少数的上层统战政策发生了效力，西藏群众也逐步靠拢我们，因而使坏分子及藏军不敢举行暴乱；一种是坏分子认为我们软弱可欺，率领藏军举行暴乱，我军在自卫斗争中举行反攻，给以打击。以上两种情况，无论哪一种都对我们有利。在西藏上层集团看来，目前全部实行协定和改编藏军，理由是不充足的。过几年则不同，他们可能会觉得只好全部实行协定和只好改编藏军。如果藏军举行暴乱，或者他们不是举行一次，而是举行几次，又均被我军反击下去，则我们改编藏军的理由就愈多。看来不但是两司伦[4]，而且还有达赖及其集团的多数，都觉得协定是勉强接受的，不愿意实行。我们在目前不仅没有全部实行协定的物质基础，也没有全部实行协定的群众基础，也没有全部实行协定的上层基础，勉强实行，害多利少。他们既不愿意实行，那末好吧，目前就不实行，拖一下再说。时间拖得愈久，我们的理由就愈多，他们的理由就愈少。拖下去，对我们的害处并不大，或者反而有利些。各种残民害理的坏事让他们去做，我们则只做生产、贸易、修路、医药、统战（团结多数，耐心教育）等好事，以争取群众，等候时机成熟，再谈全部实行协定的问题。如果他们觉得小学不宜办，则小学也可以收场不办。

最近拉萨的示威不应看作只是两司伦等坏人做的，而应看作是达赖集团的大多数向我们所作的表示。其请愿书内容很有策略，并不表示决裂，而只要求我们让步。其中暗示恢复前清办法不驻解放军一条，不是他们的真意。他们明知这是办不到的，他们是企图用这一条交换其他各条。在请愿书内批评了十四辈达赖，使达赖在政治上不负此次示威的责任。他们以保护西藏民族利益的面目出现，他们知道在军事力量方面弱于我们，但在社会势力方面则强于我们。我们应当在事实上（不是在形式上）接受这次请愿，而把协定的全部实行延缓下去。他们选择在班禅[5]尚未到达的时机举行这次示威，是经过考虑的。班禅到拉萨后，他们可能要大拉一把，使班禅加入他们的集团。如果我们的工作做得好，班禅不上他们的当，并安全到了日喀则，那时形势会变得较为有利于我们。但我们缺乏物质基础这一点一时还不能变化，社会势力方面他们强于我们这一点一时也不会变化，因而达赖集团不愿意全部实行协定这一点一时也不会变化。我们目前在形式上要采取攻势，责备此次示威和请愿的无理（破坏协定），但在实际上要准备让步，等候条件成熟，准备将来的进攻（即实行协定）。

你们对此意见如何，望考虑电告。

中　央

四月六日

根据毛泽东手稿刊印。

注　　释

〔1〕指中共中央西南局、中共西南军区委员会一九五二年四月二日关于西藏当前工作重点、社会改革和部队供应等几个问题的基本认识给西藏工委、西藏军区党委、中国人民解放军第十八军后勤司令部并报中央军委的电报。

〔2〕王震，当时任中共中央新疆分局书记。一九四九年十月率部开赴新疆时任中国人民解放军第一兵团司令员兼政治委员。

〔3〕达赖，即达赖喇嘛·丹增嘉措，当时是西藏地方宗教和政治领袖之一。

〔4〕司伦是达赖下面的最高行政官职。当时的两司伦是鲁康娃和罗桑札喜。

〔5〕班禅，即班禅额尔德尼·确吉坚赞，当时是西藏地方宗教和政治领袖之一。这时正在从青海回西藏途中。

有关西藏的重要问题由中央处理

（一九五二年四月八日）

西南局、西藏工委：

四月七日十一时西南局来电收到。同意西南局意见拉萨骚乱事件由中央直接处理。中央并决定嗣后关于我方和藏方发生的政治、军事、外交、贸易、宗教、文化等交涉、商谈和处理事件，均集中由中央解决，西藏工委直接向中央作报告，同时告知西南局。西南局对这些问题的意见向中央提出。关于西藏党和军区的内部事宜，包括编制、部署、整训、生产、修筑、支援等项仍由西南局和西南军区主管。西藏工委凡关与藏方发生交涉事件及对印度、尼泊尔等国的外交事件，均应每事报告请示，方能办理。最近在拉萨创办小学一事没有报告和请示，是不对的。此外似乎还有一些事也未事先报告和请示。此点务请工委严格注意。必须认识藏族问题的极端严重性，必须应付恰当，不能和处理寻常关系一例看待。

中　央

四月八日下午九时

根据毛泽东手稿刊印。

现阶段国内的主要矛盾[1]

（一九五二年六月六日）

罗迈[2]同志：

此件已阅，略有修改[3]，请再酌。在打倒地主阶级和官僚资产阶级以后，中国内部的主要矛盾即是工人阶级与民族资产阶级的矛盾，故不应再将民族资产阶级称为中间阶级。

毛　泽　东

六月六日上午三时

根据手稿刊印。

注　　释

〔1〕这是毛泽东在中共中央《关于民主党派工作的决定（草稿）》上写的批语。

〔2〕罗迈，即李维汉（一八九六——一九八四），湖南长沙人。当时任中共中央统战部部长。

〔3〕毛泽东的修改，主要是将中共中央《关于民主党派工作的决定（草稿）》中的“中间阶级”、“中间阶层”的提法，改为“资产阶级、城市上层小资产阶级（即雇有少数几个工人或店员的小资本家）、一部分从地主阶级分化出来带有资本主义色彩的分子以及和这些阶级、阶层相联系的知识分子”。

干部子弟学校应逐步废除[1]

（一九五二年六月十四日）

周总理：

（一）如有可能，应全部接管私立中小学。（二）干部子弟学校，第一步应划一待遇，不得再分等级；第二步，废除这种贵族学校，与人民子弟合一。请酌办。

毛　泽　东

六月十四日

根据手稿刊印。

注　　释

〔1〕这是毛泽东在中共北京市委一九五二年六月十一日关于中小学生费用负担及生活情况给中央和华北局的报告上写的批语。北京市委的报告说，目前中小学生所负担的费用，对于劳动人民的家庭和低薪制工作人员来说，是相当重的。目前中学的人民助学金标准低，名额少，小学根本无助学金。为了改善这种状况，计划接管全部私立中小学，公私立中小学一律免收学杂费。报告还说，目前干部子弟学校中，学生所得待遇极不一致，一是学校之间伙食费和津贴费的标准高低不同，二是同一学校之内又有大灶和中灶之分。干部子弟入普通学校的，设有公费生，其公费补助按家长革命历史和职位分为三等。上述差别对干部子弟和一般学生都影响极坏，应该改变。

对军事学院第一期毕业学员的训词[1]

（一九五二年七月十日）

军事学院刘院长，全院指挥员、政治工作人员、后勤工作人员、教员，并高级速成系、上级速成系第一期毕业的全体学员同志们：

标志着中国人民建军史上伟大转变之一的中国人民解放军军事学院，其高级速成系及上级速成系的第一期已学习期满，举行结业了，特致以兴奋的祝贺。

军事学院的创办及其一年多以来的教育，对于建设正规化、现代化的国防部队，是有重要贡献的。这是刘院长的努力，全体苏联顾问同志的努力，以及全体指挥员、政治工作人员、后勤工作人员、教员和学员共同一致努力的结果。特致以感谢和慰问之意。

中国人民的建军历史，已经走过了二十五年的长期路程，其革命经验之丰富，在国际上除苏联以外，无与伦比。但在中国人民尚未获得全国胜利之前，由于客观物质条件的限制，其军事建设又尚处于比较低级的阶段，也就是处于装备的简单低劣，编制、制度的非正规性，缺乏严格的军事纪律和作战指挥的不集中、不统一及带游击性等等，这些在过去是必然的，不可避免的，因而也是正确的。可是，自从中国人民获得了全国范围的胜利之后，这种客观情况已经起了基本上的变化，我们现在已经进到了建军的高级阶段，也就是进到掌握现代技术的阶段，客观条件已完全具备了这种可能，只需加上不疲倦的主观努力，就一定可以实现。与现代化装备相适应的，就是要求部队建设的正规化，就是要求实行统一的指挥、统一的制度、统一的编制、统一的纪律、统一的训练，就是要求实现诸兵种密切的协同动作。为此，就需要克服在过去时期曾经是正确的，而现在则是不正确的那种不集中、不统一、纪律不严、简单现象和游击习气等等，而必须加强整个工作上、指挥上，而首先又应该是从教育训练上来培养的那种组织性、计划性、准确性和纪律性。这是建设正规化、现代化的国防部队所不可缺少的重要的条件之一。

同时，为了组织这种复杂的、高度机械化的、近代的战役和战斗，没有健全的、具有头脑作用的、富于科学的组织和分工的司令机关不行。过去那种不健全的、效率不高的、甚至是极不胜任的司令机关，今后就必须大大地加强起来。过去那种只重视政治工作（重视政治工作是对的，今后也还必须重视），而忽视参谋工作的现象，必须加以坚决的改变。过去把一些比较弱的、缺乏组织能力的、甚至是犯了一些错误而积极性不高的人来做司令机关的工作，因而也或多或少地影响到对司令机关的缺乏威信，影响到若干指挥人员不愿意当参谋长、不愿意当参谋，这种现象必须加以根本上的改正。今后必须挑选优秀的、富于组织和指挥才能的指挥员到各级司令机关来，以创造司令机关新的作风和新的气象。这同样是建设正规化、现代化的国防部队所不可缺少的重要的条件之一。

军事学院全体的指挥员、政治工作人员、后勤工作人员、教员、第一期毕业的学员和正在学习的学员同志们：军委希望你们在建设正规化、现代化的国防部队的光荣事业上，继续努力；并希望通过你们的努力，把建设正规化、现代化的国防部队的精神，贯彻到所有部队中去。

一九五二年七月十日

根据中央人民政府人民革命军事委员会铅印件刊印。

注　释

〔1〕这是中央人民政府人民革命军事委员会主席毛泽东的训词。毛泽东指定军事学院院长刘伯承代表军委向该院高级速成系和上级速成系第一期毕业学员宣读。

给黄炎培[1]的信

（一九五二年九月五日）

任之先生：

北戴河的信，九月四日的信及讲稿[2]，均已收到，甚为感谢。

讲稿用意甚好，惟觉太激进了一点，资产阶级多数人恐受不了，因此遵嘱作了某些修改[3]，是否妥当，还祈考虑酌定。

要求资产阶级接受工人阶级的基本思想，例如消灭剥削，消灭阶级，消灭个人主义，接受马克思主义的宇宙观，或者如先生所说"没有劳动，没有生活，不从劳动以外求生活，不从自力以外求生活"，这就是要求资产阶级接受社会主义。这些对于少数进步分子说来是可能的，当作一个阶级，则不宜这样要求，至少在第一个五年计划时期不宜如此宣传。

当作一个阶级，在现阶段，我们只应当责成他们接受工人阶级的领导，亦即接受《共同纲领》，而不宜过此限度。

在现阶段，允许资产阶级存在，但须经营有益于国家人民的事业，不犯"五毒"[4]，这就是工人阶级对于资产阶级的领导，也就是《共同纲领》所规定的。

超过这个限度，而要求资产阶级接受工人阶级的思想，或者说，不许资产阶级想剥削赚钱的事情，只许他们和工人一样想“没有劳动，没有生活”的事情，只想社会主义，不想资本主义，那是不可能的，也是不应该的。

今年上半年北京的《学习》杂志上有些写文章的同志曾经提出了这样的意见，我们已叫他们作了更正。

对于资产阶级中的少数人，那些有远见的人们，我同意先生的意见，可以向他们宣传社会主义，使他们对社会主义事业发生兴趣，我想这是可行的，也是有益的。在中国的条件下这样的人可能出现，特别是在几年之后，社会主义经济成分更加壮大，更加显示它对于国家和人民的伟大贡献的时候，这样的人可能逐步地多起来。

先生近来思想前进甚快，例如北戴河信上所说国家主权的思想，此次所说社会主义的思想，都表示这一点，但在现在却是言之过早，在少数人想想是可以的，见之实行则是不可以的。因为先生对于我的高度的信任，故率陈鄙见如右，是否有当，还祈审察赐教。

日内如有暇，想和先生面叙一次。顺致

敬意

毛　泽　东

一九五二年九月五日

根据人民出版社一九八三年出版的《毛泽东书信选集》刊印。

注　释

〔1〕黄炎培，字任之，当时任中央人民政府委员会委员、政务院副总理、中国民主建国会主任委员。

〔2〕指黄炎培一九五二年九月在中国民主建国会北京市分会会员大会上的讲话稿，题为《“三反”、“五反”运动结束以后怎样发挥毛主席对民建方针指示的精神》。讲稿中转述了毛泽东同年三月同他谈的对民主建国会工作的三点意见：一、私人资本在新中国建设上是有贡献的；只不要让它向坏的方面发展。二、不能让资本家光是图私人的利，必须兼顾国家的利、工人的利。三、很好地团结他们，教育他们，改造他们，先学习并实行《共同纲领》。

〔3〕毛泽东对黄炎培讲话稿的修改，主要有以下几点：(一)把讲话稿中的“资本家应充分接受工人阶级思想”改为“资本家应充分接受工人阶级和国营经济的领导”。(二)把讲话稿中的用“工人阶级思想”教育改造资本家，改为用“爱国主义的思想，共同纲领的思想”教育改造资本家；把讲话稿中的帮助资本家“改造思想”，改为帮助资本家“改造那些坏思想，那些不合乎爱国主义和共同纲领的思想，即所谓五毒思想”。(三)在讲话稿中“资产阶级分子有坏的，也有好的”一句之后，加写了“就资产阶级的大多数人来说，一个人的思想中有坏的方面，也有好的方面。我们应该帮助他们去掉坏的方面，发展好的方面。”(四)在讲话稿最后一段，加写了一段话：“我们在现阶段对于资产阶级的多数人的要求是如此。但在中国的条件下，资产阶级中的少数人，那些有远见的人们，可能超过上述要求，而接受工人阶级的基本思想，即社会主义思想，而对社会主义事业发生兴趣。他们一面开工厂，并不要求马上变更自己的成分和事业；一面看到社会主义事业对于人类的伟大贡献，想在将来做一个社会主义者。这种人是可能有的，我们应该表示欢迎。”

〔4〕“五毒”，指资本家的行贿、偷税漏税、盗骗国家财产、偷工减料和盗窃经济情报五种违法行为。

接见西藏致敬团代表谈话的要点[1]

（一九五二年十月八日）

一、共产党对宗教采取保护政策，信教的和不信教的，信这种教的或信别种教的，一律加以保护，尊重其信仰。今天对宗教采取保护政策，将来也仍然采取保护政策。

二、分地的问题，与宗教问题有所不同。在汉人区域已经分了土地，这里对宗教仍然是保护的。少数民族地区分不分土地，由少数民族自己决定。西藏地区现在谈不上分地，将来分不分，由你们自己决定，并且由你们自己去分，我们不代你们分。

三、成立军政委员会和改编藏军是协议[2]上规定了的，因为你们害怕，我通知在西藏工作的同志，要他们慢点执行。协议是要执行的，但你们害怕，只好慢点执行。今年害怕，就待明年执行；如果明年还害怕，就等后年执行。

四、西藏地方大、人口少，人口需要发展，从现在二三百万发展到五六百万，然后再增至千几百万就好。还有经济和文化也需要发展。文化包括学校、报纸、电影等等，宗教也在内。过去的反动统治，清朝皇帝、蒋介石，都是压迫剥削你们的，帝国主义也是一样，使得你们人口不得发展，经济削弱了，文化也没有发展。共产党实行民族平等，不要压迫、剥削你们，而是要帮助你们，帮助你们发展人口、发展经济和文化。人民解放军进入西藏就是要执行帮助你们的政策。开始进去的时候不会有帮助，三四年之内也不可能有多的帮助，但以后就能帮助你们的，那是一定的。如果共产党不能帮助你们发展人口、发展经济和文化，那共产党就没有什么用处。

你们来了，我很高兴。最近你们可以到南京、上海、天津、广州、东北等地去参观。以后西藏僧俗各界如果能够有更多的人到内地各处参观，便可以加强我们中国各民族之间的团结友爱的关系。

根据一九五二年十一月二十二日《人民日报》刊印。

注　释

〔1〕毛泽东这个谈话要点，是西藏致敬团团长柳霞·土登塔巴在中央人民广播电台对西藏地方政府僧俗官员和全体藏族僧俗同胞的广播词中引述的。

〔2〕指中央人民政府和西藏地方政府一九五一年五月二十三日签订的《关于和平解放西藏办法的协议》。

必须切实解决农民负担过重问题

（一九五二年十月十五日）

震林[1]同志：

陈云[2]同志所得青浦县小蒸乡的情况[3]，很值得注意，兹寄上请阅，并请抄寄苏南区党委。

据薄一波[4]同志说，他在上海时，已知浙江、苏南两区去年征粮太重，华东局决定退还农民一部。不知此事结果如何？两区共退了多少？解决了多少人的问题？今年收成如何？征粮数是否大大减轻了？

为了彻底解决这个问题，建议你们召集两区负责人及两区若干典型县的县委书记到华东局开一次专门会议。在开会前，由你派出两个调查组，一个往浙江，一个往苏南，直到几个县的乡村，调查十几个乡，专门调查农民公粮及其他负担的实情，以为会议讨论的根据。

总之，过去因负担太重无以为生的农民，必须切实解决救济问题；今年征粮必须不超过中央规定的比率[5]，大大减轻民负。

望将你的意见告我。

致以同志的敬礼！

毛 泽 东

一九五二年十月十五日

根据手稿刊印。

注 释

〔1〕震林，即谭震林（一九〇二——一九八三），湖南攸县人。当时任中共中央华东局第三书记。

〔2〕陈云，当时任政务院副总理兼财政经济委员会主任。

〔3〕指陈云一九五二年十月十四日报送毛泽东的关于青浦县小蒸乡农民情况的材料。这个材料是北京师范大学附中的一名学生暑假回家时，遵陈云之嘱作了一点调查后写成的。材料反映了由于接连三年农作物歉收、征粮比率过高和人多地少，造成农民生活普遍困难的情况。

〔4〕薄一波，当时任政务院财政经济委员会副主任兼财政部部长。

〔5〕政务院一九五〇年二月规定在新解放区征收公粮的比率，为“不到农业总收入的百分之十七。地方人民政府附加公粮不得超过正粮的百分之十五，即国家征收公粮一百石，地方附加公粮不得超过十五石”。政务院《关于一九五二年农业税收工作的指示》规定：“晚解放区已经完成土地改革的地区，一九五二年应施行统一全额累进税制，累进税率从百分之七到百分之三十止（一律不准再征附加税）”。这样，就减轻了大多数农民的负担。

对民主同盟工作的意见[1]

（一九五二年十月十九日）

同意这个意见[2]。据吴晗[3]向我表示，民盟中央和北京支委各种会议，只谈人事，不谈工作，使他们感到极为苦闷。一个政治团体不谈工作，是无法维系成员的，也势必永远陷在人事纠纷中。此件中所说“找出参加和配合文教工作的办法”，是必要的。其他民主党派恐亦须解决此问题。

毛　泽　东

十月十九日

根据手稿刊印。

注　　释

〔1〕这是毛泽东在中共中央统战部部长李维汉一九五二年十月十九日关于民主同盟的工作向毛泽东、中央书记处的请示报告上写的批语。

〔2〕指李维汉在向毛泽东、中央书记处的请示报告中提出的意见。报告说，民盟目前的中心问题有两个：一是民盟今后的活动，要找出怎样参加和配合国家的文教建设工作的办法，以发挥其可能发挥的积极作用；二是在民盟内外条件已有新的变化的情况下，要使其领导机关中各派的关系得到必要的调整。具体说应做好以下几点：（一）帮助进步分子端正政策；（二）找出参加和配合文教工作的办法；（三）领导成分适当调整；（四）积极参加学习。这几项如果做得好，民盟是可以在团

结上、发展上和工作上都获得更多进步的。

〔3〕吴晗(一九〇九——一九六九),浙江义乌人。当时任北京市副市长,中国民主同盟中央委员、北京市支部委员会主任委员。

祝贺中国人民志愿军的重大胜利

（一九五二年十月二十四日）

彭、邓、杨、甘[1]各同志，及志愿军各级领导同志，并告各中央局、分局、各大军区，军委各部门及军事学院各首长：

我志愿军协同人民军从九月十八日开始对全线敌军的战术性的反击作战，在一个月内，歼灭和击伤敌军三万人以上，获得重大胜利，中央和军委向你们及全体指挥员、战斗员同志致以热烈的祝贺。此种作战，在若干个被选定的战术要点上，集中我军优势的兵力、火力，采取突然动作，对成排成连成营的敌军，给以全部或大部歼灭的打击；然后在敌人向我军举行反击的时机，又在反复作战中给敌以大量的杀伤；然后依情况，对于被我攻克的据点，凡可以守住者固守之，不能守住者放弃之，保持自己的主动，准备以后的反击。此种作战方法，继续实行下去，必能制敌死命，必能迫使敌人采取妥协办法结束朝鲜战争。自从去年七月我军采取坚强的阵地作战以来，给予敌军损失的数量，远远地超过去年七月以前在各次运动战中给予敌军的损失数量。而我军的损失则大为减少，其中人员损失，单就志愿军来说，从去年七月以来的十五个月中，比较以前的八个月，平均每月减少三分之二以上（前八个月平均每月为二万五千人，后十五个月平均每月为八千人），这种情况，就是依靠阵地实行上述作战方法的结果。而在九月十八日开始的这一段期间内，则此种作战方法表现为更有组织性和更带全线性，所以特别值得重视。现当志愿军出国作战两周年之际，希望你们总结经验，更加提高组织性，提高战术和节省弹药，更加亲密地团结朝鲜同志和朝鲜人民，在今后的作战中取得更大的胜利。

中央及军委

一九五二年十月二十四日

根据毛泽东手稿刊印。

注释

〔1〕彭，指彭德怀，当时任中国人民志愿军司令员兼政治委员。邓，指邓华，当时任中国人民志愿军代司令员兼代政治委员。杨，指杨得志（一九一一——一九九四），湖南醴陵南阳桥（今属株洲县）人，当时任中国人民志愿军第二副司令员。甘，指甘泗淇（一九〇三——一九六四），湖南宁乡人，当时任中国人民志愿军副政治委员兼政治部主任。

准备一切必要条件，坚决粉碎敌人登陆冒险

（一九五二年十二月二十日）

志愿军党委各同志并告东北局、东北军区，军委各部门首长：

关于准备一切必要条件，坚决粉碎敌人登陆冒险，争取战争更大胜利的指示：

一、根据种种情况（艾森豪威尔〔1〕登台，谈判的中断，联合国通过印度提案〔2〕），判断敌人有从我侧后海岸线特别是西海岸汉川江、清川江、鸭绿江一线以七个师左右兵力举行冒险登陆进攻的充分可能。

二、我志愿军协同朝鲜人民军有坚决粉碎敌人登陆进攻、争取战争更大胜利的任务。

三、为此目的，我军必须：

（甲）尽一切可能的力量去极大地增强海岸及其纵深的坚固防御工事；同时增强三八线〔3〕正面的纵深防御工事以为配合。

（乙）在对我侧后威胁最大的海岸线及其纵深部署充分的兵力和火力，保证粉碎敌人从海上的进攻及其大量空降部队的进攻。在其他可能遭受敌人登陆进攻的地区（通川、元山地

区，瓮津半岛地区，镇南浦、汉川江地区及咸兴以东地区）则部署可能有的兵力和火力，同样要用其全力争取粉碎敌人的进攻。

（丙）坚决地迅速地采取加修新铁路线，改善旧铁路线（满浦、球场间），加宽许多公路线，加设仓库场站以及预先运储大量粮弹物资等项措施，保证不论在何种情况下我正面侧面全军（包括人民军）的运输畅通，供应不缺。

（丁）我正面各军过去作战成绩很大，在一九五三年应争取更大的成绩，消灭更多的敌人。

（戊）政治工作保证全军指战员都具有粉碎敌人进攻、争取更大胜利的坚强斗志和高昂士气。

（己）特别注意从目前起到一九五三年四月这一段时间内的准备工作，这是战胜敌人的关键所在。

（庚）以代理司令员和政治委员邓华同志兼任西海岸指挥部司令员和政治委员，以梁兴初[4]同志为西海指副司令员，西海指的其他干部应予加强。

四、两年多以来，我志愿军协同朝鲜人民军，在对美帝国主义及其帮凶军的英勇顽强的战斗中，取得了伟大的辉煌的胜利，已经摸清了敌人的底子，克服了很多的困难，积蓄了丰富的经验。美帝国主义采用了很多办法和我们斗争，没有一样不遭到失败。现在剩下从我侧后冒险登陆的一手，它想用这一手来打击我们。只要我们能把它这一手打下去，使它的冒险归于失败，它的最后失败的局面就确定下来了。中央坚决相信我志愿军协同朝鲜人民军是能够粉碎敌人的冒险计划的。希望同志们小心谨慎，坚忍沉着，动员全力，争取时间，完成一切对敌登陆作战的准备工作，只要准备好了，胜利就是我们的了。

中共中央

一九五二年十二月二十日

根据毛泽东手稿刊印。

注　释

〔1〕艾森豪威尔（一八九〇——一九六九），美国共和党人，当时已当选美国第三十四届总统，一九五三年一月二十日正式就任。

〔2〕指联合国大会政治委员会一九五二年十二月二日通过印度关于遣返朝鲜战俘问题的提案。提案的主要内容是：以不得“强迫遣返”战俘为由，允许不把全部战俘遣返回家，并规定将没有遣返的战俘交给联合国。

〔3〕三八线，见本卷第99页注〔5〕。

〔4〕梁兴初（一九一三——一九八五），江西吉安人。当时任中国人民志愿军第二十兵团代司令员、第三十八军军长。

加强防备，粉碎国民党军对福建沿海的进攻

（一九五二年十二月二十八日）

华东局、华东军区，福建省委、福建军区，并告中南军区：

一、为了配合美军在朝鲜的作战，台湾、金门敌人有以一部兵力（据报一个军）攻我福建岛屿并向福建大陆攻占我二三个县的阴谋冒险计划。

二、我福建军区有以现有兵力（不要依赖任何外援）粉碎上述敌军进攻的任务。

三、为此必须：

（甲）迅速地坚决地加强必守岛屿的防御工事，预储充分的粮弹饮水，鼓励守军作长期坚守的准备，不许再犯南日岛那样的错误[1]，否则须予负责者以应得的处罚。

（乙）预计敌攻岛屿的几种可能，决定明确的增援计划。

（丙）预计敌在大陆上某些可能登陆的海岸要点，做好若干非永久的战术性的防御工事，例如最近我以一个排坚守海岸工事，赢得时间，以一个连增援，歼灭了登陆敌人百余那样。这种以排以连以营为单位的战术性的若干防御工事，是必须做的，不是要你们做大规模的和永久性的大陆海岸防御工事。

而在选定必守的岛屿上则必须是永久性的和十分巩固的工事。

四、张鼎丞[2]同志即回福建担任省委书记和省府主席，叶飞[3]同志专任军事。在张鼎丞同志未到福州前，由他人暂行主持省委、省府工作，叶飞同志立即抽出身来全神贯注于对敌作战方面。从目前起两个月内是最关重要的时机，务必唤起福建全军及沿海要地党政及人民群众充分注意对敌斗争，不得疏忽大意，致遭不应有的损失。

你们的部署望即告。

中央 军委

十二月二十八日

根据毛泽东手稿刊印。

注 释

〔1〕南日岛，位于福建沿海。解放后，国民党蒋介石军队多次窜犯该岛，均被人民解放军击退。一九五二年十月，蒋军六千人再次侵犯南日岛，人民解放军守岛部队英勇抵抗，但寡不敌众，后续部队增援两个营，因指挥不当，遭受严重伤亡，全岛一度被蒋军占据，岛上的党政机关和人民群众也受到严重损失。

〔2〕张鼎丞（一八九八——一九八一），福建永定人。当时任中共中央华东局第四书记兼福建省委书记、福建省人民政府主席。

〔3〕叶飞，当时任中国人民解放军福建军区司令员、中共福建省委第一副书记、福建省人民政府副主席，在张鼎丞回福建以前主持省委、省政府的工作。

党对政府工作的领导责任[1]

（一九五二年十二月）

党中央及各级党委对政府、对财经工作、对工业建设的领导责任是：（一）一切主要的和重要的方针、政策、计划都必须统一由党中央规定，制定党的决议、指示，或对各有关机关负责同志及党组的建议予以审查批准；各中央代表机关及各级党委则应坚决保证党中央及中央人民政府一切决议、指示和法令的执行，并于不抵触中央决议、指示和法令的范围内，制定自己的决议或指示，保证中央和上级所给任务的完成。（二）检查党的决议和指示的执行情况。

根据毛泽东手稿刊印。

注　　释

〔1〕这是毛泽东在中共中央关于改变管理干部的方法和建立财经工作部的决定草案上加写的一段文字。这个草案后来经过修改，形成中共中央关于加强干部管理工作的决定，于一九五三年十一月二十四日下发。

反对官僚主义、命令主义和违法乱纪

（一九五三年一月五日）

各中央局、分局并转各省市区党委、地委和县委，并告中央各部门、中央人民政府各党组：

中央收到山东分局纪律检查委员会一九五二年十一月十七日《关于反对官僚主义、反对命令主义、反对违法乱纪的意见的报告》[1]，现转发你们（原文一万八千字，现压缩为六千字）。中央认为山东分局这样集中地暴露党政组织中极端严重地危害人民群众的很多坏人坏事并提出了解决问题的意见，是很好的，是完全必要的。这件事应当唤起我们各级领导机关的注意。这个问题，不但是山东的，而且是全国的。我党在“三反”中基本上解决了中央、大行政区、省市和专区四级许多工作人员中的贪污和浪费两个问题，也基本上解决了许多领导者和被领导的机关人员相脱离的这一部分官僚主义的问题；但对于不了解人民群众的痛苦，不了解离开自己工作机关稍为远一点的下情，不了解县、区、乡三级干部中存在着许多命令主义和违法乱纪的坏人坏事，或者虽然对于这些坏人坏事有一些了解，但是熟视无睹，不引起义愤，不感觉问题的严重，因而不采取积极办法去支持好人，惩治坏人，发扬好事，消灭坏事，这样一方面的官僚主义，则在许多地区、许多方面和许多部门，还是基本上没有解决。即如处理人民来信一事，据报山东省政府就积压了七万多件没有处理，省以下各级党政组织积压了多少人民来信，则我们还不知道，可以想象是不少的。这些人民来信大都是有问题要求我们给他们解决的，其中许多是控告干部无法无天的罪行而应当迅速处理的。山东如此，各省市的情况，究竟如何，我们没有接到像山东分局这样集中反映的报告，但已有不少的材料可以判断，有很多地方是和山东的情况相似的。官僚主义和命令主义在我们的党和政府，不但在目前是一个大问题，就是在一个很长的时期内还将是一个大问题。就其社会根源来说，这是反动统治阶级对待人民的反动作风（反人民的作风，国民党的作风）的残余在我们党和政府内的反映的问题。就我们党政组织的领导任务和领导方法来说，这是交代工作任务与交代政策界限、交代工作作风没有联系在一起的问题，即没有和工作任务一道，同时将政策界限和工作作风反复地指示给中下级干部的问题。这是对各级干部特别是对县、区、乡三级干部没有审查，或者审查工作做得不好的问题。这是对县、区、乡三级尚未开展整党工作，尚未在整党中开展反命令主义和清除违法乱纪分子的斗争的问题。这是在我们专区以上的高级机关工作人员中至今还存在着不了解和不关心人民群众的痛苦，不了解和不关心基层组织情况这样一种官僚主义，尚未向它开展斗争和加以肃清的问题。如果我们的领导任务有所加强，我们的领导方法有所改进，则危害群众的官僚主义和命令主义就可以逐步减少，就可以使我们的许多党政组织较早地远离国民党作风。而混在我们党政组织中的许多坏人就可以早日清除，目前存在的许多坏事就可以早日消灭。因此请你们仿照山东办法在一九五三年结合整党建党及其他工作，从处理人民来信入手，检查一次官僚主义、命令主义和违法乱纪分子的情况，并向他们展开坚决的斗争。山东的文件请你们认真地加以研究，并在党刊上登载。凡典型的官僚主义、命令主义和违法乱纪的事例，应在报纸上广为揭发。其违法情形严重者必须给以法律的制裁，如是党员必须执行党纪。各级党委应有决心将为群众所痛恨的违法乱纪分子加以惩处和清除出党政组织，最严重者应处极刑，以平民愤，并借以教育干部和人民群众。此外，山东文件中全部精神贯注在揭发坏人坏事，这样做是必要的，这样才可以唤起全党同志的注意。但在开展反坏人坏事的广泛斗争达到了一个适当阶段的时候，就应将各地典型的好人好事加以调查分析和表扬，使全党都向这些好的典型看齐，发扬正气，压倒邪气。我们相信，山东和各地这种典型的好人好事是一定不少的。

中共中央

一九五三年一月五日

根据毛泽东手稿刊印。

注　　释

〔1〕中共中央山东分局纪律检查委员会的这个报告说：我省区、乡、村等基层组织干部（某些县以上干部也在内）中强迫命令、违法乱纪的现象，已发展到极为

普遍和极为严重的程度，但是不少领导机关，对于基层干部这些严重的错误，采取了官僚主义的态度，熟视无睹，漠不关心。有些党政领导机关，在群众向他们控诉或采取其他办法向那些违法乱纪的干部作斗争时，还无原则地姑息，替干部辩护。事实证明，官僚主义作风，是滋长干部强迫命令、违法乱纪的温床；反对官僚主义，是纠正干部强迫命令、违法乱纪的关键。应结合当前的中心任务和整党工作，对这些现象坚决地开展斗争。在这个斗争中，对于犯有错误的干部采取思想教育与纪律惩戒相结合的方针进行处理，对于混进我各种组织的坏分子及完全蜕化变质、不可救药的分子，则应坚决地清洗出去。

关于召开全国人民代表大会的几点说明[1]

（一九五三年一月十三日）

现在办选举、搞选举法是不是合适？对于这个问题，经过几次会议交换意见，从今天大家发表的意见看，是比较明确、比较清楚了。但还有一些问题需要作点解释，归纳起来大体有四个。

一、这样做的根据是什么？

根据的一个方面，是《共同纲领》的规定[2]。三年来，大陆上的军事行动已经结束了，土地改革已经基本完成了，各界人民已经组织起来了，办全国选举工作的条件已经成熟。

中国人民，从清朝末年起，五六十年来就是争这个民主。从中日甲午战争到辛亥革命这个期间是一个高潮。那个时候是向清朝政府要民主，以后是向北洋军阀政府要民主，再以后就是向蒋介石国民党政府要民主。一向它们要民主，那个政府就说：我们总是要搞民主的。清朝政府是这样说的，但就是不给。蒋介石听了我们的建议以后，也并不是明讲他不要民主。有一次，我在重庆，国民党发表了一个声明，上边有这样一句话："政权属于人民，并非本党所有"，下边又讲了一句："奋斗不能无责，责必须我们承当。”按前头一句似乎对人民有好处，按后头一句又成了他们的好处了。奋斗不能无责嘛！那就是说，首先要由他们来承当这个奋斗的责任。蒋介石说要还政于民，那时候我们说：慢一点还。他就是不听，一定要还。结果，真是达到他的“目的”，还政于人民了，他自己跑到台湾去了。

同时考虑的，还有一个政协的问题。全国政治协商会议还要不要再搞一届，然后召开全国人大？陈叔通〔3〕委员说，再搞一届至少还要两年。全国人民代表大会代表的选举，今年不办就要明年办，或者后年办。与其明年办，就不如今年办。如果过两年再开一次政治协商会议后召开全国人大也不好办，不如索性就开全国人民代表大会。所以，根据这些条件和考虑，还是抓紧召开全国人民代表大会比较好。

二、这样做有什么作用？

陈叔通委员讲，做了这个工作，可以使人民民主更加发扬。确实如此，北京郊区乡政府民主选举的结果，百分之五十的乡长被选掉了，因为这百分之五十的人做了坏事，人民不高兴他们。为了发扬民主，对政权组织，特别是县、乡两级，来一次全国普选，很有必要。这对促进经济建设，加强经济建设的领导有积极作用。就是对于抗美援朝也有好处，傅作义〔4〕委员说可以加强抗美援朝。前天我看到艾森豪威尔〔5〕的一篇讲话，他说：中国要办民主选举是不可能的。对艾森豪威尔来说，你办选举他要侵略，你不办选举他也要侵略，问题是决定于我们自己的工作。如果我们的工作做得更好一些，人民民主更加发扬，经济建设搞得更好，抗美援朝的力量更加增强，那是可以使它放弃侵略的。所以，为了发扬民主，为了加强经济建设，为了加强反对帝国主义的斗争，就要办选举，搞宪法。

三、这样做有没有可能？有没有困难？

我们说，困难总是会有的，但是比起我们已经做过的几件事情来，困难要少一些。例如，比抗美援朝，就没有那样困难；比土地改革，也不会有那样困难；比镇压反革命，比"三反"、"五反"，比三年经济恢复，也不会有那样困难。周恩来总理讲，我们国家今年的财政基础，比一九五〇年增加了两倍半。所以，困难是有的，但是经过我们的努力，训练好干部，安排好工作，是可以克服这些困难的，是可以把选举工作搞好的。

四、这样做对于有些党派、阶级、团体是不是有利？

刚才周恩来总理说，在我国，人数多的民族是汉族，人数多的党派是共产党，人数多的阶级是农民阶级、小资产阶级，人数多的人民团体是工会、青年团、妇联、农民协会，这是就他们在全国人口中所占的比例而言的。这样一来，是不是少数民族、人数少的阶级（比如工人阶级人数少，资产阶级更是人数少）、人数少的党派、人数少的团体在政权组织中就没有份了，没有饭吃了呢？你们人多就称王，是不是这样呢？不是这样。决议草案〔6〕上讲了，三年以来取得的成绩，是由于"全国各民族、各民主阶级、各民主党派、各人民团体的团结和努力"。那末，是不是从今年起，或者从明年起，就不要各民族、各民主阶级、各民主党派、各人民团体的团结和努力了呢？不是的，还是要的。为什么要呢？过去三年来的历史证明，这样做有好处。所以，除了那些反革命分子、不爱国的分子以外，凡是一切爱国者、能够团结的人都应该团结起来，而且永远是这样。如果说，三年以后还要团结，那末，十年以后，我国进入了社会主义，资产阶级没有了，是不是因为他过去当过资本家，现在虽然爱国，也不要他呢？当然不是这样，因为他爱国嘛！

代表名额分配的比例是不是跟过去政协一样？不会完全一样，应该有所变化。它既要照顾多数，又要照顾少数。单纯照顾少数的政府在历史上是有的，像清朝政府、蒋介石政府，那完全是照顾少数。我们的重点是照顾多数，同时照顾少数。凡是对人民国家的事业忠诚的，做了工作的，有相当成绩的，对人民态度比较好的各民族、各党派、各阶级的代表性人物都有份。我想，他们中间的多数，甚至是大多数、绝大多数，可能是会被人民选举的。但是，你要我写保票我不能写，因为那是人民的事，人民选举你是可能的。当然，我们应该有适当的安排。所以，对于这一条，用不着担心。

有人说，从你们的社论〔7〕看起来，我们就没有份，因为那篇社论里说：要“好的”和“必要的”，那就只有共产党有份。我说，共产党里面也有许多不好的和不必要的，人民不满意，就会选掉他。少数民族、人数少的阶级、人数少的党派、人数少的团体里面，也有许多是好的和必要的。对社论中的那种说法也要加以分析。自从那篇社论发表以后，各大城市都有一些反映，希望到会的各位在各民主党派里边做些解释工作。

有人问，没有选上全国人民代表大会代表、省人民代表大会代表的，还有没有别的安排办法？有。还可不可以做政府工作？可以。政府的部长、副部长是不是都要选成代表？不一定，也不必要。如果各部部长、办公厅主任，甚至连科长都要选成代表，那下面的人就会说，你们开干部会就可以了，还要我们来干什么？所以多数的代表还应当是下面的人，像郝建秀、李顺达〔8〕这些劳动英雄。他们来了，开完会就回去了。没有被选上的人，可以安排做政府工作。总之，中心问题还是这样一个：凡是爱国者（只要有这个资格）都会一道进入社会主义，我们没有理由不同他们一道进入社会主义。

根据中央档案馆保存的讲话记录稿刊印。

注　释

〔1〕这是毛泽东在中央人民政府委员会第二十次会议上的讲话。

〔2〕中国人民政治协商会议第一届全体会议一九四九年九月二十九日通过的《中国人民政治协商会议共同纲领》第十二条规定："中华人民共和国的国家政权属于人民。人民行使国家政权的机关为各级人民代表大会和各级人民政府。各级人民代表大会由人民用普选方法产生之。各级人民代表大会选举各级人民政府。"

〔3〕陈叔通，当时任中央人民政府委员、政协全国委员会副主席。

〔4〕傅作义，当时任中央人民政府委员、政协全国委员会委员、水利部部长。

〔5〕艾森豪威尔，美国共和党人，当时已当选美国总统。

〔6〕指将在本次会议上通过的中央人民政府委员会《关于召开全国人民代表大会及地方各级人民代表大会的决议》草案。

〔7〕指《人民日报》一九五三年元旦社论《迎接一九五三年的伟大任务》。社论在谈到召集全国人民代表大会和地方各级人民代表大会，选举中央和地方的人民政府时说："从现在起，就应当在人民群众中间进行最广泛的宣传，告诉人民认真地准备这次选举，以便把人民所真正满意和认为必要的人选举做代表和人民政府的委员"。

〔8〕郝建秀，一九三五年生，山东青岛人，当时是青岛国棉六厂工人。一九五一年因创造棉纺细纱挡车工先进工作法即"郝建秀工作法"，被授予全国工业劳动模范称号。李顺达（一九一五——一九八三），山西平顺人，一九四三年在山西平顺

县西沟村组织晋冀鲁豫边区第一个互助组,带领群众,因地制宜,改造山区,由穷变富。一九四四年、一九四六年两次获太行区一等劳动英雄称号。一九五一年、一九五二年先后获一等劳动模范奖章和爱国丰产金星奖章。

在全国政协一届四次会议闭幕会上的讲话

（一九五三年二月七日）

各位委员，各位同志：

这一次会议就要结束了，报告、讨论和决议都很好。我祝贺会议的成功。

现在我讲几点意见。

第一，关于打败美帝国主义的问题。我们准备打的时间要长一点，最后就是要打败它，前途是胜利的。我们已经打了两年多了，在社会上可能有些人觉得不耐烦了，觉得还是早一点结束好，停战谈判只剩下一个俘虏问题了，争执也很小了，何必为一两万俘虏还要那么坚持下去呢？这不只是一两万俘虏的问题，不能因为我们人口多，觉得丢掉几万人不要紧，俘虏一个也不能丢掉，一定要争。这个仗要打多久时间，我看我们不要作决定。它过去是由杜鲁门〔1〕，以后是由艾森豪威尔〔2〕或者美国将来的什么总统来决定的。这就是说，他们要打多久，我们就打多久，一直打到我们完全胜利！〔3〕

第二，关于学习苏联的问题。我们要进行伟大的五年计划建设，工作很艰苦，经验又不够，因此要学习苏联的先进经验。

在这个问题上，共产党内、共产党外，老干部、新干部，技术人员、知识分子，工人群众、农民群众，他们中间都有一些人是有抵触的。他们应该懂得，我们这个民族，从来就是接受外国的先进经验和优秀文化的。在封建时代，唐朝兴盛的时候，我国曾经和印度发生密切的关系。我们的唐三藏〔4〕法师，万里长征去取经，比较后代学外国困难得多。有人证明，我们现在用的乐器大部分是西域来的，就是从新疆以西的地区来的。我们这个民族，从来不拒绝接受别的民族的优良传统。在帝国主义压迫我们的时候，特别是中日战争我国失败到辛亥革命那一段时间，就是说从一八九四年到一九一一年那一段时间，全国学习西方资本主义的文化，学习资产阶级的民主主义，学习他们的科学，有一个很大的高潮。那时，我们的先辈（在座的也有）很热诚地参加学习西方的活动，许多留学生到日本、到西洋去。那一次学习，对我们国家的进步是有很大的帮助的，特别是在自然科学方面，现在还给我们留下了很大一批自然科学工作者，一批宝贵的遗产。但是我讲的古代和近代这两次学习外国，比较现在我们学习苏联的规模，学习苏联先进经验的效用，那是要差得远的。那末，我们现在学习苏联，广泛地学习他们各个部门的先进经验，请他们的顾问来，派我们的留学生去，应该采取什么态度呢？应该采取真心真意的态度，把他们所有的长处都学来，不但学习马克思列宁主义的理论，而且学习他们先进的科学技术，一切我们用得着的，统统应该虚心地学习。对于那些在这个问题上因不了解而产生抵触情绪的人，应该说服他们。就是说，应该在全国掀起一个学习苏联的高潮，来建设我们的国家。

第三，关于反对官僚主义的问题。现在我们的党政机关中间，存在着一部分很不健康的现象，这就是严重的官僚主义、命令主义和违法乱纪这些事情，这些坏人坏事。今天安子文[5]同志的报告很好。我现在要着重讲的，是官僚主义在中央机关的情形。我们中央机关几十个部门，包括党、政、军。党就是共产党、各民主党派、人民团体。政就是中央人民政府各委、部、会，计算起来，就有一百几十个单位。应该说其中有很多的部门，不是少数的部门，存在着官僚主义。他们脱离群众，脱离下面的实际情况，关在房子里写决议案，写指示。决议案、指示像雪片一样地飞出去，下面的情况究竟怎么样，能不能执行，不去管。就是坐在房子里头，不下去检查，只是注意所谓布置工作，却没有注意检查工作。应当说中央机关中有许多部门的工作是做得比较好的。据我所知，比如外交部，在"三反"运动中搞了一个多月的讨论，展开批评，驻各国的大使都回来参加，这大半年以来，工作大有进步，官僚主义大大减少。又比如公安部，在"三反"运动以后工作也有很大的进步。再比如改组后的重工业部，现在分为三个部，一个重工业部，一个第一机械工业部，一个第二机械工业部，比那个老重工业部好得多了。还有，水利部、高等教育部是官僚主义比较少的，新闻总署、出版总署也是有进步的。是不是还有别的单位呢？比如邮电部，他们做了很多的工作，这是第一；第二，他们也犯了错误，就是用违反政策的方法来搞所谓增产。早在前年中国共产党成立三十周年的时候，邮电部一个什么局长，就发命令招揽生意，让大家给中共中央打致敬电报、写致敬信，结果一下子就来了几十万份电报，其中究竟有多少是人民真正出于内心打来的，有多少是强迫人家打来的，要查一查。这就在人民面前把共产党表现得不像样子，大大损害了共产党的威信。其他还有一些部门，工作是做了很多，但是问题也很不小。是不是这样，我没有经过详细的检查。我想，如果我讲错了，你们可以批评我。我的缺点在什么地方呢？我的缺点就是没有经过详细的检查。过去，也没有在这样的大会上具体地指出来。这是你们可以向我批评、向我开炮的。我准备在今年夏秋冬三季之内，对每一个部都能够检查一次。我在上面所讲的这些部门，哪一些比较好，哪一些比较差，哪一些是中间状态，说的不见得那么十分准确，因为没有经过仔细的检查分析，没有吸收那些部门的群众和干部参加检查。总而言之，我们政府几十个部门，无论是财经、文教部门，还是政法部门，都程度不同地存在着官僚主义问题。要执行第一个五年计划这么繁重的任务，就应该克服官僚主义。要知道下面的命令主义、违法乱纪，是跟我们的官僚主义分不开的，因为我们没有去过问，没有去检查，或者缺乏检查。我想，这个工作应该从中央人民政府开始，从共产党中央开始，从军委和各部门开始。中央机关每一个部门都有部长、副部长、办公厅主任、司长、局长，这些主要干部，少的有八九个，多的有几十个。他们应该轮流到下面去检查，经常有人在下面。检查了的回来，没有下去的再下去，又回来，又下去，这样每一个人包括部长在内都到底下去过，一直检查到基层单位。比如工业部门应该检查到工厂，农业部门应该检查到乡村；军委系统的，像海军应该检查到长山列岛、舟山群岛、万山群岛、海南岛，陆军应该检查到连队；邮电部门应该检查到乡村的邮政代办所；公安部门应该检查乡村的公安员、城市的派出所。部长亲自下去，不是要你去检查所有的公安派出所、邮政代办所，而是要你检查若干部门和基层单位。

这次会议以后，要从我们中央开始，带头下去检查。这样才能带动大行政区一级，省市一级，专区一级和县一级，我们才有资格责备下面，才能真正解决问题。我也不是讲每一个部长都要下去，有些年老力衰不能去的，不在这个范围之内，但是少壮派都要去，你是少壮派嘛！重点在反对官僚主义。官僚主义克服了，下面的命令主义、违法乱纪一定会克服。这些毛病去掉了，我们的五年计划一定会成功，民主制度一定会发展，帝国主义一定会打垮，我们将取得完全的胜利。

根据中央档案馆保存的讲话记录稿刊印。

注　　释

〔1〕杜鲁门(一八八四——一九七二)，美国民主党人。一九四五年至一九五三年任美国总统。

〔2〕艾森豪威尔，美国共和党人，当时任美国总统。

〔3〕这次讲话，一九五三年二月八日《人民日报》发表的新闻稿作了报道。关于讲话中的第一点，新闻稿的文字如下：

“第一、要加强抗美援朝的斗争。由于美帝国主义坚持扣留中朝战俘，破坏停战谈判，并且妄图扩大侵朝战争，所以，抗美援朝的斗争必须继续加强。我们是要和平的，但是，只要美帝国主义一天不放弃它那种横蛮无理的要求和扩大侵略的阴谋，中国人民的决心就是只有同朝鲜人民一起，一直战斗下去。这不是因为我们好战，我们愿意立即停战，剩下的问题待将来去解决。但美帝国主义不愿意这样做，那么好吧，就打下去，美帝国主义愿意打多少年，我们也就准备跟它打多少年，一直打到美帝国主义愿意罢手的时候为止，一直打到中朝人民完全胜利的时候为止。”

〔4〕唐三藏，即玄奘（六〇二——六六四），唐代著名高僧，俗称唐僧。唐贞观三年（公元六二九年）前往印度研习佛教典籍，历经十余年回国，译出佛经七十五部，共计一千三百三十五卷。

〔5〕安子文，当时任中央人民政府人事部部长、中共中央组织部副部长。

批判大汉族主义[1]

（一九五三年三月十六日）

有些地方民族关系很不正常。此种情形，对于共产党人说来，是不能容忍的。必须深刻批评我们党内在很多党员和干部中存在着的严重的大汉族主义思想，即地主阶级和资产阶级在民族关系上表现出来的反动思想，即是国民党思想，必须立刻着手改正这一方面的错误。凡有少数民族存在的地方，都要派出懂民族政策、对于仍然被歧视受痛苦的少数民族同胞怀抱着满腔同情心的同志，率领访问团，前往访问，认真调查研究，帮助当地党政组织发现问题和解决问题，而不是走马看花的访问。

根据不少材料看来，中央认为凡有少数民族存在的地方，大都存在着尚未解决的问题，有些是很严重的问题。表面上看来平静无事，实际上问题很严重。二三年来在各地所发现的问题，都证明大汉族主义几乎到处存在。如果我们现在不抓紧时机进行教育，坚决克服党内和人民中的大汉族主义，那是很危险的。在许多地方的党内和人民中，在民族关系上存在的问题，并不是什么大汉族主义的残余的问题，而是严重的大汉族主义的问题，即资产阶级思想统治着这些同志和人民而尚未获得马克思主义教育、尚未学好中央民族政策的问题，故须进行认真的教育，以期一步一步地解决这个问题。另外，应在报纸上根据事实，多写文章，进行公开的批判，教育党员和人民。

根据毛泽东手稿刊印。

注　释

〔1〕这是毛泽东为中共中央起草的党内指示的主要部分。

解决区乡工作中的“五多”问题

（一九五三年三月十九日）

各中央局、分局，并转省市委、地委和县委；中央各部门和中央人民政府各党组：

（一）一九五二年十二月西北局检查组关于区、乡工作中“五多”问题的报告，写得很好。这个报告集中地反映了我们党政组织在农村工作中一些严重地脱离农民群众、损害农民及其积极分子的利益的问题，即所谓“五多”问题。“五多”，就是任务多，会议集训多，公文报告表册多，组织多，积极分子兼职多。这些问题，很久就存在了，中央曾对其中有些问题有过指示，要求各级党委予以重视和解决，但是不但没有解决，反而越来越严重。其原因，是没有将整个问题系统地提出来，尤其重要的是没有在中央、大区、省（市）、专区和县这五级党政领导机关中展开反对分散主义和官僚主义的斗争。因为区、乡的“五多”，基本上不是从区、乡产生的，而是从上面产生的，是因为在县以上各级党政领导机关中存在着严重的分散主义和官僚主义所引起的，有些则是过去革命战争和土地改革时期的产物，未加改变，遗留至今的。因此，必须在一九五三年内，在执行中央一九五三年一月五日关于反对官僚主义、反对命令主义、反对违法乱纪的指示〔1〕中，着重地克服领导机关中的官僚主义和分散主义，并将那些过去需要而现在已不需要的制度和办法加以改变，方能解决这个问题。今后各级领导机关在规定任务的问题上，在召集会议和调人集训的问题上，在发出公文表册和向下级要报告的问题上，在规定区、乡组织形式的问题上以及在使用乡村积极分子的问题上，都要由县以上党委和政府的主要负责同志，按照实际可行的情况，加以适当的规定，有些则要由中央作出统一的规定。过去由各级党、政、民组织的许多工作部门，各自独立地向下级分派任务，随便召集下级人员和农村积极分子开会或训练，滥发公文表册和向下级或农村随便要报告等项不良制度和不良办法，必须坚决废止，而代之以有领导的、统一的和适合情况的制度和办法。至于在农村中每个乡存在着几十种委员会以及积极分子兼职太多，均属妨碍生产，脱离群众，也应坚决地但是有步骤地加以改变。

（二）中央一级党、政、民组织有关各部门，中央分别责成中央组织部，中央人民政府政务院及其所属财经、文教、政法三个委员会的主管同志负责，对于过去引起“五多”问题的各事项迅速加以清理，并规定适当的制度和办法，向中央作报告。

（三）各大区和省市，由各中央局、分局、省市委及各该级行政机关主管同志负责，对于“五多”问题加以清理，规定自己的解决办法，并报告中央。为达此项目的，请各中央局、分局、省市委仿照西北局的办法，派出一个专为了解“五多”问题的检查组，检查所属的一二个区、乡（在城市是检查一二个区、街）的情况，以为解决问题的参考材料。

（四）专区级和县级的“五多”问题，由省委负责指导解决之。

（五）西北局检查组报告中关于解决“五多”问题的各项办法方面的建议，基本上是正确的，各地可以试行。

（六）农业生产是农村中压倒一切的工作，农村中的其他工作都是围绕着农业生产而为它服务的。凡足以妨碍农民进行生产的所谓工作任务和工作方法，都必须避免。目前我国的农业，基本上还是使用旧式工具的分散的小农经济，这和苏联使用机器的集体化的农业，大不相同。因此，我国在目前过渡时期，在农业方面，除国营农场外，还不可能施行统一的有计划的生产，不能对农民施以过多的干涉，还只能用价格政策以及必要和可行的经济工作和政治工作去指导农业生产，并使之和工业相协调而纳入国家经济计划之中。超过这种限度的所谓农业“计划”、所谓农村中的“任务”是必然行不通的，而且必然要引起农民的反对，使我党脱离占全国人口百分之八十以上的农民群众，这是非常危险的。所谓区、乡工作中的“五多”问题，其中有很大的成分就是这种过多地干涉农民的表现（另一部分成分是因为革命战争和土地改革的需要而产生和遗留下来的），已经引起农民的不满，必须加以改变。即就广泛发展中的农业互助组和现在还不多的农业生产合作社来说，也只是几家在一起或几十家在一起的小型的组织，而且是建立在私有财产基础之上的，大多数尚不固定，又是使用旧式农具的。因此，对于这些互助组和合作社，按照中央已有的决定给以积极的提倡和适当的指导是完全必要的，但是决不应当将它们混同于社会主义的集体农庄，决不应当施行过多的干涉。我党现在在农村中的主要的危险倾向，就是许多同志将分散的经济混同于集体的经济，就是干涉过多。所谓“五多”问题，也就是部分地反映了这种错误思想。

（七）本指示和附在下面的西北局检查组的报告，请登党刊。

中共中央

一九五三年三月十九日

根据毛泽东手稿刊印。

注　释

〔1〕见本卷第253—255页。

正确对待单干农民[1]

（一九五三年三月二十四日）

在解决了有关农业互助合作的许多问题之后，党中央认为必须重复地唤起各级党委和一切从事农村工作的同志和非党积极分子的注意，要充分地满腔热情地没有隔阂地去照顾、帮助和耐心地教育单干农民，必须承认他们的单干是合法的（为《共同纲领》和《土地改革法》所规定），不要讥笑他们，不要骂他们落后，更不允许采用威胁和限制的方法打击他们。农业贷款必须合理地贷给互助合作组织和单干农民两方面，不应当只给互助合作组织方面贷款，而不给或少给单干农民方面贷款。在一个农村内，哪怕绝大多数农民都加入了互助组或合作社，单干农民只有极少数，也应采取尊重和团结这少数人的态度。

根据毛泽东手稿刊印。

注　　释

〔1〕这是毛泽东在审阅《中共中央关于农业生产互助合作决议》稿时加写的一段文字。这个决议于一九五一年十二月十五日以草案形式发给各级党委试行。一九五三年二月十五日中共中央发出通知，将这个决议草案作为正式决议。

青年团的工作要照顾青年的特点[1]

（一九五三年六月三十日）

青年团对党闹独立性的问题早已过去了。现在的问题是缺乏团的独立工作，而不是闹独立性。

青年团要配合党的中心工作，但在配合党的中心工作当中，要有自己的独立工作，要照顾青年的特点。一九五二年我同团中央的同志谈话，出了两个题目要团中央研究，一个是党如何领导团的工作，一个是团如何做工作。两个题目，都包含了如何照顾青年的特点。各地方党委反映，对青年团的工作是满意的，满意就在配合了党的中心工作。现在要来个不满意，就是说青年团的工作还没有适合青年的特点，搞些独立的活动。党和团的领导机关，都要学会领导团的工作，善于围绕党的中心任务，照顾青年特点，组织和教育广大青年群众。

青年团在党的领导下，积极参加各方面的革命工作，作出了很大成绩。无论工厂、农村、军队、学校的革命事业，没有青年就不能胜利。中国青年是很有纪律的，他们完成了党所交给的各项任务。现在朝鲜议和，土地改革结束，国内工作的重点正在转到社会主义改造和社会主义建设。这就要学习。青年团要学会领导青年，和成年人一道，在农村把农业搞好，在城市把工业搞好，在学校把学习搞好，在机关把工作做好，在军队把国防军练好，成为现代化军队。

十四岁到二十五岁的青年们，要学习，要工作，但青年时期是长身体的时期，如果对青年长身体不重视，那很危险。青年比成年人更需要学习，要学会成年人已经学会了的许多东西。但是，他们的学习和工作的负担都不能过重。尤其是十四岁到十八岁的青年，劳动强度不能同成年人一样。青年人就是要多玩一点，要多娱乐一点，要跳跳蹦蹦，不然他们就不高兴。以后还要恋爱、结婚。这些都和成年人不同。

我给青年们讲几句话：一、祝贺他们身体好；二、祝贺他们学习好；三、祝贺他们工作好。

我提议，学生的睡眠时间再增加一小时。现在是八小时，实际上只有六七小时，普遍感到睡不够。因为知识青年容易神经衰弱，他们往往睡不着，醒不来。一定要规定九小时睡眠时间。要下一道命令，不要讨论，强迫执行。青年们要睡好，教师也要睡足。

革命带来很多好处，但也带来一个坏处，就是大家太积极太热心了，以致过于疲劳。现在要保证大家身体好，保证工人、农民、战士、学生、干部都要身体好。当然，身体好并不一定学习好，学习要有一些办法。

现在初中学生上课的时间也多了一些，可以考虑适当减少。积极分子开会太多，也应当减少。一方面学习，一方面娱乐、休息、睡眠，这两方面要充分兼顾。工农兵青年们，是在工作中学习，工作学习和娱乐休息睡眠两方面也要充分兼顾。

两头都要抓紧，学习工作要抓紧，睡眠休息娱乐也要抓紧。过去只抓紧了一头，另一头抓不紧或者没有抓。现在要搞些娱乐，要有时间，有设备，这一头也要来个抓紧。党中央已经决定减少会议次数和学习时间，你们要监督执行。有什么人不执行，就要质问他们。

总之，要使青年身体好，学习好，工作好。有些领导同志只要青年工作，不照顾青年的身体，你们就用这句话顶他们一下。理由很充分，就是为了保护青年一代更好地成长。我们这一代吃了亏，大人不照顾孩子。大人吃饭有桌子，小人没有。娃娃在家里没有发言权，哭了就是一巴掌。现在新中国要把方针改一改，要为青少年设想。

要选青年干部当团中央委员。三国时代，曹操〔2〕带领大军下江南，攻打东吴。那时，周瑜〔3〕是个“青年团员”，当东吴的统帅，程普〔4〕等老将不服，后来说服了，还是由他当，结果打了胜仗。现在要周瑜当团中央委员，大家就不赞成！团中央委员尽选年龄大的，年轻的太少，这行吗？自然不能统统按年龄，还要按能力。团中央委员候选人的名单，三十岁以下的原来只有九个，现在经过党中央讨论，增加到六十几个，也只占四分之一多一点。三十岁以上的还占差不多四分之三，有的同志还说少了。我说不少。六十几个青年人是否都十分称职，有的同志说没有把握。要充分相信青年人，绝大多数是会胜任的。个别人可能不称职，也不用怕，以后可以改选掉。这样做，基本方向是不会错的。青年人不比我们弱。老年人有经验，当然强，但生理机能在逐渐退化，眼睛耳朵不那么灵了，手脚也不如青年敏捷。这是自然规律。要说服那些不赞成的同志。

青年团要照顾青年的特点，要有自己的系统的工作，同时又要受各级党委的领导。这并不是什么新发明，老早就有了的，马克思主义历来就是这么讲的。这是从实际出发。青年就是青年，不然，何必要搞青年团呢？青年人和成年人不同，女青年和男青年也不同，不照顾这些特点，就会脱离群众。你们现在有九百万团员，如果不注意青年的特点，也许就只有一百万拥护你们，八百万不拥护你们。

青年团的工作，要照顾多数，同时注意先进青年。这样，可能有些先进分子不过瘾，他们要求对全体团员都严一些。这就不那么适当，要说服他们。团章草案规定的义务多了，权利少了，要放宽一点，使多数人能跟上去。重点要放在多数，不要只看到少数。

你们的团章草案规定，四个月不参加组织生活就算自动脱团，这太严了。党章还规定六个月，你们也规定六个月不行吗？办不到的事，或者只有一百万人能办到，八百万人办不到的，都不要在团章上规定。原则性要灵活执行。应当是那样，实际是这样，中间有个距离。有些法律条文要真正实行，也还得几年。比如婚姻法的许多条文，是带着纲领性的，要彻底实行至少要三个五年计划。“不要背后乱讲”这一条，原则上是对的，但是不必写在团章上。反对自由主义是长期的，党内自由主义也还不少。不准人家在背后骂一句话，事实上办不到。不要把框子搞得太小，主要是敌我界限要分明。

威信是逐渐建立的。过去军队里面有人编歌谣骂人，我们不禁也不查，军队还是没有垮。我们只抓住一些大的，比如三大纪律八项注意，队伍就慢慢上了轨道。群众对领导者真正佩服，要靠在革命实践中了解。真正了解，才能相信。现在团中央威信已经相当高。有些人还不佩服，慢慢会佩服的。小伙子刚上台，威信不高，不要着急，不受点批评不挨点骂是不可能的。有“小广播”，是因为“大广播”不发达。只要民主生活充分，当面揭了疮疤，让人家“小广播”，他还会说没时间，要休息了。但是问题总是会有的，不要以为一下都能解决，今天有，将来还会有。

党在过渡时期的总任务，是要经过三个五年计划，基本上完成社会主义工业化和对农业、手工业、资本主义工商业的社会主义改造。三个五年计划就是十五年。一年一小步，五年一大步，三个大步就差不多了。基本上完成，不等于全部完成。讲基本上完成，是谨慎的讲法，世界上的事情总是谨慎一点好。

中国农业现在大部分是个体经济，要有步骤地进行社会主义改造。发展农业互助合作运动，要坚持自愿原则。不去发展，就会走资本主义道路，这是右倾。搞猛了也不行，那是“左”倾。要有准备有步骤地进行。我们历来不打无准备无把握之仗，也不打只有准备但无把握之仗。过去打蒋介石，开始有些人犯主观主义错误，后来经过整风，反掉了主观主义，就打了胜仗。现在是打社会主义之仗，要完成社会主义工业化和对农业、手工业、资本主义工商业的社会主义改造。这是全国人民的总任务。青年团如何执行这个总任务，你们应当按照青年的特点，作出适当的规定。

根据人民出版社一九八六年出版的《毛泽东著作选读》刊印。

注　释

〔1〕这是毛泽东接见中国新民主主义青年团第二次全国代表大会主席团的谈话。

〔2〕曹操（一五五——二二〇），谯（今安徽亳州）人，三国时政治家、军事家、文学家。建安十三年（公元二〇八年），率几十万大军南下，被孙权和刘备的军队联合击败于赤壁。

〔3〕周瑜（一七五——二一〇），庐江舒县（今安徽庐江东南）人，三国时吴国孙权部将，任前部大都督。建安十三年（公元二〇八年），曹操率大军南下，周瑜坚决主战，并亲率东吴军队与刘备军队联合大败曹军于赤壁。

〔4〕程普（？——二一五），右北平土垠（今河北丰润东）人。初追随孙坚，后辅佐孙权，任左都督。建安十三年（公元二〇八年），在周瑜统率下参加赤壁大战。

关于国家资本主义经济[1]

（一九五三年七月）

中国现在的资本主义经济，其绝大部分是在人民政府管理之下的，用各种形式和国营社会主义经济联系着的，并受工人监督的资本主义经济。这种资本主义经济已经不是普通的资本主义经济，而是一种特殊的资本主义经济，即新式的国家资本主义经济。它主要地不是为了资本家的利润而存在，而是为了供应人民和国家的需要而存在。不错，工人们还要为资本家生产一部分利润，但这只占全部利润中的一小部分，大约只占四分之一左右，其余的四分之三是为工人（福利费）、为国家（所得税）及为扩大生产设备（其中包含一小部分是为资本家生产利润的）而生产的。因此，这种新式国家资本主义经济是带着很大的社会主义性质的，是对工人和国家有利的。

根据毛泽东手稿刊印。

注释

〔1〕这是毛泽东在中共中央一九五三年六月十四日至八月十二日召开的全国财经会议的领导小组会议纪要第七号上写的一段文字。

坚决制止滥发统计报表

（一九五三年七月二十二日）

中央各部委，中央人民政府各党组，各中央局、分局、省市委：

华北局农村工作部副部长杨士杰同志的报告[1]极好，中央一级，大区一级，省市一级，专区一级和县一级，共五级科长以上负责干部，均应当好好地读一遍。县以上党、政、民各级机关所发统计报表，在农村中已泛滥成灾，达到了完全不能容忍的程度。为此，中央责成中央各部委，中央人民政府各党组（主要责成国家统计局），各中央局、分局、省市委在接到本指示以后，迅即仿照华北局的办法对于统计报表问题指定专人加以调查分析，分别宣布停用、保留和改进，并规定简化报表及控制报表的可行办法，坚决制止滥发统计报表的严重现象。处理滥发统计报表一项问题，应联系“五多”问题中其他四项问题去处理。城市中的滥发统计报表问题，亦应同时注意处理。

本指示及附件应登党刊。

中　央

一九五三年七月二十二日

根据毛泽东手稿刊印。

注　　释

〔1〕指杨士杰一九五三年五月二十三日关于检查农村统计报表情况给华北局的报告。报告说，目前农村报表繁多复杂的混乱状况，确已达到不能容忍的程度。主要表现在：(一)表格繁多，分量过重。(二)内容复杂，毫无重点，面面俱到，无奇不有，用处却极少。(三)要求过高，脱离实际，时限太急，无法填报。(四)上面乱发，下面乱填，捏造、估计，很不真实。农村表格太多，是官僚主义、分散主义的直接产物，是农村"五多"的重要项目之一。因此，要把纠正这种混乱情况当作"新三反"(反对官僚主义、反对命令主义、反对违法乱纪)的重要内容，与反对农村的"五多"同时进行。除必要的普查项目外，一般采用开调查会辅之以典型抽查的方法。要建立正确的统计报表制度，并严加控制，删繁就简。

在中央政治局扩大会议上的讲话

（一九五三年七月二十九日）

一、在过渡时期，我们对私营资本主义工商业的改造，必须通过国家资本主义逐步过渡到社会主义。我们的国家资本主义，其性质和苏联的国家资本主义是相同的，苏联是共产党领导的无产阶级专政的国家，我们也是共产党领导的国家，但实行的办法则有很多不同。列宁在一九一八年指出的这条道路，我们实行了。资产阶级不接受国家资本主义，没有别的路走，大势所趋，非走这条路不可。我们对资产阶级不实行国家资本主义，也没有别的路，因为现在不能没收他们的财产，而且需要他们。使独立的私人资本主义企业变为受限制的国家资本主义，这是一个大的进攻，只有有了抗美援朝、土地改革、镇压反革命、“三反”“五反”、思想改造这五个条件，加上社会主义工业和经济的发展，才能这样搞。

二、国家资本主义是带有进攻性质的，但在总的进攻中有部分退却，如对资本家的“三权”〔1〕和利润分配。现在资本家的“三权”已经不全，虽然所有权未取消，但管理权公方已经插进去了，他们的“三权”就受到了限制。现在要让一下，特别是在红利上，要给资本家让利，使他们有所得，这就是进攻中的部分退却。所得过少，他们就不愿意来。这里又牵涉到资本主义经济法则问题。我对他们说："你们不应唯利是图，而要两利是图，劳资两利，一利不行。""五反"中进攻得太远了，资本家躺下了，要给他一定的利益叫他起来，这就是百分之二十五的红利。应当说服工人作这个让步，以换得国家资本主义；如果不让这一步，资本家无利可图，无利可得，就不能换得国家资本主义。我们调整商业后，商业方面的问题解决了，我们也退却了，退到三比七〔2〕。工业方面还要让一步，才能解决。李立三〔3〕同志说灵活运用资本主义的经济法则是对的，但不完全。在我们的社会里，资本主义的经济法则是受限制的经济法则，所谓资本主义经济法则，就是剥削剩余价值，说穿了，就是唯利是图，这一条已经受到了限制。但是现在有些工厂让资本家剥削得太少了，这就不能换来国家资本主义。

三、现在所说的改造，还不是取消资本家私人所有制，使之变为社会主义企业的最后改造步骤，而是指在承认资本家的受限制的不完全的私人所有制条件下，使资本主义企业逐步变为国家资本主义企业，即在人民政府管理下的、用各种方式同国营社会主义经济联系着和合作的、受工人监督的国家资本主义企业。这种资本主义企业，已经不是解放前的那种资本主义企业，它们主要是为国家和人民的需要而生产，资本家已不能唯利是图。当然，工人还要为资本家生产一部分利润，但这部分利润，在整个盈利中至多占百分之二十五；而百分之七十五以上的盈利部分，是为国家（所得税）、为工人（福利费）和为扩大企业设备（公积金——其中包含一小部分是为资本家生产利润的）而生产的。因此，这种资本主义，已经不是普通意义上的资本主义，而是特殊的、新式的资本主义，即在工人阶级领导下的资本主义，它带有若干社会主义的性质，有几种程度不同的情况。必须指出，目前不是一切或大多数的资本主义企业已做到了这一步，还需要经过几年努力才可以做到这一步，但是一定可以做到这一步。在国家资本主义中，公私合营是有社会主义成分的，它是半社会主义性质的。但是把一切国家资本主义，比如接受加工订货，都叫做半社会主义是不妥当的，应该说它是带有若干社会主义的性质。

国家资本主义转变为社会主义靠什么条件？第一、社会主义的几千个大工厂；第二、农业合作化，要有计划地、稳步地、积极地、自愿地搞互助合作；第三、国家资本主义企业内部的条件，包括党组织和工会，加上我们的领导，可以保证企业转到社会主义，取消资本家的所有权，同时把他们安排好。在这里，头一步是变资本主义为国家资本主义，把独立的、不受限制的、有自由市场的资本主义，变为不独立、受限制、没有自由市场的资本主义，即国家资本主义。第二步由国家资本主义变为社会主义，消灭阶级。

四、对私营企业"有所不同、一视同仁"问题。在所有权方面是一视同仁的，工人所得可以自由支配，资本家分到的红利也可以自由支配。在原料供应、贷款、运输等方面，"不看僧面看佛面"，"佛面"是工人阶级，为了工人，对资本家也需要给以必要的照顾。工资待遇一般原则也是"一视同仁"，高的一般不降，低的也不一定都提，要看具体条件和技术水平。"一视同仁"里面还包括资本家有选举权与被选举权。在这方面，形式上是每人一票，但因为工人人数多，实际上工人占优势。

五、国家重点搞重工业，但还必须搞地方国营工业（不要盲目性），搞国家资本主义，搞手工业合作化。手工业是洋，不是海。手工业一般要有发展，也有一部分要淘汰。搞手工业合作化比农业合作化还要难，这两者又都比搞国家资本主义困难，对个体手工业和个体农业不能采用剥夺的办法，因为他们是脚踏实地的劳动者，既不是资本家，下面又没有工人。对于他们，只能经过劝说，启发自愿，准备劝多少年，一步一步地实现。不搞地方国营工业，不搞国家资本主义，不搞手工业合作化，就不能完成重点建设。

六、我们党内有人反映了资本家的一种意见，即国家专搞重工业，轻工业让私人去搞。我们不能采取这种路线，不能是国家搞原料，资本家搞制造。有大批私营轻工业厂要走国家资本主义的路，同时还必须发展地方国营工业，如纱厂、金笔厂等轻工业。人民新增的购买力，要靠国营企业主要是地方国营企业来满足，私营企业只能占去一小部分。国家资本主义也是积累资金的来源之一，如税收等，也可以训练干部、培养技术人员和管理人员，虽然如此，我们还是要搞地方国营工业。现在地方工业上缴九万亿元〔4〕的利润太高，应降下来，以利地方工业的发展。地方工业上缴利润太多，用于扩大再生产的投资就太少了，不利于发挥地方的积极性。

七、对“三高”即物价高、利息高、利润高政策的批评，不能过分，要分析。降低工业品价格是工业的根本路线，但是要逐步地降低。物价还是受供求关系制约的。现在的毛病是应降的未降，应提的未提如粮价。糖降价后又脱销了，要提价。降低物价时要谨慎，要按情况用分析的方法解决问题。私商往往会钻物价的空子，而且价格降了再提高就比较难，群众会不满意。因此，不要笼统地批评“三高”政策。要看到物价有高有低，有的今天高，明天应当降，也有明天应当提高的。工资也不能提得过高，提高容易降则难。

八、要有准备地搞国家资本主义，没有准备则不要搞。搞国家资本主义要有条件，包括政治工作和经济工作条件。要像过去打仗一样，不打无准备之仗。干部要就地取材，培养训练工厂的工会主席和支部书记。要有计划、有步骤、有准备地变私人资本主义为国家资本主义，大体上要用三年到五年的时间完成。

九、利用资本主义经济法则问题。在社会主义经济法则支配下，适当地利用资本主义经济法则，资本主义经济法则是受限制的。社会主义经济法则是发展生产，保障需要，这是主要的、基本的，是起领导作用的经济法则。但资本主义经济法则是客观存在的。事物存在，法则当然存在，不能消灭；事物受了限制，法则也受限制。不执行劳资两利，把它变为一利，就是不了解这个法则。

十、从国营贸易企业批发商品并按国家规定的价格出售的私营零售商，可以也应该算在国家资本主义之内。它是国营贸易的手和足，现在虽然财产还是你的，将来可以改为由国贸企业发薪金。从国贸企业批发商品而又转批发给别人的私商，算不算国家资本主义？我不作定论，由你们去讨论。其他私商，同国营企业没有联系，跑自由市场，自由泛滥的，不能算国家资本主义。

十一、再讨论一次价值法则的问题。看本子看不下去，还是按问题讨论的方式好。九月间把材料整理出来，发至各地。

根据中央档案馆保存的讲话记录稿刊印。

注　　释

〔1〕指资本家对其企业的所有权、用人权和经营管理权。

〔2〕这里指全国公营商业和私营商业在零售方面商品流转总额的大体比例。

〔3〕李立三，当时任中央人民政府劳动部部长、中华全国总工会副主席。

〔4〕这里是按当时流通的人民币计算的。中国人民银行自一九五五年三月一日起发行新的人民币，代替原来流通的旧人民币。按规定人民币新币一元等于旧币一万元。

改造资本主义工商业的必经之路[1]

（一九五三年九月七日）

（1）过去三年多，做了一些工作，但忙别的去了，用力不多，现在起要多做些工作。

（2）有了三年多的经验，已经可以肯定：经过国家资本主义完成对私营工商业的社会主义改造，是较健全的方针和办法。

（3）《共同纲领》第三十一条[2]的方针，现在应明确起来和逐步地具体化。所谓“明确起来”，是说在中央及地方的领导人物的头脑中，首先肯定国家资本主义是改造资本主义工商业和逐步完成社会主义过渡的必经之路。这一点无论在共产党和民主人士方面，都还没做到，此次会议[3]的目的，应当做到这一点。

（4）稳步前进，不能太急。将全国私营工商业基本上（不是一切）引上国家资本主义轨道，至少需要三年至五年的时间，因此不应该发生震动和不安。

（5）公私合营、全部出原料收产品的加工订货和只收大部产品，是国家资本主义在私营工业方面的三种形式。

(6)私营商业亦可以实行国家资本主义,不可能以“排除”二字了之。这方面经验较少,尚须研究。

(7)占有大约三百八十万工人、店员的私营工商业,是国家的一项大财富,在国计民生中有很大的作用。私营工商业不仅对国家供给产品,而且可以为国家积累资金,可以为国家训练干部。

(8)有些资本家对国家保持一个很大的距离,他们仍没有改变唯利是图的思想;有些工人前进得太快了,他们不允许资本家有利可得。我们应向这两方面的人们进行教育,使他们逐步地(争取尽可能快些)适合国家的方针政策,即使中国的私营工商业基本上是为国计民生服务的、部分地是为资本家谋利的——这样就走上国家资本主义的轨道了。

关于国家资本主义企业的利润分配,有一个表:

所得税	34.5%
福利费	15%
公积金	30%
资方红利	20.5%
总计	100.0%

(9)需要继续在资本家中间进行爱国主义教育,为此需要有计划地培养一部分眼光远大的、愿意和共产党和人民政府靠近的、先进的资本家,以便经过他们去说服大部分资本家。

(10)实行国家资本主义,不但要根据需要和可能(《共同纲领》),而且要出于资本家自愿,因为这是合作的事业,既是合作就不能强迫,这和对地主不同。

(11)全国各民族、各民主阶级、各民主党派、各人民团体在过去几年中已有很大的进步,相信再有三年至五年,这种进步将更大,所以三年至五年内基本上完成将私营工商业引上国家资本主义轨道是有可能的。国营企业的优胜,则是完成这一任务在物质方面的保证。

(12)没有所谓"小五反",也没有所谓"突然",这点应当说清楚。

(13)至于完成整个过渡时期,即包括基本上完成国家工业化,基本上完成对农业、对手工业和对资本主义工商业的社会主义改造,则不是三五年所能办到的,而需要几个五年计划的时间。在这个问题上,既要反对遥遥无期的思想,又要反对急躁冒进的思想。

(14)一个是领导者,一个是被领导者,一个是不谋私利者,一个是还要谋一部分私利者,等等,这些是不相同的。但私营工商业〔4〕基本上是为国计民生服务的(就利润分配上说,约占四分之三左右),因此可以和应当说服工人,和国营企业一样,实行增产节约、劳动竞赛,提高劳动生产率,降低成本,提高数量质量,这样对公私、劳资都有利。

(15)现在多数公私合营厂的缺点(主要是资方无权和不发红利)必须改正,否则将阻塞国家资本主义的道路。要学民生公司〔5〕的榜样。

根据毛泽东手稿刊印。

注 释

〔1〕这是毛泽东同民主党派和工商界部分代表谈话的要点。

〔2〕中国人民政治协商会议第一届全体会议一九四九年九月二十九日通过的《中国人民政治协商会议共同纲领》第三十一条规定:“国家资本与私人资本合作的经济为国家资本主义性质的经济。在必要和可能的条件下,应鼓励私人资本向国家资本主义方向发展,例如为国家企业加工,或与国家合营,或用租借形式经营国家的企业,开发国家的富源等。”

〔3〕指一九五三年九月八日至十一日召开的全国政协常委会第四十九次会议(扩大)。

〔4〕指走上国家资本主义轨道的私营工商业。

〔5〕民生公司,指民生实业公司,旧中国长江航线最大的私营轮船公司。一九二五年由民族资本家卢作孚创办于重庆,后扩大投资于煤矿、染织、水电、钢铁、机器、铁路、汽车和银行保险等业。一九五二年实行公私合营。一九五六年并入国营长江航运管理局。

粮食统购统销问题〔1〕

（一九五三年十月二日）

一、赞成陈云同志的报告〔2〕，详细办法以后讨论。粮食问题采取统购统销这样的措施是否迟了一步，将来再看，也许不迟。从现在起到十一月中或十一月底作准备，从十二月到明年一月征粮、购粮同时进行，因此，征粮的布置要推迟一个月。这也是要打一仗，一面是对出粮的，一面是对吃粮的，不能打无准备之仗，要充分准备，紧急动员。

二、党内、党外对农村工作有很多议论。党外梁漱溟〔3〕说农村情况很不好，党内也有要保护农民利益的说法。马克思、恩格斯从来没说过农民一切都是好的，农民有自发性和盲目性的一面。农民的基本出路是社会主义，由互助合作到大合作社（不一定叫集体农庄）。现在是“青黄不接”，分土地的好处有些农民已开始忘记了，他们正处在由个体经济到社会主义集体经济的过渡时期。

我国经济的主体是国营经济，它有两个翅膀即两翼，一翼是国家资本主义（对私人资本主义的改造），一翼是互助合作、粮食征购（对农民的改造）。

有人要摸农村的“底”。农村的底有六条，这可答复梁漱溟，也可答复党内的一些同志。

（一）小农经济。这个经济不好，但是个现实。

（二）百分之十左右的缺粮户。共约有四千八百万左右的农民缺粮，其中老区情况较好，新区比较严重，要五年才能解决。

（三）每年两千万到四千万灾民。灾有六种：水、旱、风、虫、霜、雹，这个问题几十年才能解决，但搞得好可以减少。

（四）百分之十左右的落后乡。根据整党和“新三反”的材料，这些乡的坏干部百分之八十到九十是异己分子钻进来的，百分之十到二十是好干部蜕化的。

以上四条都是不好的方面，以下两条是好的方面。

（五）百分之八十到九十的农民欢欣鼓舞，拥护政府，缺粮户和灾民也拥护政府。不拥护政府的人中包括地主、富农在内。我们在农村的基础就是百分之八十到九十的农民。

（六）互助合作已经发展起来。老区已达百分之六十到七十，新区是百分之二十到二十五，其中也有部分是假的。农村将来进一步的发展，基本上是靠这第六条。

这不是讲技术的“底”，而是讲政治的“底”。要使党内、党外的人心中有数。

水利、农具、肥料、耕作法，这些技术的推广应用，现在也要靠互助合作。将来进一步搞社会主义，就要靠机器（拖拉机）。

三、今天讨论的问题，就是涉及百分之八十到九十欢欣鼓舞的人的问题，也涉及缺粮户的问题，这就是对农民实行粮食征购制的问题。实行粮食征购依靠谁呢？主要依靠党员，他们是乡村干部和农民中的积极分子，贫农、中农、缺粮户中都有这样的积极分子。光靠缺粮户是不行的，缺粮户可以作我们的同盟军，也可以作中农的同盟军。

四、配售问题。粮食征购、整顿私商、统一管理这三个问题，势在必行。配售问题可以考虑，我观察也势在必行。因为小农经济增产不多，而城市粮食的需要年年增长，如果我们能够做到城市、乡村不同时紧张更好，但恐怕办不到。至于名称，不叫配售也可以，可叫计划供应。这样做可能出的毛病，第一是农民不满，第二是市民不满，第三是外国舆论不满。问题是看我们的工作。

五、宣传问题。要大张旗鼓地宣传粮食统购统销政策，但报纸一字不登。方针已定，今天会后可暂时不讲，因为召集各中央局及主要省市负责同志开的会议十二日才能开完，但有关机关可以进行讨论，并准备布置。

根据中央档案馆保存的讲话记录稿刊印。

注　释

〔1〕这是毛泽东在中共中央政治局扩大会议上所作的结论。

〔2〕指政务院副总理陈云一九五三年十月二日在中共中央政治局扩大会议上所作的关于粮食问题的报告。报告指出，目前全国粮食情况非常严重。一些主要产粮区未能完成粮食收购任务，而粮食销售量却在不断上升，京、津两地的面粉已不够供应，到了必须实行配售的地步。如不采取坚决措施，粮食市场必将出现严重混乱局面。其结果必将导致物价全面波动，逼得工资上涨，波及工业生产，预算也将不稳，建设计划将受到影响。这不利于国家和人民，只利于富农与投机商人。为此，在粮食问题上必须在农村实行征购，在城市实行配售，严格管理私商，在坚持统一管理的前提下调整内部关系。

〔3〕梁漱溟（一八九三——一九八八），广西桂林人。当时任政协全国委员会委员。

关于农业互助合作的两次谈话[1]

（一九五三年十月十五日、十一月四日）

一

办好农业生产合作社，即可带动互助组大发展。

在新区，无论大、中、小县，要在今冬明春，经过充分准备，办好一个到两个合作社，至少一个，一般一个到两个，至多三个，根据工作好坏而定。要分派数字，摊派。多了冒进，少了右倾。有也可以，没有也可以，那就是自流了。可否超过三个？只要合乎条件，合乎章程、决议，是自愿的，有强的领导骨干（主要是两条：公道，能干），办得好，那是“韩信将兵，多多益善”[2]。

责成地委、县委用大力去搞，一定要搞好。中央局、省市委农村工作部就要抓紧这件事，工作重点要放在这个问题上。

要有控制数字，摊派下去。摊派而不强迫，不是命令主义。十月开会后，十一月、十二月、明年一月、二月，北方还有三月，有四五个月可搞。明年初，开会检查，这次就交代清楚。明年初是要检查的，看看完成的情形怎样。

个别地方是少数民族区，又未完成土改，可以不搞。个别县，工作很坏的县，比如说落后乡占百分之三十至四十，县委书记很弱，一搞就要出乱子，可以暂缺，不派数字，但是省委、地委要负责帮助整顿工作，准备条件，明年秋收以后，冬季要搞起来。

一般规律是经过互助组再到合作社，但是直接搞社，也可允许试一试。走直路，走得好，可以较快地搞起来，为什么不可以？可以的。

各级农村工作部要把互助合作这件事看作极为重要的事。个体农民，增产有限，必须发展互助合作。对于农村的阵地，社会主义如果不去占领，资本主义就必然会去占领。难道可以说既不走资本主义的道路，又不走社会主义的道路吗？资本主义道路，也可增产，但时间要长，而且是痛苦的道路。我们不搞资本主义，这是定了的，如果又不搞社会主义，那就要两头落空。

总路线，总纲领，工业化，社会主义改造，十月开会，要讲一下。

“确保私有财产”，“四大自由”，都是有利于富农和富裕中农的。为什么法律上又要写呢？法律是说保护私有财产，无“确保”字样。现在农民卖地，这不好。法律不禁止，但我们要做工作，阻止农民卖地。办法就是合作社。互助组还不能阻止农民卖地，要合作社，要大合作社才行。大合作社也可使得农民不必出租土地了，一二百户的大合作社带几户鳏寡孤独，问题就解决了。小合作社是否也能带一点，应加研究。互助组也要帮助鳏寡孤独。合作社不能搞大的，搞中的；不能搞中的，搞小的。但能搞中的就应当搞中的，能搞大的就应当搞大的，不要看见大的就不高兴。一二百户的社算大的了，甚至也可以是三四百户。在大社之下设几个分社，这也是一种创造，不一定去解散大社。所谓办好，也不是完全都好。各种经验，都要吸取，不要用一个规格到处套。

老区应当多发展一些。有些新区可能比有些老区发展得快，例如，关中可能比陕北发展得快，成都坝子可能比阜平那些地方发展得快。要打破新区一定慢的观念。东北其实不是老区，南满[3]与关内的后解放的地方也差不多。可能江苏、杭嘉湖一带赶过山东、华北的山地老区，而且应当赶过。新区慢慢来，一般可以这样讲，但有些地方干部强，人口集中，地势平坦，搞好了几个典型，可能一下子较快地发展起来。

华北现有六千个合作社，翻一番——摊派，翻两番——商量。合理摊派，控制数字，不然工作时心中无数。东北一番、一番半或两番，华北也是这样。控制数字不必太大，地方可以超过，超额完成，情绪很高。

发展合作社，也要做到数多、质高、成本低。所谓成本低，就是不出废品；出了废品，浪费农民的精力，落个影响很坏，政治上蚀了本，少打了粮食。最后的结果是要多产粮食、棉花、甘蔗、蔬菜等等。不能多打粮食，是没有出路的，于国于民都不利。

在城市郊区，要多产蔬菜，不能多产蔬菜，也是没有出路的，于国于民也都不利。城市郊区土地肥沃，土地平坦，又是公有的，可以首先搞大社。当然要搞得细致，种菜不像种粮，粗糙更不行。要典型试办，不能冒进。

城市蔬菜供应，依靠个体农民进城卖菜来供应，这是不行的，生产上要想办法，供销合作社也要想办法。大城市蔬菜的供求,现在有极大的矛盾。

粮食、棉花的供求也都有极大的矛盾,肉类、油脂不久也会出现极大的矛盾。需求大大增加,供应不上。

从解决这种供求矛盾出发,就要解决所有制与生产力的矛盾问题。是个体所有制,还是集体所有制?是资本主义所有制,还是社会主义所有制?个体所有制的生产关系与大量供应是完全冲突的。个体所有制必须过渡到集体所有制,过渡到社会主义。合作社有低的,土地入股;有高的,土地归公,归合作社之公。

总路线也可以说就是解决所有制的问题。国有制扩大——国营企业的新建、改建、扩建。私人所有制有两种,劳动人民的和资产阶级的,改变为集体所有制和国营(经过公私合营,统一于社会主义),这才能提高生产力,完成国家工业化。生产力发展了,才能解决供求的矛盾。

(十月十五日)

二

做一切工作,必须切合实际,不合实际就错了。切合实际就是要看需要与可能,可能就是包括政治条件、经济条件和干部条件。发展农业生产合作社,现在是既需要,又可能,潜在力很大。如果不去发掘,那就是稳步而不前进。脚本来是走路的,老是站着不动那就错了。有条件成立的合作社,强迫解散,那就不对了,不管哪一年,都是错的。“纠正急躁冒进”,总是一股风吧,吹下去了,也吹倒了一些不应当吹倒的农业生产合作社。倒错了的，应当查出来讲清楚，承认是错误，不然，那里的乡干部、积极分子，就憋着一肚子气了。

要搞社会主义。“确保私有”是受了资产阶级的影响。“群居终日，言不及义，好行小惠，难矣哉”〔4〕。“言不及义”就是言不及社会主义，不搞社会主义。搞农贷，发救济粮，依率计征，依法减免，兴修小型水利，打井开渠，深耕密植，合理施肥，推广新式步犁、水车、喷雾器、农药，反对“五多”等等，这些都是好事。但是不靠社会主义，只在小农经济基础上搞这一套，那就是对农民行小惠。这些好事跟总路线、社会主义联系起来，那就不同了，就不是小惠了。必须搞社会主义，使这些好事与社会主义联系起来。至于“确保私有”、“四大自由”，那更是小惠了，而且是惠及富农和富裕中农。不靠社会主义，想从小农经济做文章，靠在个体经济基础上行小惠，而希望大增产粮食，解决粮食问题，解决国计民生的大计，那真是难矣哉！

有句古语，“纲举目张”。拿起纲，目才能张，纲就是主题。社会主义和资本主义的矛盾，并且逐步解决这个矛盾，这就是主题，就是纲。提起了这个纲，克服“五多”以及各项帮助农民的政治工作、经济工作，一切都有统属了。

农业生产合作社，社内社外都有矛盾。现在的农业生产合作社还是半社会主义的，社外的个体农民是完全的私有制（个体农民在供销社入了股，他这一部分股金的所有制也有了变化，他也有一点社会主义），这两者之间是有矛盾的。互助组跟农业生产合作社不同，互助组只是集体劳动，并没有触及到所有制。现在的农业生产合作社还是建立在私有制基础之上的，个人所有的土地、大牲口、大农具入了股，在社内社会主义因素和私有制也是有矛盾的，这个矛盾要逐步解决。到将来，由现在这种半公半私进到集体所有制，这个矛盾就解决了。我们所采取的步骤是稳的，由社会主义萌芽的互助组，进到半社会主义的合作社，再进到完全社会主义的合作社（将来也叫农业生产合作社，不要叫集体农庄）。一般讲，互助组还是农业生产合作社的基础。

有一个时候，曾经有几个文件没有提到互助合作，我都加上发展互助合作或者进行必要的和可行的政治工作、经济工作这样一类的话。有些人想从小农经济做文章，因而就特别反对对农民干涉过多。那个时候，也确是有些干涉过多，上面“五多”，条条往下插，插得下面很乱。“五多”哪一年也不行，不仅农村不行，工厂也不行，军队也不行。中央发了几个文件，反对干涉过多，这有好处。什么是干涉过多呢？不顾需要和可能、不切实际、主观主义的计划，或者计划倒合实际，但用命令主义的方法去做，那就是干涉过多。主观主义、命令主义，一万年也是要不得的。不仅是对于分散的小农经济要不得，就是对于合作社也是要不得的。但是，不能把需要做、可能做的事，做法又不是命令主义的，也叫做干涉过多。检查工作，应当用这个标准。凡是主观主义的，不合实际的，都是错误的。凡是用命令主义去办事，都是错误的。稳步不前，右了，超过实际可能办到的程度勉强去办，“左”了，这都是主观主义。冒进是错误的，可办的不办也是错误的，强迫解散更是错误的。

“农村苦”、“不大妙”、“措施不适合于小农经济”，党内党外都有这种议论。农村是有一些苦，但是要有恰当的分析。其实，农村并不是那样苦，也不过百分之十左右的缺粮户，其中有一半是很困难的，鳏寡孤独，没有劳动力，但是互助组、合作社可以给他们帮点忙。他们的生活比起国民党时代总是好得多了，总是分了田。灾民是苦，但是也发了救济粮。一般农民的生活是好的，向上的，所以有百分之八十至九十的农民欢欣鼓舞，拥护政府。农村人口中间，有百分之七左右的地主富农对政府不满。说“农村苦，不得了了”，我历来就不是这样看的。有些人讲到农村苦，也讲到农村散，就是小农经济的分散性；但是他们讲分散性的时候，没有同时讲搞合作社。对于个体经济实行社会主义改造，搞互助合作，办合作社，这不仅是个方向，而且是当前的任务。

总路线的问题，没有七、八月间的财经会议，许多同志是没有解决的。七、八月的财经会议，主要就是解决这个问题。总路线，概括的一句话就是：逐步实现国家的社会主义工业化和对农业、手工业、资本主义工商业的社会主义改造。这次实行粮食的计划收购和计划供应，对于社会主义也是很大的推动。接着又开了这次互助合作会议，又是一次很大的推动。鉴于今年大半年互助合作运动缩了一下，所以这次会议要积极一些。但是，政策要交代清楚。交代政策这件事很重要。

“积极领导，稳步发展”，这句话很好。这大半年，缩了一下，稳步而不前进，这不大妥当。但是，也有好处。比如打仗，打了一仗，休整一下，再展开第二个战役。问题是有些阵地退多了一些，有一些不是退多了，而是本来可以发展的没有发展，不让发展，不批准，成了非法的。世界上有许多新生的正确的东西，常常是非法的。我们过去就是“非法”的呀，国民党是“合法”的呀。可是这些非法的社，坚持下来了，办好了，你还能不承认吗？还得承认它是合法的，它还是胜利了。

会上讲了积极领导，稳步发展，但是也要估计到还会有些乱子出来。你说积极、稳步，做起来也会是不积极领导，或者不稳步发展。积极、稳步就是要有控制数字，派任务，尔后再检查完成没有。有可能完成而不去完成，那是不行的，那就是对社会主义不热心。据检查，现在有百分之五到百分之十的社减了产，办得不大好，这就是没有积极领导的结果。当然有少数社没有办好，减了产，也是难免的。但是如果有百分之二十甚至有更多的社减了产，那就是问题。

总路线就是逐步改变生产关系。斯大林说，生产关系的基础就是所有制〔5〕。这一点同志们必须弄清楚。现在，私有制和社会主义公有制都是合法的，但是私有制要逐步变为不合法。在三亩地上“确保私有”，搞“四大自由”，结果就是发展少数富农，走资本主义的路。

县干部、区干部的工作要逐步转到农业生产互助合作这方面来，转到搞社会主义这方面来。县委书记、区委书记要把办社会主义之事当作大事看。一定要书记负责，我就是中央的书记，中央局书记、省委书记、地委书记、县委书记、区委书记，各级书记，都要负责，亲自动手。中央现在百分之七八十的精力，都集中在办农业社会主义改造之事上。改造资本主义工商业，也是办社会主义。各级农村工作部的同志，到会的人，要成为农业社会主义改造的专家，要成为懂得理论、懂得路线、懂得政策、懂得方法的专家。

城市蔬菜的生产和供应，都要有计划性。大城市和新发展起来的城市，人口很集中，没有蔬菜吃，哪能行呢？要解决这个问题。在城市郊区，蔬菜生产搞互助组，供应不好解决，可以不经互助组，就搞半社会主义的合作社，甚至搞完全社会主义的合作社。这个问题，可以研究一下。

生产合作社的发展计划提出来了，今冬明春，到明年秋收前，发展三万二千多个，一九五七年可以发展到七十万个。但是要估计到有时候可能突然发展一下，可能发展到一百万个，也许不止一百万个。总之，既要办多，又要办好，积极领导，稳步发展。

这次会开得有成绩。现在不开，明年一月再开，就迟了，今年冬天就错过去了。明年三月二十六日再开会，要检查这次计划执行得怎样。这次会决定下一次会议的日期，并且决定下次会检查这次会决议的执行情形，这个办法很好。明年秋天还要开一次会，讨论规定明冬的任务。

（十一月四日）

根据中央档案馆保存的谈话记录稿刊印。

注　　释

〔1〕这是毛泽东在第三次农业互助合作会议前和会议结束前夕，同中共中央农村工作部副部长陈伯达、廖鲁言的两次谈话。这次会议于一九五三年十月二十六日至十一月五日召开。

〔2〕“韩信将兵，多多益善”，出自《史记・淮阴侯列传》。一次汉高祖刘邦问大将韩信能指挥多少军队，韩信答：“臣多多而益善耳。”

〔3〕南满，指沈阳至大连铁路线以东的庄河、丹东、通化、临江、清原和沈阳西南的辽中地区。

〔4〕见《论语·卫灵公》。

〔5〕参见斯大林《论辩证唯物主义和历史唯物主义》(《斯大林选集》下卷,人民出版社1979年版,第446—449页)。

关于重要土特产和副食品的经营问题

（一九五三年十月十六日）

陈云、小平〔1〕同志：

关于重要土产和副食品，逐步抓过来归国家和合作社经营，实有必要。这是一项大财富，不但可以解决自己的问题，而且可以帮助兄弟国家。请你们邀集叶季壮、曾山、姚依林、程子华〔2〕等同志，专为此事谈一次，定出今年两个月及明年的购销计划。例如油脂（植物油和动物油），油料（大豆、花生、芝麻、菜籽、茶籽、棉籽等），商品毛猪，商品屠宰牛、羊，蛋类，以及大中城市的蔬菜（关于菜农生产的合作化，我已告陈伯达、廖鲁言〔3〕于本月底互助合作会议上加以讨论）等类，逐步走上国营和合作社营，目前就要有计划，动手做起来。像五千万头商品毛猪，国、合仅仅做了百分之六，即三百万头（其中一百九十万头出口），这是太少了，明年至少加一番，达到百分之十二，即六百万头。如外贸及内贸有销路，还可加大。大中城市蔬菜必须管起来，生产合作化和供销合作化（后者加国营控制），应是同时进行，过去这一方面我们全没有管。油脂、油料比普通粮食还有价值些，目前绝对大部分还在私营手里，今冬及明年必须由国、合管起来。当然目前几年不可能是全部或大部，但三分之一或一半能由我们管就好。

我们对德国应当全力帮助，我想可以答应三亿二千万卢布的生意，只是向他们声明：(一)明年上半年办不到，下半年准备用一切努力满足他们的要求；(二)德国货多给我们需要的日用品(他们有的，或能产的)，少给我们暂时不能用的机器(也要准备来一部分政治积压，甚至欠账)。他们比我们苦得多，我们不能不管。此事请你们与外贸同志再加考虑。

毛　泽　东

一九五三年十月十六日二十四时

朝鲜是赠送，德国是易货贸易，是不相同的，因为德国未打仗。但德国却和朝鲜一样处在对敌斗争的最前线。在民主阵营内只有这两个国家是被分割为二的，波、捷、匈等国都是统一的。

根据手稿刊印。

注　释

〔1〕陈云，当时任政务院副总理兼财政经济委员会主任。小平，即邓小平，当时任政务院副总理兼财政经济委员会副主任。

〔2〕叶季壮(一八九三——一九六七)，广东新兴人，当时任中央人民政府对外贸易部部长。曾山(一八九九——一九七二)，江西庐陵(今吉安)人，当时任中央人民政府商业部部长。姚依林(一九一七——一九九四)，安徽贵池人，当时任中央人民政府商业部副部长。程子华(一九〇五——一九九一)，山西解县(今运城)人，当时任政务院财政经济委员会委员兼中央合作事业管理局局长。

〔3〕陈伯达(一九〇四——一九八九)，福建惠安人，当时任中共中央农村工

作部副部长。廖鲁言,当时任中共中央农村工作部副部长。

接见西藏国庆观礼团、参观团代表的谈话[1]

（一九五三年十月十八日）

我们要和各民族讲团结，不论大的民族、小的民族都要团结。例如鄂伦春族还不到两千人，我们也要和他们团结。只要是中国人，不分民族，凡是反对帝国主义、主张爱国和团结的，我们都要和他们团结。团结起来，按照各民族不同地区的不同情况进行工作。有些地方可以做得快一点，有些地方可以做得慢一点，不论做快做慢都要先商量好了再做，没有商量好就不勉强做。商量好了，大多数人赞成了，就慢慢地去做。做好事也要商量着做。商量办事，这是共产党和国民党不同的地方。国民党势力大就压迫人。他们不仅压迫少数民族，还压迫大多数汉人。国民党是做坏事的。坏事是不应当做的。我们的干部有了错误就要批评。我们在西藏的工作有什么缺点和错误，请你们讲，你们不同意的和你们认为不利于人民的都可以讲，便于我们纠正。有了缺点就马上纠正，这是我们和国民党不同的地方。

过去两年来，中央人民政府和西藏地方之间的相互了解以及汉藏两个民族之间的相互了解是有进步的，西藏地方对中央以及藏族和汉族之间都是一天一天靠拢的，相信将来会更加靠拢。

整个中国现在还很落后，需要发展。这是因为过去有帝国主义和国民党压迫的关系。他们现在已被我们赶走了，这四年来我们就有很大进步。在国家经济恢复以后，今年开始了第一个国家建设的五年计划，预计在三个五年计划以后，我们的大工业就建立起来了。苏联在三十六年前赶走了帝国主义和国内的坏人，建设了三十六年才有现在的成绩。我们建设起来比苏联还要快些，因为我们有苏联的帮助。中国人口很多，有五万万几千万，是全世界人口最多的国家，土地也很广大，有三个五年计划就能建设得很好了，对西藏就会有更大的帮助了。

中央有什么东西可以帮助你们的一定会帮助你们。帮助各少数民族，让各少数民族得到发展和进步，是整个国家的利益。各少数民族的发展和进步都是有希望的。

西藏政治、经济、文化、宗教的发展，主要靠西藏的领袖和人民自己商量去做，中央只是帮助。这点是在和平解放西藏办法的协议里写了的。但是要做，还得一个时间，而且要根据你们的志愿逐步地做。可做就做，不可做就等一等；能做的，大多数人同意了的，不做也不好。可以做得慢一些，让大家都高兴，这样反而就快了。

总之，我们的方针是团结进步，更加发展。

根据一九五四年六月二十九日《人民日报》刊印。

注　释

〔1〕这篇谈话，是西藏国庆观礼团团长朵噶·彭错饶杰一九五四年六月二十五日至二十七日在中央人民广播电台用藏语向西藏僧俗官员、人民的广播讲话中引述的。

建设一支强大的海军[1]

（一九五三年十二月四日）

为了肃清海匪的骚扰，保障海道运输的安全，为了准备力量于适当时机收复台湾，最后统一全部国土，为了准备力量，反对帝国主义从海上来的侵略，我们必须在一个较长时期内，根据工业发展的情况和财政的情况，有计划地逐步地建设一支强大的海军。

根据中国人民解放军海军档案馆保存的原件刊印。

注　释

〔1〕这是毛泽东在中共中央政治局扩大会议上讲的一段话。

革命的转变和党在过渡时期的总路线[1]

（一九五三年十二月）

一

我们说标志着革命性质的转变、标志着新民主主义革命阶段的基本结束和社会主义革命阶段的开始的东西是政权的转变，是国民党反革命政权的灭亡和中华人民共和国的成立，并不是说社会主义改造这样一个伟大的任务，在人民共和国成立以后就可以立即在全国一切方面着手施行了。不是的，那时，我们还须在广大的农村中解决封建主义与民主主义即地主与农民之间的矛盾。那时在农村中的主要矛盾是封建主义与民主主义之间的矛盾，而不是资本主义与社会主义之间的矛盾，因此需要有两年至三年时间在农村实行土地改革。那时我们一方面在农村实行民主主义的土地改革，一方面在城市立即着手接收官僚资本主义企业使之变为社会主义的企业，建立社会主义的国家银行，同时在全国范围内着手建立社会主义的国营商业和合作社商业，并已在过去几年中对私人资本主义企业开始实行了国家资本主义的措施。所有这些显示着我国过渡时期头几年中的错综复杂的形象。

二

从中华人民共和国成立，到社会主义改造基本完成，这是一个过渡时期。党在这个过渡时期的总路线和总任务，是要在一个相当长的时期内，逐步实现国家的社会主义工业化，并逐步实现国家对农业、对手工业和对资本主义工商业的社会主义改造。这条总路线是照耀我们各项工作的灯塔，各项工作离开它，就要犯右倾或“左”倾的错误。

三

党在过渡时期的总路线的实质，就是使生产资料的社会主义所有制成为我国国家和社会的唯一的经济基础。〔2〕我们所以必须这样做，是因为只有完成了由生产资料的私人所有制到社会主义所有制的过渡，才利于社会生产力的迅速向前发展，才利于在技术上起一个革命，把在我国绝大部分社会经济中使用简单的落后的工具农具去工作的情况，改变为使用各类机器直至最先进的机器去工作的情况，借以达到大规模地出产各种工业和农业产品，满足人民日益增长着的需要，提高人民的生活水平，确有把握地增强国防力量，反对帝国主义的侵略，以及最后地巩固人民政权，防止反革命复辟这些目的。要完成这个任务，大约需要经过三个五年计划，就是大约十五年左右的时间（从一九五三年算起，到一九六七年基本上完成，加上经济恢复时期的三年，则为十八年，这十八年中已经过去了四年），那时中国就可以基本上建设成为一个伟大的社会主义国家。

根据人民出版社一九五七年十二月出版的《社会主义教育课程的阅读文件汇编》（第一编）刊印。

注　释

〔1〕这是毛泽东在审阅中共中央宣传部编写的《为动员一切力量把我国建设成为一个伟大的社会主义国家而斗争——关于党在过渡时期总路线的学习和宣传提纲》稿时，加写或改定的三段文字。关于党在过渡时期的总路线，毛泽东从一九五二年下半年开始提出，一九五三年六月十五日在中共中央政治局会议上作了比较完整的表述，八月正式写到周恩来在一九五三年全国财经工作会议上的结论中。本篇二是毛泽东最后改定的关于过渡时期总路线的表述。

〔2〕这句话是中共中央宣传部《关于党在过渡时期总路线的学习和宣传提纲》送审稿中原有的。

关于召开七届四中全会的建议

（一九五四年一月七日）

少奇同志，并书记处各同志：

信及决议草案〔1〕收到。

决议草案已作了修改，使之有根据些和更明确些。参加修改的，有在这里〔2〕的几位同志，林彪〔3〕同志亦表示同意。

此决议似宜召开一次中央全会通过，以示慎重。中委大多数在京，不在京的是少数，召集甚易，加上若干负重要工作责任的同志参加会议。此议是否可行，请你们考虑。如召开全会，时间以在一月下旬为宜〔4〕。议程可有三个：（一）批准三中全会以来中央政治局的工作；（二）决定于本年内召开党的全国代表会议讨论第一个五年计划纲要；（三）通过关于加强党的团结的决议。报告请刘少奇同志做，事先写好，有四五千字就够了。报告可分为三段：第一段，略叙抗美援朝、土地改革、镇反、恢复经济、过渡时期总路线及第一个五年计划第一年的成绩等事；第二段，为了讨论和通过第一个五年计划的纲要，有必要于本年内召开一次党的全国代表会议，并述代表已经选出，只待文件准备好，即可召开；第三段，将关于加强党的团结的决议草案的要点加以叙述，请求全会讨论和批准这个决议。此报告有三五天工夫即可写成，如时间许可，请用有线电发给我一看，如定于一月二十五日开会，则时间完全来得及。

馀请尚昆[5]同志面报。

毛　泽　东

一九五四年一月七日

全会应发一简单公报，将三项议程公布就可以了，其他都可不公布。又及。

关于第三个议程，应尽可能做到只作正面说明，不对任何同志展开批评。

根据手稿刊印。

注　释

〔1〕指中共中央关于增强党的团结的决议草案。这个决议草案一九五四年二月十日在中共七届四中全会上通过。

〔2〕毛泽东当时在杭州。

〔3〕林彪，当时任中央人民政府人民革命军事委员会副主席。正在杭州养病。

〔4〕中共七届四中全会于一九五四年二月六日至十日在北京召开。

〔5〕尚昆，即杨尚昆，当时任中共中央办公厅主任。

宪法起草工作计划

（一九五四年一月十五日）

少奇同志并中央各同志：

宪法小组的宪法起草工作已于一月九日开始，计划如下：

（一）争取在一月三十一日完成宪法草案初稿，并随将此项初稿送中央各同志阅看。

（二）准备在二月上半月将初稿复议一次，请邓小平、李维汉[1]两同志参加。然后提交政治局（及在京各中央委员）讨论作初步通过。

（三）三月初提交宪法起草委员会讨论，在三月份内讨论完毕并初步通过。

（四）四月内再由宪法小组审议修正，再提政治局讨论，再交宪法起草委员会通过。

（五）五月一日由宪法起草委员会将宪法草案公布，交全国人民讨论四个月，以便九月间根据人民意见作必要修正后提交全国人民代表大会作最后通过。

为了在二月间政治局便于讨论计，望各政治局委员及在京各中央委员从现在起即抽暇阅看下列各主要参考文件：

（一）一九三六年苏联宪法及斯大林报告（有单行本）；

（二）一九一八年苏俄宪法（见政府办公厅编宪法及选举

法资料汇编一）；

（三）罗马尼亚、波兰、德国、捷克等国宪法（见人民出版社《人民民主国家宪法汇编》，该书所辑各国宪法大同小异，罗、波取其较新，德、捷取其较详并有特异之点，其余有时间亦可多看）；

（四）一九一三年天坛宪法草案，一九二三年曹锟宪法，一九四六年蒋介石宪法（见宪法选举法资料汇编三，可代表内阁制、联省自治制、总统独裁制三型）；

（五）法国一九四六年宪法（见宪法选举法资料汇编四，可代表较进步较完整的资产阶级内阁制宪法）。

有何意见望告。

毛　泽　东

一九五四年一月十五日

根据中央档案馆保存的原件刊印。

注　　释

〔1〕邓小平，当时任政务院副总理。李维汉，当时任中共中央统战部部长。他们都是中华人民共和国宪法起草委员会委员。

给石城乡党支部、乡政府的信

（一九五四年四月二十九日）

石城乡支部、石城乡政府诸同志：

毛月秋〔1〕同志来北京，带来你们的报告，甚为感谢。

我的亲戚唐家圫文家，过去几年常有人来北京看我。回去之后，有些人骄傲起来，不大服政府管，这是不对的。文家任何人，都要同乡里众人一样，服从党与政府的领导，勤耕守法，不应特殊。请你们不要因为文家是我的亲戚，觉得不好放手管理。我的态度是：第一、因为他们是劳动人民，又是我的亲戚，我是爱他们的。第二、因为我爱他们，我就希望他们进步，勤耕守法，参加互助合作组织，完全和众人一样，不能有任何特殊。如有落后行为，应受批评，不应因为他们是我的亲戚就不批评他们的缺点错误。

现有文炳璋〔2〕同志的一封信，付给你们看，我是同意文炳璋同志的意见的，请你们加以处理。并请你们将我这信及文炳璋的信给唐家圫的人们看，帮助他们改正缺点错误。我相信，只要我和你们都采取正确的态度，只要他们不固执成见，他们的缺点错误是可以改正，并会进步的。

此致

同志的敬礼

毛　泽　东

一九五四年四月二十九日

根据手稿刊印。

注　　释

〔1〕毛月秋，大革命时期曾在韶山任中共慈悦支部书记。中华人民共和国成立后在韶山毛泽东旧居做过接待工作。

〔2〕文炳璋，毛泽东的表侄。当时在中国人民解放军某部工作。

关于中华人民共和国宪法草案[1]

（一九五四年六月十四日）

这个宪法草案，看样子是得人心的。宪法草案的初稿，在北京五百多人的讨论中，在各省市各方面积极分子的讨论中，也就是在全国有代表性的八千多人的广泛讨论中，可以看出是比较好的，是得到大家同意和拥护的。今天很多人讲了话，也都是这样讲的。

为什么要组织这样广泛的讨论呢？有几个好处。首先，少数人议出来的东西是不是为广大人们所赞成呢？经过讨论，证实了宪法草案初稿的基本条文、基本原则，是大家赞成的。草案初稿中一切正确的东西，都保留下来了。少数领导人的意见，得到几千人的赞成，可见是有道理的，是合用的，是可以实行的。这样，我们就有信心了。其次，在讨论中搜集了五千九百多条意见（不包括疑问）。这些意见，可以分作三部分。其中有一部分是不正确的。还有一部分虽然不见得很不正确，但是不适当，以不采用为好。既然不采用为什么又搜集呢？搜集这些意见有什么好处呢？有好处，可以了解在这八千多人的思想中对宪法有这样一些看法，可以有个比较。第三部分就是采用的。这当然是很好的，很需要的。如果没有这些意见，宪法草案初稿虽然基本上正确，但还是不完全的，有缺点的，不周密的。现在的草案也许还有缺点，还不完全，这要征求全国人民的意见了。但是在今天看来，这个草案是比较完全的，这是采纳了合理的意见的结果。

这个宪法草案所以得人心，是什么理由呢？我看理由之一，就是起草宪法采取了领导机关的意见和广大群众的意见相结合的方法。这个宪法草案，结合了少数领导者的意见和八千多人的意见，公布以后，还要由全国人民讨论，使中央的意见和全国人民的意见相结合。这就是领导和群众相结合，领导和广大积极分子相结合的方法。过去我们采用了这个方法，今后也要如此。一切重要的立法都要采用这个方法。这次我们采用了这个方法，就得到了比较好的、比较完全的宪法草案。

在座的各位和广大积极分子为什么拥护这个宪法草案呢？为什么觉得它是好的呢？主要有两条：一条是总结了经验，一条是结合了原则性和灵活性。

第一，这个宪法草案，总结了历史经验，特别是最近五年的革命和建设的经验。它总结了无产阶级领导的反对帝国主义、反对封建主义、反对官僚资本主义的人民革命的经验，总结了最近几年来社会改革、经济建设、文化建设和政府工作的经验。这个宪法草案也总结了从清朝末年以来关于宪法问题的经验，从清末的“十九信条”〔2〕起，到民国元年的《中华民国临时约法》〔3〕，到北洋军阀政府的几个宪法和宪法草案〔4〕，到蒋介石反动政府的《中华民国训政时期约法》〔5〕，一直到蒋介石的伪宪法〔6〕。这里面有积极的，也有消极的。比如民国元年的《中华民国临时约法》，在那个时期是一个比较好的东西；当然，是不完全的、有缺点的，是资产阶级性的，但它带有革命性、民主性。这个约法很简单，据说起草时也很仓卒，从起草到通过只有一个月。其余的几个宪法和宪法草案，整个说来都是反动的。我们这个宪法草案，主要是总结了我国的革命经验和建设经验，同时它也是本国经验和国际经验的结合。我们的宪法是属于社会主义宪法类型的。我们是以自己的经验为主，也参考了苏联和各人民民主国家宪法中好的东西。讲到宪法，资产阶级是先行的。英国也好，法国也好，美国也好，资产阶级都有过革命时期，宪法就是他们在那个时候开始搞起的。我们对资产阶级民主不能一笔抹杀，说他们的宪法在历史上没有地位。但是，现在资产阶级的宪法完全是不好的，是坏的，帝国主义国家的宪法尤其是欺骗和压迫多数人的。我们的宪法是新的社会主义类型，不同于资产阶级类型。我们的宪法，就是比他们革命时期的宪法也进步得多。我们优越于他们。

第二，我们的宪法草案，结合了原则性和灵活性。原则基本上是两个：民主原则和社会主义原则。我们的民主不是资产阶级的民主，而是人民民主，这就是无产阶级领导的、以工农联盟为基础的人民民主专政。人民民主的原则贯串在我们整个宪法中。另一个是社会主义原则。我国现在就有社会主义。宪法中规定，一定要完成社会主义改造，实现国家的社会主义工业化。这是原则性。要实行社会主义原则，是不是在全国范围内一天早晨一切都实行社会主义呢？这样形式上很革命，但是缺乏灵活性，就行不通，就会遭到反对，就会失败。因此，一时办不到的事，必须允许逐步去办。比如国家资本主义，是讲逐步实行。国家资本主义不是只有公私合营一种形式，而是有各种形式。一个是“逐步”，一个是“各种”。这就是逐步实行各种形式的国家资本主义，以达到社会主义全民所有制。社会主义全民所有制是原则，要达到这个原则就要结合灵活性。灵活性是国家资本主义，并且形式不是一种，而是“各种”，实现不是一天，而是“逐步”。这就灵活了。现在能实行的我们就写，不能实行的就不写。比如公民权利的物质保证，将来生产发展了，比现在一定扩大，但我们现在写的还是“逐步扩大”。这也是灵活性。又如统一战线，《共同纲领》中写了，现在宪法草案的序言中也写了。要有这么一个“各民主阶级、各民主党派、各人民团体的广泛的人民民主统一战线”，可以安定各阶层，安定民族资产阶级和各民主党派，安定农民和城市小资产阶级。还有少数民族问题，它有共同性，也有特殊性。共同的就适用共同的条文，特殊的就适用特殊的条文。少数民族在政治、经济、文化上都有自己的特点。少数民族经济特点是什么？比如第五条讲中华人民共和国的生产资料所有制现在有四种，实际上我们少数民族地区现在还有别种的所有制。现在是不是还有原始公社所有制呢？在有些少数民族中恐怕是有的。我国也还有奴隶主所有制，也还有封建主所有制。现在看来，奴隶制度、封建制度、资本主义制度都不好，其实它们在历史上都曾经比原始公社制度要进步。这些制度开始时是进步的，但到后来就不行了，所以就有别的制度来代替了。宪法草案第七十条规定，少数民族地区，“可以按照当地民族的政治、经济和文化的特点，制定自治条例和单行条例”。所有这些，都是原则性和灵活性的结合。

这个宪法草案所以得到大家拥护，大家所以说它好，就是因为有这两条：一条是正确地恰当地总结了经验，一条是正确地恰当地结合了原则性和灵活性。如果不是这样，我看大家就不会赞成，不会说它好。

这个宪法草案是完全可以实行的，是必须实行的。当然，今天它还只是草案，过几个月，由全国人民代表大会通过，就是正式的宪法了。今天我们就要准备实行。通过以后，全国人民每一个人都要实行，特别是国家机关工作人员要带头实行，首先在座的各位要实行。不实行就是违反宪法。

我们的宪法草案公布以后，将会得到全国人民的一致拥护，提高全国人民的积极性。一个团体要有一个章程，一个国家也要有一个章程，宪法就是一个总章程，是根本大法。用宪法这样一个根本大法的形式，把人民民主和社会主义原则固定下来，使全国人民有一条清楚的轨道，使全国人民感到有一条清楚的明确的和正确的道路可走，就可以提高全国人民的积极性。

这个宪法草案公布以后，在国际上会不会发生影响？在民主阵营中，在资本主义国家中，都会发生影响。在民主阵营中，看到我们有一条清楚的明确的和正确的道路，他们会高兴的。中国人高兴，他们也高兴。资本主义国家中被压迫被剥削的人民如果看到了，他们也会高兴的。当然也有人不高兴，帝国主义、蒋介石都不会高兴的。你说蒋介石会不会高兴？我看不需要征求他的意见就知道他是不高兴的。我们对蒋介石很熟悉，他决不会赞成的。艾森豪威尔总统也不高兴，也要说它不好。他们会说我们这个宪法是一条清楚的明确的但是很坏的道路，是一条错路，什么社会主义、人民民主，是犯了错误。他们也不赞成灵活性。他们最喜欢我们在一天早晨搞出个社会主义，搞得天下大乱，他们就高兴了。中国搞统一战线，他们也不赞成，他们希望我们搞“清一色”。我们的宪法有我们的民族特色，但也带有国际性，是民族现象，也是国际现象的一种。跟我们同样受帝国主义、封建主义压迫的国家很多，人口在世界上占多数，我们有了一个革命的宪法，人民民主的宪法，有了一条清楚的明确的和正确的道路，对这些国家的人民会有帮助的。

我们的总目标，是为建设一个伟大的社会主义国家而奋斗。我们是一个六亿人口的大国，要实现社会主义工业化，要实现农业的社会主义化、机械化，要建成一个伟大的社会主义国家，究竟需要多少时间？现在不讲死，大概是三个五年计划，即十五年左右，可以打下一个基础。到那时，是不是就很伟大了呢？不一定。我看，我们要建成一个伟大的社会主义国家，大概经过五十年即十个五年计划，就差不多了，就像个样子了，就同现在大不一样了。现在我们能造什么？能造桌子椅子，能造茶碗茶壶，能种粮食，还能磨成面粉，还能造纸，但是，一辆汽车、一架飞机、一辆坦克、一辆拖拉机都不能造。牛皮不要吹得太大，尾巴不要翘起来。当然，我不是讲，能造一辆，尾巴就可以翘一点，能造十辆，尾巴就可以翘得高一点，随着辆数的增加，尾巴就翘得更高一些。那是不行的。就是到五十年后像个样子了，也要和现在一样谦虚。如果到那时候骄傲了，看人家不起了，那就不好。一百年也不要骄傲。永远也不要翘尾巴。

我们的这个宪法，是社会主义类型的宪法，但还不是完全社会主义的宪法，它是一个过渡时期的宪法。我们现在要团结全国人民，要团结一切可以团结和应当团结的力量，为建设一个伟大的社会主义国家而奋斗。这个宪法就是为这个目的而写的。

最后，解释一个问题。有人说，宪法草案中删掉个别条文是由于有些人特别谦虚。不能这样解释。这不是谦虚，而是因为那样写不适当，不合理，不科学。在我们这样的人民民主国家里，不应当写那样不适当的条文。不是本来应当写而因为谦虚才不写。科学没有什么谦虚不谦虚的问题。搞宪法是搞科学。我们除了科学以外，什么都不要相信，就是说，不要迷信。中国人也好，外国人也好，死人也好，活人也好，对的就是对的，不对的就是不对的，不然就叫做迷信。要破除迷信。不论古代的也好，现代的也好，正确的就信，不正确的就不信，不仅不信而且还要批评。这才是科学的态度。

根据人民出版社一九八六年出版的
《毛泽东著作选读》刊印。

注　释

〔1〕这是毛泽东在中央人民政府委员会第三十次会议上的讲话。

〔2〕指一九一一年十一月清政府为对抗武昌起义、保持清王朝封建统治而发布的《重大信条十九条》。其中规定“大清帝国之皇统万世不易”，“皇帝神圣不可侵犯”。

〔3〕《中华民国临时约法》是一九一二年三月以中华民国临时大总统孙中山的名义公布的。其中规定“中华民国之主权，属于国民全体”，人民享有人身、居住、财产、言论、通信、结社、信教等项自由权利。这个临时约法具有资产阶级共和国宪法的性质，一九一四年五月被袁世凯废除。

〔4〕指袁世凯政府的《天坛宪法草案》和《中华民国约法》，曹锟政府的《中华

民国宪法》和段祺瑞执政府的《国宪草案》。一九一三年十月，袁世凯政府为撕毁《中华民国临时约法》拟定了《天坛宪法草案》，这个宪法草案赋予总统以很大的权力。但袁世凯还不满意，又在一九一四年五月公布了《中华民国约法》，规定由大总统总揽国家统治权，为复辟帝制作准备。一九二三年十月，曹锟在贿选总统后颁布了由贿选议员所制定的《中华民国宪法》，当时被人们叫做“贿选宪法”。一九二五年十二月段祺瑞执政府起草的《国宪草案》，由于全国人民的反对，没有正式通过。

〔5〕《中华民国训政时期约法》是一九三一年六月国民党政府为使其一党专政和法西斯独裁统治合法化而公布的。

〔6〕指蒋介石撕毁政协决议、发动全面内战后，于一九四六年十二月操纵“国民大会”通过的《中华民国宪法》。

同一切愿意和平的国家团结合作[1]

（一九五四年七月七日）

周恩来同志的报告[2]很好，我们应当同意他所讲的这些方针，并且批准代表团过去这些活动。过去两个半月的活动是很好的。我们几个国家，苏联，中国，还有朝鲜和越南，是团结得很好的，方针是正确的，活动是有成绩的。在日内瓦，我们抓住了和平这个口号，就是我们要和平。而美国人就不抓这个东西，它就是要打，这样，它就很说不过去了，没有道理了。现在要和的人多了，我们要跟一切愿意和平的人合作，来孤立那些好战分子，就是孤立美国当局，主要还是那里头急于要打仗的那一派。美国抓住印度支那这样一个地方，这样一个战争，对这一点，我们国内有许多人还看不大清楚。为什么这样一个小地方的战争牵动全世界？就是因为美国要借这个地方做文章，借这个地方扩大战争，继续打下去。这个问题是牵动很大的，牵动了东南亚，牵动了亚洲、欧洲、美洲（比如加拿大）和澳洲。所以，有很多人就同意和平。至于说具体步骤，就是恩来同志所讲的，过去跟胡志明[3]同志他们达成一致去做的和这一次谈好的那些东西。在谈判中该让的就必须让，该坚持的就必须坚持。根据总方针，这些具体活动做得恰当，是可以和下来的，就可以达到联合多数、孤立少数（就是美国人）的目的。所以我们应当批准过去这些活动。今后是会议的最后一个阶段了，继续执行这个方针，并且在有些具体问题上抓紧一点，估计可以达成协议，就可以开展一个局势。

现在总的国际形势就是美国人相当孤立。这个东南亚的问题——印度支那问题解决之后，估计它的孤立会要继续发展。现在英国一大帮、法国、东南亚各国、加拿大、墨西哥，还有一些南美的国家，都是不喜欢美国的。所以，这个局势很有希望。现在，门要关死已经不可能了，而且很有一种有利的局势，需要我们走出去。比如丘吉尔在华盛顿同美国谈判，他们发表联合宣言〔4〕，写了六条，就不能不写那个第一、第二条，这两条就是说要跟我们拉手。这是艾森豪威尔答应了要拉手。对什么国家、在什么条件下拉手，他们说什么要有确实的保障，有很好的行动。我们有五项原则〔5〕，那不是很好的保障吗？我们参加日内瓦会议〔6〕不是很好的行动吗？所以，可以进一步分化帝国主义国家相互之间的关系。美国内部也是有矛盾的。恩来同志所讲的，艾森豪威尔同史密斯〔7〕以及他的财政部长、国防部长，对现在要打是不赞成的；杜勒斯、诺兰、尼克松、雷德福〔8〕这些人，就比较更冒险一点。所以，对美国这样的国家也不是没有文章可做。

现在美国同我们关系中的一个重要问题就是台湾问题，这个问题是个长时间的问题。我们要破坏美国跟台湾订条约〔9〕的可能，还要想一些办法，并且要作宣传。我们要组织一些宣传，要大骂美国搞台湾，蒋介石继续卖国。另外，在外交方面要有一种适当的表示，比如在侨民问题上的接触，目的就是迫使美国跟台湾不要订条约。我看，美国跟台湾订条约，英国也怕，也反对，法国也可能是反对的，对于它们也没有什么好处，就会成为很长时期的僵局嘛。

缓和国际紧张局势，不同制度的国家可以和平共处，这是苏联提出来的口号，也是我们的口号，现在变成艾登〔10〕他们口里的话了，变成尼赫鲁〔11〕他们口里的话了，他们也讲缓和国际紧张局势。这就是很大一个变化。这种变化，估计再有一个时期，只要东南亚这个问题和下来之后，会有个促进。所以，整个形势应当说是比较过去大为好转。因此，我们要对许多国家，比如英国、法国、加拿大这一类国家，比如印度、缅甸这一类国家，凡是有可能的，都要进行工作。甚至像泰国这样的国家，它在我国附近，也是怕我们的，也要进行工作。同时对美国要使它分化，使它孤立，孤立以后它总要分化的。在目前世界上这样四分五裂的形势下，一块铁板那样的事情是不可能的。它们反苏，反共，反对中国，反对人民民主国家，反对我们这个阵线，那是真的；但是，它们那个资本主义世界是很不统一的，四分五裂的。美国现在主要的最大的目的，还是整这个中间地带，就是从日本到英国这些地方，整得这些国家哇哇叫。这一点，我国许多民主人士是不了解的，他们就是相信那些宣传，总是讲，你看它们就是团结得很好。所以，明天要讲一讲这个问题，说明实际上不是这样。美国现在往往就是利用反对共产主义这个旗帜来把它那些朋友的地方占领起来。你看我们这个东方，它把日本占去了，把南朝鲜占去了，把台湾占去了，把菲律宾占去了，泰国变成它的了，巴基斯坦变成它的了，还有土耳其、澳大利亚、新西兰，所以把英国整得下不得地。日本是什么国家呢？过去英日同盟，日本是英国的同盟国。中国这个国家，过去是英国为主的一些国家的半殖民地，后来被美国抢去了。我们的胜利不是得之于英国而是得之于美国。今天中国胜利了，英国一则以惧，就是怕共产；一则以喜，就是我们把美国赶跑了，英国可以钻进来做生意，趁着我们和美国还闹别扭的时候，钻进来做生意。中国是一个很大的可以做生意的地方。所以情况是很好的。

总之，国际上我们就是执行这个方针，只要在和平这个问题上能够团结的，就和他们拉关系，来保卫我们的国家，保卫社会主义，为建设一个伟大的社会主义国家而奋斗。

根据中央档案馆保存的讲话记录稿刊印。

注　释

〔1〕这是毛泽东在中共中央政治局扩大会议上的讲话。

〔2〕指周恩来在中共中央政治局扩大会议上所作的关于出席日内瓦会议以及访问印度、缅甸和举行中越会谈等问题的报告。周恩来说，在日内瓦会议我们采取的方针，是联合法国、英国、东南亚国家、印度支那三国，即团结一切能够团结的国际力量，孤立美国，限制和打破美国扩大世界霸权的计划，其中关键的问题是促成印度支那的和平。

〔3〕胡志明（一八九〇——一九六九），当时任越南劳动党中央委员会主席、越南民主共和国主席。

〔4〕指英国首相丘吉尔和美国总统艾森豪威尔一九五四年六月二十九日在华盛顿发表的联合宣言。宣言共六条，第一条说：“我们将本着亲密友爱的精神继续共同努力，在我们重新肯定下来的大西洋宪章原则的基础上，谋求世界和平。”

第二条说："我们共同地并各个地继续向任何和一切以庄严的保证和切实的行动表明它们希望参加一个公正和公平的和平的国家伸出友谊之手。"

〔5〕指和平共处五项原则，包括互相尊重主权和领土完整、互不侵犯、互不干涉内政、平等互利、和平共处。一九五三年十二月至一九五四年四月，中国政府代表团同印度政府代表团就两国在中国西藏地方的关系在北京举行谈判。这五项原则是谈判开始时周恩来总理同印度代表团的谈话中提出的，后来正式写入双方达成的《关于中国西藏地方和印度之间的通商和交通协定》的序言中。一九五四年六月周恩来总理和印度尼赫鲁总理的联合声明以及此后的许多国际性文件中都采用了和平共处五项原则的提法。五项原则作为国与国之间关系的准则，已在世界上得到广泛的承认和使用。

〔6〕日内瓦会议，指一九五四年四月二十六日至七月二十一日在瑞士日内瓦举行的讨论和平解决朝鲜问题和恢复印度支那和平问题的国际会议。中、苏、美、英、法五国参加所有两项议题的讨论。朝鲜北南双方及美、英、法以外的其他十二个侵略朝鲜北方的国家参加了朝鲜问题的讨论，越南民主共和国、老挝、柬埔寨和南越政权参加了印度支那问题的讨论。关于朝鲜问题没有达成任何协议；关于恢复印度支那和平问题，分别达成关于在印度支那三国停止敌对行动的协议和《日内瓦会议最后宣言》(总称日内瓦协议)，实现了印度支那的停战。

〔7〕史密斯(一八九五——一九六一)，当时任美国国务院副国务卿，日内瓦会议期间是美国代表团代表。

〔8〕杜勒斯(一八八八——一九五九)，当时任美国国务卿。诺兰(一九〇八——一九七四)，当时任美国国会参议员、参议院共和党领袖。尼克松(一九一三——一九九四)，当时任美国副总统。雷德福(一八九六——一九七三)，当时任美国参谋长联席会议主席。

〔9〕一九五四年十二月二日美国政府不顾中国政府和人民的反对，与台湾当局签署了《共同防御条约》。该条约规定：美国帮助台湾当局维持并发展武装部队；台湾遭到"武装攻击"时，"美国将采取行动"，对付"共同危险"；美国有在台湾、澎湖及其附近部署陆、海、空军的权利，还可扩及到经双方协议所决定的"其他领土"。一九五五年三月三日条约生效。一九七八年十二月十五日，美国政府就美利坚合众国和中华人民共和国建交发表的声明宣布，美台《共同防御条约》将予以终止。一九八〇年一月一日起该条约正式废除。

〔10〕艾登（一八九七——一九七七），当时任英国外交大臣。

〔11〕尼赫鲁（一八八九——一九六四），当时任印度总理。

同英国工党代表团的谈话

（一九五四年八月二十四日）

中国人民政府、各民主党派和人民团体都欢迎你们来访问，把你们当自己的朋友看待。请你们在这里像在自己的家里一样吧。你们到中国来看看是很好的。

我们彼此一定还有很多的不了解。但是从第二次世界大战开始以来，中英关系已经根本改变，虽然并不是说我们之间没有争论，没有不同意见，也不是说我们两国的制度没有不同之处。过去日本统治过中国，这是若干年前的事了；对日战争胜利以后，美国又代替了日本，帮助蒋介石欺负我们。在这两个阶段，英国都改变了对中国的态度。在我们和你们之间，基本的争论是不多了，是不是？这是基本问题。我们和法国的关系同样是这样。

过去是日本人的问题，现在是美国人的问题。我们同美国之间也有一个洋，叫太平洋，可是太平洋不太平。有些问题我们不了解。例如：澳大利亚和美国签订了一个条约[1]，声明说是为了反对共产党，说我们要侵略澳大利亚，因此有必要同美国和新西兰一起签订这个条约，一齐反共。反共的声浪在世界相当高哩，特别在前一个时期。据说，中国人犯了大罪，主要的是把一个很好的人叫蒋介石给赶走了，这个人好极了，他有完全的道德和全部的真理。我们就做了这一件“坏事”。我读过比万[2]先生的一篇文章，他说，美国人发明了一种新逻辑，说中国人自己侵略了自己。

美国说我们犯了大罪，现在这个问题也还没有完结。关于蒋介石究竟是好人还是坏人，有两种议论。在美国看来，蒋介石比我们好。你们的看法不同些，因为你们早已不承认蒋介石了，所以我说和你们没有根本分歧。我们彼此在日本问题上也没有根本分歧，因为对日本问题，英国今天管不了了。因此我们看见你们觉得很高兴。

我有点意见想谈一下。所谓反共，这事并不是完全真实的。据我看，美国反共是把它当作个题目来做文章，以达到他们另外的目的，首先是占据从日本到英国的这个中间地带。美国在北美洲处在这个中间地带的那一边，苏联和中国处在这一边。美国的目标是占领处在这个广大中间地带的国家，欺负它们，控制它们的经济，在它们的领土上建立军事基地，最好使这些国家都弱下去，这包括日本、德国在内。

你们问，我们和你们所代表的社会主义能不能和平共处？我认为可以和平共处。这里发生一个问题，难道只能和这种社会主义共处，不可以和别的事物共处吗？和非社会主义的事物，像资本主义、帝国主义、封建王国等能共处吗？我认为，回答也是肯定的，只需要一个条件，就是双方愿意共处。为什么呢？因为我们认为，不同的制度是可以和平共处的。

我们和你们也可以合作。我们之间首先就不会打仗。何必打仗呢？我们不仅不会和工党开仗，也不会和保守党开仗。

你们问，国际形势可能怎样发展？我看现在的国际形势是好的，日内瓦会议〔3〕以后有了一些改变。有些人批评说，你们到中国来会上当，主要是美国这样说。我看你们以不听他们的话为好。历史是以若干年为单位来计算的，不能以一时的议论为准，不能听那么多。中国是一个正在开始改变面貌的落后国家，经济上、文化上都比西方国家落后。但是现在正在开始改变面貌，已经取得了改变的可能性。中国是农业国，要变为工业国需要几十年，需要各方面帮助，首先需要和平环境。经常打仗不好办事，养许多兵是会妨碍经济建设的。如果诸位同意的话，我们要继续创造一个和平的国际环境。我想，这也是英国、法国所需要的。我们的国家现在还很穷，如果能得到几十年和平就好了。你们赞成吗？如果赞成，就让我们订一个条约，当然不是今天下午订，订个几十年不打仗的条约。谁要打仗，就反对他。我们没有别的本钱，只有一桩，就是老百姓。人多，地大，是我们的两桩本钱。至于建设近代化的国家，那需要很多的时间、精力。我们这类国家，如中国和苏联，主要依靠国内市场，而不是国外市场。这并不是说不要国外联系，不做生意。不，需要联系，需要做生意，不要孤立。有两个基本条件使我们完全可以合作：一、都要和平，不愿打仗；二、各人搞自己的建设，因此也要做生意。和平、通商，这总是可以取得同意的，对不对？

我认为，英国工党朋友们对苏联的了解是不恰当的。英国是个大国，苏联也是大国，这两个国家的关系不搞好，世界和平就成问题。问题不在于中国应和苏联离开，而是英国应该和苏联靠拢。我劝你们和苏联靠拢，这是我们的建议。为什么你们这样不喜欢苏联呢？

中国、苏联、英国和其他各国彼此都靠拢些，观点不要一成不变，情况就可以改善。怎么样？再说一句，这也包括美国在内，希望美国也采取和平共处的政策。美国这样的大国如果不要和平，我们就不得安宁，大家也不得安宁。这个工作英国人好做，因为我们和美国人彼此对骂得很厉害。我想，反对中国的不是美国多数人，而只是少数人。东南亚条约[4]，美国为什么不要中国参加？我们要参加，他们却不要我们。中国、苏联、英国、美国、法国都参加有什么不好呢？

美国人做的事太不像样子，他们支持蒋介石差不多每天都骚扰大陆。所以你们最好劝劝美国人把第七舰队拿走。几条船好办，一拿就走了。他们是违反国际形势、违反历史的。他们只是美国的少数人，如杜勒斯[5]之流。我们希望工党朋友们劝劝美国人：

一、把第七舰队拿走，不要管台湾的事，因为台湾是中国的地方；

二、不要搞东南亚条约，这也是违反历史的，要搞就搞集体和平公约；

三、不要武装日本，武装日本的目的是反对中国和苏联，最后会害自己和西南太平洋各国，这是搬石头打自己的脚，这种可能性是有的；

四、不要武装西德，武装结果不是好事，也会是搬石头打自己的脚。

让我们大家统统解除武装，我们自己的几个兵也都不要了。让我们中国、苏联、英国、法国这些亚洲和欧洲的国家倡议一下，向美国提出这个建议。

根据中央文献出版社、世界知识出版社一九九四年出版的《毛泽东外交文选》刊印。原题是《关于中间地带、和平共处以及中英中美关系问题》。

注 释

〔1〕指美国与澳大利亚、新西兰一九五一年九月一日在美国旧金山签订的《美澳新安全条约》。这是一个军事同盟条约。一九五二年四月二十九日生效，并无限期有效。主要内容是：缔约国将单独地和共同地采取自助和互助方式保持和发展单独和集体的军事能力；缔约国任何一国受到“威胁”时应进行协商，受到“武装进攻”时应采取共同行动。

〔2〕比万，英国工党领袖。当时是英国工党访华代表团成员，毛泽东会见时在场。

〔3〕日内瓦会议，见本卷第336页注〔6〕。

〔4〕东南亚条约，全称是《东南亚集体防务条约》，又称《马尼拉条约》，是美国、英国、法国、澳大利亚、新西兰、菲律宾、泰国和巴基斯坦于一九五四年九月八日在菲律宾首都马尼拉签订的军事同盟条约。条约称，要用“自助和互助的办法”“抵抗武装进攻”。条约附有美国提出的“谅解”，对“侵略和武装进攻的意义”解释为“只适用于共产党的侵略”。条约还以议定书的形式，把柬埔寨、老挝和南越划为它的“保护地区”。一九五五年二月十九日条约生效时成立了东南亚条约组织。一九六二年七月日内瓦会议通过的《关于老挝中立的宣言》，不承认它对老挝的所谓保护。一九六七年起法国拒绝派正式代表团参加该组织的部长级理事会。一九七二年十一月八日巴基斯坦宣布退出。一九七七年六月该组织宣布解散。

〔5〕杜勒斯，当时任美国国务卿。他在国际活动中，鼓吹“冷战”，推行“战争边缘”政策，威胁要实行“大规模核报复”以及对社会主义国家进行“和平演变”等战略。一九五〇年他参与策划美国政府利用朝鲜战争的机会武装侵占中国领土台

湾。一九五四年他又策划美国政府同台湾当局签订《美台共同防御条约》,企图使霸占台湾的行为合法化,将台湾长期作为美国的军事基地。

关于辛亥革命的评价〔1〕

（一九五四年九月十四日）

利用这个机会，讲一点对于辛亥革命的评价问题。有相当一部分朋友对我们讲“辛亥革命是资产阶级民主革命”觉得不妥，在感情上有些过不去。但从社会发展历史上说，辛亥革命确实是一次资产阶级性质的民主革命。

在人类历史上，有过几次性质不同的大的革命。

第一次，是奴隶主推翻原始共产主义社会，使人类的生产和社会大进一步。那时的原始共产主义社会，不是我们现在讲的共产主义社会，而是一些氏族部落组成的原始社会，他们互相打仗，捉到了俘虏就通通杀掉。奴隶主就不把俘虏杀掉，而是拿俘虏做奴隶，虽然刺瞎他一只眼，或者弄伤他一只手，但总还是要让他做工。是把人杀掉好呢，还是不杀掉让他做工好呢？还是奴隶制好，奴隶制可以积累财富。原始共产主义社会的生产力很低，奴隶制就大进一步。现在一讲奴隶制，人们就觉得它很坏，其实奴隶制的产生在当时是一个伟大的进步。

第二次，是封建地主革掉奴隶主的命。这次革命，在中国大概是在春秋战国时代。关于这个问题，历史学家们还在争论不决，有人说西周就是封建社会了。我想，今天中央人民政府委员会对这个问题可以不去作结论。我个人是比较相信郭沫若[2]副总理的在春秋战国时代产生封建制的主张的。郭沫若曾经用很多材料证明,孔夫子[3]所以成为圣人,是因为他是革命党,到处参加造反。说孔夫子著春秋“而乱臣贼子惧”,那是孟子讲的[4]。其实当时孔夫子周游列国,就是哪里造反他就到哪里去,哪里想革命他就到哪里去。所以此人不可一笔抹煞,不能简单地就是“打倒孔家店”。总之,在春秋战国时代,发生了激烈的变化,发生了大的阶级斗争、革命斗争,从那时起,开始允许土地私有,允许土地收租。大概是在鲁宣公时代“初税亩”[5],第一次开始收地租。鲁哀公还说过什么“二,吾犹不足,如之何其彻也?”[6],彻,即十分之一。可见当时收地租大概是收百分之二十左右。这证明当时的社会制度已经开始变革,不再是实行井田制,而是采用收土地税的办法了。过去是“普天之下,莫非王土;率土之滨,莫非王臣”[7],这个时候是搞私有了。私有制曾经是一个很好的东西。有人说过这样的话:人类历史有五十万年[8],但其中四十九万五千年就不懂得私有制这一条,因而没有进到文明社会。

第三次,是资产阶级革封建地主阶级的命,也就是民主主义革封建主义的命。在中国,就是辛亥革命。

孙中山及其一派人领导的辛亥革命,是人类历史上资产阶级民主革命中的一次。在辛亥革命以前,中国还有过改良派。对改良派也应该估计有进步的一面。戊戌变法[9]在当时受压迫,为什么?就是因为它有进步性,它受到顽固派的仇恨。孙中山比改良派又更进一大步,他公开号召实行资产阶级民主革命,推翻了清朝的统治,结束了中国两千多年的封建帝制,建立了中华民国和临时革命政府,并制定了一个《临时约法》[10]。辛亥革命以后，谁要再想做皇帝，就做不成了。所以我们说它有伟大的历史意义。我本人也曾经参加了这次民主革命，当了一名战士，吃七块二[11]。当时程潜[12]先生就参加了，他是师长，虽不是我的顶头上司，但地位比我高。

辛亥革命没有成功，失败了。为什么失败？就是因为孙中山的领导集团犯了错误，有缺点。关于这一点，孙中山有过自我批评，国民党第一次全国代表大会通过的宣言上曾经说，当时向袁世凯妥协是不对的[13]。国民党在第一次代表大会上都做了批评，现在我们就不能批评吗？

我们在座的各位是不是圣人？要说是圣人嘛，圣人就多得很；要说不是圣人嘛，我看圣人也就一个没有。人总是有缺点的，总是要犯错误的，只是不要错得太多就是了。比如当主席，说十句话错了六句，错了百分之六十，那他的主席就当不成了。要说一句话都不错，没有那回事。写文章，总是改来改去，如果不错，何必改呢？做一篇文章，往往要犯很多错误。过去我到过上海，上海那个地方很复杂，我经常走错路，总是犯错误。凡是我有了错误，希望能及时得到朋友们的批评和纠正。一个人总是会有许多缺点的。如果觉得自己一点缺点也没有，"老虎屁股摸不得"，那就不好了。要做到"言者无罪，闻者足戒"。我们是靠老实吃饭，不靠摆架子吃饭。当然，在帝国主义面前，在艾德礼[14]等人面前，还是可以"摆摆架子"的，但靠摆架子吃饭就不好了。如果共产党的领袖人物就说不得，各民主党派、人民团体的领导人物就说不得，那就不好了。对孔夫子，自董仲舒[15]以来就说不得了，"非圣诬法，大乱之殃"[16]。我们不能这样，我们要实事求是。我们对一切事情都要加以分析：好，就肯定；不好，就批评。

在第三十次中央人民政府委员会会议上，我曾经提到《联共党史》结束语第二条对马克思、恩格斯就批评过。恩格斯有个别原理是错误的，应该抛弃，拿新的原理来代替它。比如，恩格斯主张无产阶级革命胜利以后采取议会制共和国的形式，但是列宁根据俄国十月革命的经验，认为采取苏维埃共和国的形式比较好。可见恩格斯的看法是错误的。此外，马克思和恩格斯当时都曾经说过，英国的革命可以采取和平革命的方式，并且估计英国革命将会早日到来。马克思、恩格斯都很想革命快点胜利，但实际上革命却总是没有胜利，又有什么办法。古语说“人非圣贤，孰能无过”。我看这句话要改一下。人，包括圣贤在内，总是有过的，有过必改就好了。我在上次中央人民政府委员会会议上还说过，不要造成偶像，就是不要说谁不能批评，而要说可以批评，但批评要正确，对于批评要分析。

以上是我贡献给大家的一点意见，是否妥当，请诸位考虑。

根据中央档案馆保存的讲话记录稿刊印。

注　　释

〔1〕这是毛泽东在中央人民政府委员会临时会议通过中华人民共和国宪法草案后的讲话。

〔2〕郭沫若（一八九二——一九七八），四川乐山人。当时任政务院副总理兼文化教育委员会主任。

〔3〕孔夫子，即孔子（公元前五五一——前四七九），名丘，字仲尼，陬邑（今山

东曲阜)人。春秋末期思想家、政治家、教育家,儒家的创始人。

〔4〕见《孟子·滕文公下》。原文是:“孔子成春秋而乱臣贼子惧。”

〔5〕见《春秋·鲁宣公十五年》。鲁宣公十五年,即公元前五九四年。

〔6〕见《论语·颜渊》。

〔7〕见《诗经·小雅·北山》。

〔8〕迄今为止的考古发现证明,人类的历史至少有二百万年。

〔9〕戊戌变法,又称戊戌维新,指一八九八年(戊戌年)发生的变法维新运动。当时,中国面临被帝国主义列强瓜分的严重危机。康有为、梁启超、谭嗣同等人,在清朝光绪皇帝的支持下,企图通过自上而下的变法维新,逐步地在中国推行地主阶级和资产阶级联合统治的君主立宪制度,发展民族资本主义,以挽救民族危亡。但是,这个运动缺乏人民群众的基础,又遭到以慈禧太后为首的顽固派的坚决反对。变法三个多月以后,慈禧太后发动政变,幽禁光绪皇帝,杀害谭嗣同等六人,变法遭到失败。

〔10〕指《中华民国临时约法》,见本卷第330页注〔3〕。

〔11〕指当时通用的银元。

〔12〕程潜,早年加入同盟会。辛亥革命爆发时,任武昌龟山炮兵阵地指挥,后任湘军都督府参谋长、湖南军事厅厅长。中华人民共和国成立后,任中央人民政府委员、人民革命军事委员会副主席。

〔13〕《中国国民党第一次全国代表大会宣言》中说:“革命虽号成功,而革命政府所能实际表现者,仅仅为民族解放主义。曾几何时,已为情势所迫,不得已而与反革命的专制阶级谋妥协。此种妥协,实间接与帝国主义相调合,遂为革命第一次失败之根源。夫当时代表反革命的专制阶级者,实为袁世凯。”

〔14〕艾德礼(一八八三——一九六七),英国前首相。当时任英国工党领袖。

〔15〕董仲舒(公元前一九七——前一〇四),广川(今河北枣强东北)人。西汉思想家,是孔子学派在西汉的主要代表。他提出“罢黜百家,独尊儒术”,为汉武帝采纳,确立儒学的正统地位。

〔16〕见《汉书·金日磾传》。

为建设一个伟大的社会主义国家而奋斗[1]

（一九五四年九月十五日）

各位代表！

中华人民共和国第一届全国人民代表大会第一次会议，今天在我国首都北京举行。

代表总数一千二百二十六人，报到的代表一千二百十一人，因病因事请假没有报到的代表十五人，报到了因病因事今天临时缺席的代表七十人。今天会议实到的代表一千一百四十一人，合于法定人数。

中华人民共和国第一届全国人民代表大会第一次会议负有重大的任务。

这次会议的任务是：

制定宪法；

制定几个重要的法律；

通过政府工作报告；

选举新的国家领导工作人员。

我们这次会议具有伟大的历史意义。这次会议是标志着我国人民从一九四九年建国以来的新胜利和新发展的里程碑，这次会议所制定的宪法将大大地促进我国的社会主义事业。

我们的总任务是：团结全国人民，争取一切国际朋友的支援，为了建设一个伟大的社会主义国家而奋斗，为了保卫国际和平和发展人类进步事业而奋斗。

我国人民应当努力工作，努力学习苏联和各兄弟国家的先进经验，老老实实，勤勤恳恳，互勉互助，力戒任何的虚夸和骄傲，准备在几个五年计划之内，将我们现在这样一个经济上文化上落后的国家，建设成为一个工业化的具有高度现代文化程度的伟大的国家。

我们的事业是正义的。正义的事业是任何敌人也攻不破的。

领导我们事业的核心力量是中国共产党。

指导我们思想的理论基础是马克思列宁主义。

我们有充分的信心，克服一切艰难困苦，将我国建设成为一个伟大的社会主义共和国。

我们正在前进。

我们正在做我们的前人从来没有做过的极其光荣伟大的事业。

我们的目的一定要达到。

我们的目的一定能够达到。

全中国六万万人团结起来，为我们的共同事业而努力奋斗！

我们的伟大的祖国万岁！

根据一九五四年九月十六日《人民日报》刊印。

注　　释

〔1〕这是毛泽东在中华人民共和国第一届全国人民代表大会第一次会议上的开幕词。

关于《红楼梦》研究问题的信[1]

（一九五四年十月十六日）

各同志：

驳俞平伯[2]的两篇文章[3]付上，请一阅。这是三十多年以来向所谓《红楼梦》研究权威作家的错误观点的第一次认真的开火。作者是两个青年团员。他们起初写信给《文艺报》请问可不可以批评俞平伯，被置之不理。他们不得已写信给他们的母校——山东大学的老师，获得了支持，并在该校刊物《文史哲》上登出了他们的文章驳《红楼梦简论》。问题又回到北京，有人要求将此文在《人民日报》上转载，以期引起争论，展开批评，又被某些人以种种理由（主要是“小人物的文章”，“党报不是自由辩论的场所”）给以反对，不能实现；结果成立妥协，被允许在《文艺报》转载此文。嗣后，《光明日报》的《文学遗产》栏又发表了这两个青年的驳俞平伯《红楼梦研究》一书的文章。看样子，这个反对在古典文学领域毒害青年三十余年的胡适派资产阶级唯心论的斗争，也许可以开展起来了。事情是两个“小人物”做起来的，而“大人物”往往不注意，并往往加以拦阻，他们同资产阶级作家在唯心论方面讲统一战线，甘心作资产阶级的俘虏，这同影片《清宫秘史》和《武训传》放映时候的情形几乎是相同的。被人称为爱国主义影片而实际是卖国主义影片的《清宫秘史》，在全国放映之后，至今没有被批判。《武训传》虽然批判了，却至今没有引出教训，又出现了容忍俞平伯唯心论和阻拦“小人物”的很有生气的批判文章的奇怪事情，这是值得我们注意的。

毛　泽　东

一九五四年十月十六日

俞平伯这一类资产阶级知识分子，当然是应当对他们采取团结态度的，但应当批判他们的毒害青年的错误思想，不应当对他们投降。

根据手稿刊印。

注　释

〔1〕毛泽东在这封信的信封上写有：“刘少奇、周恩来、陈云、朱德、邓小平、胡绳、彭真、董老、林老、彭德怀、陆定一、胡乔木、陈伯达、郭沫若、沈雁冰、邓拓、袁水拍、林淡秋、周扬、林枫、凯丰、田家英、林默涵、张际春、丁玲、冯雪峰、习仲勋、何其芳诸同志阅。退毛泽东”。

〔2〕俞平伯（一九〇〇——一九九〇），浙江德清人。著有《红楼梦简论》、《红楼梦研究》等。《红楼梦简论》发表于《新建设》一九五四年三月号；《红楼梦研究》原名《红楼梦辨》，一九二三年初版，一九五二年九月再版时改名为《红楼梦研究》。

〔3〕指李希凡、蓝翎写的《关于〈红楼梦简论〉及其他》和《评〈红楼梦研究〉》两篇文章。《关于〈红楼梦简论〉及其他》原载山东大学《文史哲》一九五四年第九期，后在《文艺报》一九五四年第十八期上转载。《评〈红楼梦研究〉》发表在一九五四年十月十日《光明日报》“文学遗产”栏。

在国防委员会第一次会议上的讲话

（一九五四年十月十八日）

开　幕　词

今天到会的有一部分人，我们过去是不认识的，只是闻其名而没有见过面。过去不认识的人，今天可以坐在一起开国防委员会会议，这种情形是很可以想一下的。今天是大敌当前，敌人很强大，他们包围我们、威胁我们，我们应当团结起来。今天在座的，有人民解放军的骨干，有社会上有名望的以及过去做军事工作有经验的人，都是在各方面联系群众的，对于实现我们的共同目标是能起作用的。

美国帝国主义侵略集团，很不满意我们，仇视我们。美帝国主义的走狗蒋介石卖国集团，现在还盘踞在台湾，全国解放战争在台湾这一部分还没有完成，还没有胜利。

我们国家的国防任务很大。除了工业问题以外，还有建军问题和作战问题。建军和作战，联系到各个方面。我们现在的作战任务是解放台湾，将来的作战任务是防御帝国主义的侵略。建军中各方面的问题很多，比如兵役制度，现在有一个文件已经发下去了，请大家提意见，有些文件还没有发下去。我们军队要提高，编制、装备要改进，训练要改进，而军队的训练是同国民军训相联系的。

国防委员会今后的任务是：团结起来，训练我们的军队和人民，逐步建设一支近代化的革命军队。除苏联军队外，我们要建设世界上第二支强大的近代化的革命军队。现在我们的经济建设有计划，文化建设有计划，军事建设也应当有计划，以便有步骤地达到我们建设强大的近代化的革命军队的目标。这是人民的目标，是宪法规定的目标。

讲　　话

中国军队的近代化，我看可以分作三个阶段。

第一代是清朝末年搞的新军〔1〕。新军有三十六镇，就是三十六个师。今天在座的有相当多的人参加了那个军队，里面有日本士官学校的；有云南讲武堂的，我们的朱德副主席就是云南讲武堂的；有湖南讲武堂的；有保定军官学校的，唐生智〔2〕委员就是保定军校的。这个新军和孙中山建立的革命党，在人民拥护的基础上，完成了推翻清朝的任务，但后来腐化了，脱离了人民，四分五裂，各人筹各人的饷，各搞各的地盘，被人民所唾弃。

第二代是黄埔军〔3〕。它曾经是一个革命军，革了前面所说的那个军队的命。今天在座的中间，有许多人，共产党的非共产党的，都是亲眼看过、亲身经历过的。我还曾经在上海为黄埔军校招过一期学生，地址是上海环龙路四十四号。周恩来总理是当时黄埔军校的政治部主任。以黄埔军为主干的国民革命军起初成立了八个军，黄琪翔、蔡廷锴〔4〕是四军的，程潜、李明灏〔5〕是六军的，唐生智是八军的。黄埔军也曾受到了人民的拥护，北伐时势如破竹，但也有一个缺点，就是脱离人民。共产党那时候犯过一个错误，就是不要军队，只在军队里派党代表。后来蒋介石把党代表一驱逐，进行清党，在共产党直接控制下的军队就只有叶挺〔6〕的一个独立团。南昌起义后，党所领导的军队变成了游击队，这个游击队一直打了二十二年。

现在的中国人民解放军是第三代。人民解放军的前身是红军。

这三代，代表了中国近代军队的三个阶段。中国要搞一部军事史，把这三个时代的进步写一下就好。

我们的军队，首先是游击队，以后比较正规一些，现在更好一些，但严格地说来，距现代化还相差很远，因此必须努力学习。原子武器出现以后，军队的战略战术和装备都有很大的变化，而在这一方面我们一点都不懂。

从历史上看，我们的建军目标是能够达到的，我们的事业是有希望的。我们的军队距离现代化很远，但是在朝鲜打败了美帝国主义。北伐战争末期，蒋介石和帝国主义搭上了线，不久国共两党分裂，北伐军队变更了方向，我们单独地搞。天下是蒋介石的，我们只有几支烂枪，可是，我们的斗争代表着人民的方向，我们能把游击队集合起来，成立了军团、方面军，以后又进行了二万五千里长征。二万五千里长征是不简单的，假定我们这里在地球上对钻一个洞，从美国钻出来，恰好是一万二千五百公里多一点。长征结束时，我们的军队没有剩下多少。一方面是因为蒋介石打我们，另一方面是因为我们在政治上军事上都犯了错误，才被迫来了个大搬家。到了遵义，进行了自我批评，才纠正了错误。

一九四五年日本投降后，我们的八路军、新四军和游击队集中起来一共有一百二十万人。重庆谈判前，蒋介石请我们一定要去商量国是，国是者全国之是也，不能不去。其实到了重庆，蒋介石毫无准备，只临时召集几个人商量了一下，他们一面谈一面发兵。我们几个人在重庆也商量了。古语说，水来土掩，兵来将挡。我们也发兵，只要把蒋介石打得越痛，就越好谈。高树勋〔7〕委员就是在这个时候起义的。打到一九四八年冬天，局面就差不多了，到一九四九年春天，局面就定下来了。现在来算算这笔账，我们所以能获得胜利，基本的条件是我们代表着人民的希望和方向。日本投降后，当时全国人民希望休息，哪怕是两三年也好。结果只休息了一年，但就是在这一年里也打了不少的仗。

人民的希望，人民所需要的方向，再加上我们自己的各种努力，过去可以北伐，可以解放全中国，可以开始进行国家的建设。今后，在人民拥护的基础上，加上我们的努力，就一定能够战胜帝国主义的侵略和解放台湾，也一定能够建设一支现代化的革命军队。

我们现在工业、农业、文化、军事还都不行，帝国主义估量你只有那么一点东西，就来欺负我们。他们说“你有几颗原子弹？”但他们对我们的估计有一条是失算的，就是中国现在的潜在力量将来发挥出来是惊人的。

中国是个大国，要有强大的陆、海、空军。我国有那样长的海岸线，一定要建设强大的海军。全国人民都希望我们有空军，开始的时候我们只有一支小小的空军，就像在天安门阅兵时看到的那样。一九五四年，我们国家自己出产了一架飞机，自从盘古开天地，三皇五帝到如今，这是一件惊天动地的大事，虽然还只是一架教练机。

中国是一个庞然大国，但工业不如荷兰、比利时，汽车制造不如丹麦。有一句俗话，叫做“夹起尾巴做人”，做人就是做人，为什么还不能翘尾巴呢？道理很简单，我们现在坦克、汽车、大口径的大炮、拖拉机都不能造，还是把尾巴夹起的好。希望大家一面努力工作，一面保养身体，一来是为了继续工作，二来是为了看一看将来我们自己造的飞机、坦克、大炮、拖拉机。

为了我们共同的目标，应当搞出些名堂来，使国家像个样子。能不能办到？能够的，只要我们有信心。我们所有干部，都要努一把力。

今天，国防委员会有各方面的人，具有各个时代经验的人，大家为爱国主义所鼓舞，为着一个共同的目标，这一点是很可宝贵的。在座许多人是老前辈，你〔8〕当师长时，我还在当兵。我们有一条是好的，就是我们所做的事，使全体人民都知道。过去蒋介石有什么意见，人家要猜摸一番，过了一个时期就变了。现在对我们用不着猜摸，我们的方向就是人民的方向，这是载于宪法的。现在常常听到有人说要摸底，有什么底？宪法就是底。共产党的底就是发挥一切有用的因素，破坏阻碍的因素。有用的因素是建设性的力量，包括各种知识分子，旧军队出身的将军和士兵。共产党的将军们，很多也是从旧军队来的，像贺龙〔9〕副主席就是当过湘西镇守使的。没有天生下来就是共产党人的。一个人初生下来并没有什么任务，母亲生儿子也并不是要他当军人，当将军，这是社会历史条件造成的。

我们的海军，目前还只是一点萌芽。去年我还坐过一次军舰，从汉口到南京，在南京还看过鱼雷快艇演习，海军战士都是十九到二十三岁的青年，见了他们就忘了我们是老朽。当时也看到林遵〔10〕委员，你们变成先生了。建设工业要有工程师，办学校要有教授，要团结他们，没有他们是不行的。当然，没有新人也不行。割断历史是不行的，好像什么都是我们白手起家，这种看法是不对的。

根据中央档案馆保存的讲话记录稿刊印。

注　　释

〔1〕指一八九四年中日甲午战争后清朝政府仿照西方资本主义国家军制编练的新式陆军。

〔2〕唐生智（一八八九——一九七〇），湖南东安人。曾参加辛亥革命和反袁护国战争，一九二三年任湘军第四师师长。一九二六年北伐时任国民革命军第八军军长兼北伐军中路前敌总指挥。一九五四年任全国人大常委会委员、国防委员会委员。

〔3〕黄埔军，指一九二五年广东革命政府组织的以黄埔军校校军为主干的国民革命军，到一九二六年六月发展为八个军。

〔4〕黄琪翔（一八九八——一九七〇），广东梅县人，一九二六年北伐时任国民革命军第四军第十二师第三十六团团长，一九五四年任国防委员会委员、政协

全国委员会常委。蔡廷锴（一八九二——一九六八），广东罗定人，一九二六年北伐时任国民革命军第四军第十师第二十八团团长，一九五四年任国防委员会副主席、政协全国委员会常委。

〔5〕程潜，一九二六年北伐时任国民革命军第六军军长，一九五四年任全国人大常委会副委员长、国防委员会副主席。李明灏（一八九七——一九八〇），湖南醴陵人，一九二六年北伐时任国民革命军第六军第十七师第五十四团团长，一九五四年任国防委员会委员。

〔6〕叶挺（一八九六——一九四六），广东惠阳人。北伐战争前期任国民革命军第四军独立团团长。

〔7〕高树勋（一八九八——一九七二），河北盐山人。一九四五年十月率领一个军和一个纵队在邯郸起义。起义时任国民党军第十一战区副司令长官兼新八军军长。一九五四年任国防委员会委员。

〔8〕指程潜。

〔9〕贺龙，一九二六年北伐时先后任国民革命军第八军第六师师长兼湘西镇守使、第九军第一师师长、独立第十五师师长。一九五四年任国防委员会副主席。

〔10〕林遵（一九〇五——一九七九），福建福州人。原国民党海军第二舰队司令。一九四九年四月二十三日率领所部二十五艘舰艇起义，参加中国人民解放军。一九五四年任国防委员会委员。

同印度总理尼赫鲁的四次谈话

（一九五四年十月）

一

我们所有东方人，在历史上都受过西方帝国主义国家的欺侮。日本虽然是一个东方国家，但是过去它又是一个帝国主义国家，它也欺侮别的东方国家，可是现在连日本都受欺侮了。中国受西方帝国主义国家的欺侮有一百多年。你们的国家受欺侮的时间更长，有三百多年。现在日本人也处在受压迫的境地。因此，我们东方人有团结起来的感情，有保卫自己的感情。赖嘉文大使在中国已经几年了，一定懂得中国人民爱国的感情和中国人民对印度人民及其他东方国家人民的感情。尽管我们在思想上、社会制度上有不同，但是我们有一个很大的共同点，那就是我们都要对付帝国主义。尼赫鲁总理不要以为中国已经完全独立，没有问题了，我们还有很大的问题，台湾就还在美国和蒋介石的手里。离开大陆几公里的地方，我们有三十多个岛屿，其中大的有三个。这些岛屿都被美蒋盘踞着，我们的船不能通过，外国船也不能通过。美国飞机飞到我们内地的上空，空投特务。这些特务以七人到十人为一组，带有电台。到现在为止，已经有几十组这样的特务空投到我们内地各省。在四川和靠近西藏的青海，美国飞机都曾空投过特务，并且空投武器给那里的土匪。这就说明，美国当局中的一小部分人，一有机会就要整我们的。

此外，尼赫鲁总理知道，我们的国家不是一个工业国，而是一个农业国。我国的工业水平比印度还低。我们要努力十年二十年之后才能取得一些成绩。帝国主义国家现在是看不起我们的。我们两国的处境差不多，这也是东方国家的共同处境。我读了尼赫鲁总理上月二十九日的演说，尼赫鲁总理所表示的情绪同我们的差不多。

我们两国人民对互访的两国领导人所表示的欢迎，说明他们着重的不是思想和社会制度方面的不同，而是我们的共同点。

应当把五项原则[1]推广到所有国家的关系中去。尼赫鲁总理在上月二十九日的演说中就说过，应当按五项原则来受约束，承担义务。如果一个国家说了不做，那末就有理由来指责它，它在人们眼中就输了理。问题是有些大国不愿受约束，不愿像我们两国那样，根据五项原则订立协定。不知道它们有什么想法？据我知道，美国和英国也说，它们要求和平，不干涉他国内政。但是，如果我们要同它们根据五项原则发表声明，它们又不愿意干。

不能设想任何国家会开军队到美国去。至于说美国怕丧失它在世界各地占据的地方，可是我好像听说美国是反对英、法殖民主义的。美国的恐惧也实在太过分了。它把防线摆在南朝鲜、台湾、印度支那，这些地方离美国那么远，离我们倒很近。这使得我们很难睡稳觉。

美国做事是不管别人能不能受得了的。例如,搞东南亚条约[2],它就没有问问中国和印度。亚洲有许多国家,但是它只问了三个:巴基斯坦、泰国、菲律宾。

尼赫鲁总理说东南亚条约是美国对日内瓦协议的一个反应,这很对。日内瓦会议[3]做了好事,美国就来破坏。

艾登曾经建议搞一个亚洲洛迦诺公约[4],但是后来又放弃了,反而接受东南亚条约。这样的大国,竟这样胆小。我们两国就不怕。美国邀请印度参加马尼拉会议,印度就有胆量不去。在恢复中国在联合国中的地位问题上,印度也有胆量投票赞成。但是像英、法这样的大国却如此胆小。我们向它们建议,把它们的大国地位给我们,好不好?

英国常说是我们不承认英国;我们对英国说,是它不承认我们。我们劝英国学印度,果真如此,英国就能同我们建立正式外交关系。北欧的一些国家,例如挪威,也敢于投票赞成恢复我国在联合国中的地位,因此我们同挪威也建立了正式外交关系。

澳大利亚说怕我们,说共产党要去侵略它。可是我们连船都没有,怎样去法呢?澳大利亚参加马尼拉条约,说是为了防御。但是我们向它提出五项原则,同它互不侵犯,互不干涉,它又不干。

我有两点怀疑:

第一,美国叫着反共的口号,它反对共产党倒是实在的事。但是,它是否真的害怕中国共产党呢?中国只有几枝烂枪,我们有的只是人、农业和手工业。我看美国不是真怕中国共产党,而是以此为题目,另有其他的目的。

第二，像英国、法国、澳大利亚这些国家，为什么要跟着美国走，而印度、印尼、缅甸和北欧的一些国家却不一定跟着美国走呢？我看这是因为英国、法国、澳大利亚这些国家把它们的利益套在美国车子上，美国火车头下一个命令，它们不得不服从。印度、印尼、缅甸和北欧的一些国家没有把它们的利益套在美国车子上，或者套得不紧，因此没有必要跟着美国走。

（十月十九日）

二

我们在合作方面得到一条经验：无论是人与人之间、政党与政党之间、国与国之间的合作，都必须是互利的，而不能使任何一方受到损害。如果任何一方受到损害，合作就不能维持下去。正因为这个原因，我们的五项原则之一就是平等互利。

中国古代的圣人之一孟子曾经说过："夫物之不齐，物之情也。"〔5〕这就是说，事物的多样性是世界的实况。马克思主义也是承认事物的多样性的，这是同形而上学不同的地方。

国与国之间不应该互相警戒，尤其是在友好的国家之间。像我国同美国这样互相警戒着是不好的。

（十月二十一日）

三

我们不赞成过去希特勒[6]德国的说法，希特勒德国和日本过去曾说，它们是“无”的国家，要向“有”的国家取得东西。日本在过去，在十年前，倒的确是“黄祸”。

我们现在需要几十年的和平，至少几十年的和平，以便开发国内的生产，改善人民的生活。我们不愿打仗。假如能创造这样一个环境，那就很好。凡是赞成这个目标的，我们都能同它合作。毫无疑问，印度是赞成的，印尼和缅甸也是赞成的。

我想泰国也不会怀疑中国要大举进攻它。我们是想同它搞好关系的，但是泰国政府古怪得很，不理我们。

菲律宾说怕我们侵略，但是我们要同它搞好关系，它又不干。既然怕侵略，那末我们就交朋友吧，互不侵犯，并且像中印两国一样，发表一个声明。但是它又不干，它不愿意承认我们国家的存在。我们想不出这是为了什么，唯一的理由就是它听美国的话，同美国走在一条轨道上，美国说什么，它就做什么。

说到美国，我们上次还有一个问题没有谈完，那就是战争问题。尼赫鲁总理说，美国想打仗，想用战争的办法得到更大的利益。关于战争是否有好处，这是一个值得研究的问题。我们可以看一看两次世界大战究竟对谁、对哪些国家有好处。可以说两次大战对三类国家有利，对其余的国家都是有害的。

第一类国家是美国帝国主义，它在两次大战中获得了利益，得到了发展。

第二类是在两次大战以后建立起来的、由共产党和工人阶级领导的国家。

第三类是被压迫的民族和国家，这些不是共产党领导的，而是由爱国的团体和政党领导的，像印度、印尼、缅甸、叙利亚和埃及这样的国家属于这一类。

要搞战争的话，就要动员人民，就要使人民处于紧张状态，并且使他们学会打仗。但是，人民结合起来以后，势必会产生革命。例如，中国革命就是这样，印度的革命也是这样。我们两国的独立都是第二次世界大战的结果，没有第二次大战，很难取得独立。

另外一些国家被战争削弱了，例如德国、意大利、日本；英国、法国虽然是战胜国，但是也削弱了。在中国，由于日本和蒋介石削弱了，我们就起来了。由于英国削弱了，印度、缅甸和埃及起来了。由于法国削弱了，越南、叙利亚起来了。由于荷兰削弱了，印尼起来了。

如果再要打仗的话，不知道美国军事集团是怎样的想法。他们过去的经验是在两次大战中得到利益和发展，他们希望通过再一次战争得到更大的利益和发展。他们是根据自己的经验这样想的，但是，这只是一方面的经验；另一方面，两次大战以后还建立了共产党领导的国家和爱国党派领导的国家。如果再打大战，我看美国不一定得利，而且美国本身就会发生问题。如果再打大战，西亚和非洲的大部或全部、整个拉丁美洲都会脱离帝国主义。

人民革命力量是要得到机会才能起来的。布尔什维克〔7〕如果没有得到第一次世界大战的机会，那末十月革命就会有困难。我们在中国打了二十二年仗，但是胜利还是在最后几年取得的。第二次大战以后，我们得到了机会才起来的。这是共产党领导的国家方面。

爱国党派领导的国家方面，我们在东南亚和西亚也可以看到一些例证。各人有各人的看法，但是我看，再打大战，对美国来说是划不来的，整个世界或世界的绝大部分将处于革命状态。我这样说，并不是故意危言耸听，而是根据两次大战的实际情况。如果再打大战，我看对美国没有任何好处，只能使它的统治范围缩小。

在武器方面，美国以为它有原子弹和大炮，以为它的海、空军强大，因此它依靠这些东西。我想武器虽然有变化，但是除了杀伤的人数增多以外，没有根本的不同。古代使用的是冷兵器，例如刀、枪等。后来使用热兵器，例如步枪、机关枪、大炮等。现在又加上原子弹。但是基本的差别就是，冷兵器杀伤的人较少，热兵器杀伤的人多一些，原子弹杀伤的人更多。除了死伤的人数以外，没有什么差别。过去，冷兵器和热兵器双方都有，现在苏联和美国也都有原子弹。因此随着武器的变化，无非是死伤的人数更多而已。

如果打第三次世界大战，那末死伤的人数恐怕就不是以千万计，而是要以亿万计。中国现在没有原子弹，不知道印度有没有。我们正在开始研究，原子弹是要花本钱的，我们一下子还搞不起来。

如果打第三次世界大战，那末这一方有死伤，另一方也有死伤，因此就平衡了。最后决定战争胜负的还是人，看谁拿着武器，看掌握着武器的战士们认为什么对他们最有利，看谁会打仗，而主要的还是前二者。至于说武器的多少，印度国大党和中国共产党在开始的时候都是没有武器的，现在我们都有了武器。

此外，还有一条经验。在两次世界大战中，都是防御者胜利，进攻者失败。第一次大战中，德国军队在西边打到巴黎，在东边几乎打到彼得格勒，但是结果进攻者还是失败了。第二次大战中的进攻者，德国、意大利、日本也都失败了。而防御的一方取得了胜利，虽然在防御这一方面的一些国家被战争削弱了，例如英国、法国。

我们可以得出结论：不应该再打大战，应该长期和平。再打大战的结果，是对侵略者不利的。

我们双方的分析虽然有些地方相同，有些地方不同，但是结论是相同的。尼赫鲁总理在对美国进行分析时说，一方面美国从战争中得利，另一方面又遇到了困难。这种分析是很好的。至于战争工具，我们大致可以分为三个阶段：弓箭、大炮和原子弹。尼赫鲁总理说有性质上的不同，这是对的。我刚才谈武器时，只是就战争的结果而言。

不管用什么武器，不管是哪一个时代进行的战争，不管战争的规模是地方性的或是世界性的，结果多是一方摧毁另一方。固然，战争也有不分胜负而讲和的，例如三八线战争〔8〕和十七度线的战争〔9〕。在这种战争中，没有任何一方根本打败另一方。但是在大多数的战争中，总是一胜一败，败者的力量被摧毁得更多些。所谓力量，不仅包括有生命的力量，而且包括物质力量。因此归根结底，还是看力量损毁的范围和大小来决定胜负。

当然，我是指战争的最后结果而言。第二次世界大战的结果是德国的军队被全部毁灭，而苏联的军队不但没有毁灭，而且还打到柏林。德国、意大利、日本的军队都被解除了武装。尼赫鲁总理推想，第三次大战会使全世界处于混乱时期，这种推想是可能的。原子弹不仅会毁灭人，而且会毁灭物质，但是，是否许多国家就会没有政府呢？不会的。只要有人存在，总是会有政府的。一个政府被摧毁了，另一个政府又会起来。人类总是要找出路的，剩下来的人也是会求生的。还应该估计到，现在的人比过去的人有很大的变化，他们要求解放和独立的觉悟已经大大提高，这在无论哪个国家都是如此，包括美国在内。

归根一句话，不打仗最好。如果我们能替艾森豪威尔〔10〕当个参谋长，那末他就可以听我们的话，而不受他的顾问的包围了。尼赫鲁总理做这件工作会比我们顺利些。如果我们去做这个工作，他就会说我们以革命来恐吓他，并且说他不怕革命。我想，不仅战争，就是紧张局势也使制造紧张局势的人一方面得利，另一方面又受到损害。我想问问，究竟是使人民感到安全有利呢，还是使人民每天处于紧张有利？紧张局势会促进人民觉悟，使他们做好准备，抵抗压力。这是有助于革命的。

很明显，中印之间没有紧张局势，我们互相之间也不进行神经战，也不每天戒备着，像我们同美国之间以及苏联同美国之间那样。

尼赫鲁总理到中国来已经有几天了，一定已经知道了我们的情况。我们现在正执行五年计划，社会主义改造也正在开始。如果发生战争，我们的全盘计划就会打乱。我们的钱都放在建设方面了。如果发生战争，我们的经济和文化计划都要停止，而不得不搞一个战争计划来对付战争。这就会使中国的工业化过程延迟。但是把中国全部毁灭，炸到海底下去，是有困难的，中国人是会永远存在的。印度也是这样。几千万年前有一种大动物叫恐龙，它在冰河时期就消灭了。但是后来又出现了别的动物，最后出现了人类。现在在中国还可以看到冰河的遗迹。

总之，我们应该共同努力来防止战争，争取持久的和平。

（十月二十三日）

四

大约两千多年前，中国的一个诗人屈原曾有两句诗："悲莫悲兮生别离，乐莫乐兮新相知。"〔11〕

我曾经在一次宴会上对尼赫鲁总理谈起我们对印度的感觉，我说我们同印度不需要互相防备着。我们没有感觉到印度要损害我们。

我曾经问，我们两国总理兼外长在谈话中如果说错了话，能不能改？我想是能改的。但这是在我们两国之间如此，在别的一些国家可能是会抓住我们说错的话的，我们也会抓住别的一些国家说错的话。中国有一句话，叫做"抓辫子"。但是我们同印度是不互相抓辫子的，我们并不互相防备，说错了话也不要紧。

印度是一个有希望的民族，是一个伟大的民族。我听袁仲贤〔12〕大使说，印度南部的人民在农业方面精耕细作，把一切可利用的土地都利用了，这有点像我们成都附近的情况。印度的每一个好消息都使我们高兴。印度好了,对世界是有利的。

我很高兴能有这几次会谈,使我们相互交换了意见。同时尼赫鲁总理又同周恩来总理进行了会谈。我们两国的外交是很容易办的,不需要吵架。朋友之间有时也有分歧,有时也吵架,甚至吵到面红耳赤。但是这种吵架,和我们同杜勒斯〔13〕的吵架,是有性质上的不同的。

尼赫鲁总理这次来访,一定会看出来,中国是很需要朋友的。我们是一个新中国,虽然号称大国,但是力量还弱。在我们面前站着一个强大的对手,那就是美国。美国只要有机会,总是要整我们,因此我们需要朋友。这是尼赫鲁总理可以感觉到的。我想印度也是需要朋友的。这一点可以从我们这几次会谈,从过去几年我们的合作,从周总理访问印度时受到的欢迎和进行的恳谈看得出来。

尼赫鲁总理主张建立和扩大和平区域,并且表示希望赞成和平的国家日益增多。建立和扩大和平区域是一个很好的口号,我们赞成。为此目的,就需要去除一些足以引起怀疑、妨碍合作的因素。中印签订了关于西藏的协定〔14〕,这是有利于消除引起怀疑、妨碍合作的因素的。我们共同宣布了五项原则,这也是很好的。华侨问题也应该适当地解决,免得有些国家说我们要利用华侨捣乱。如果华侨保持侨民身份,他们就不应该参加所在国的政治活动;如果取得了所在国的国籍,那末就应该按该国的法律办事。华侨也应该遵守所在国的法律。

凡是足以引起怀疑、妨碍合作的问题,我们都要来解决,这就能达到五项原则中的平等互利。合作不能对任何一方有害,否则就不能持久,一定会破裂。不论是朋友之间、国与国之间或是政党与政党之间的合作，都是如此。合作一定要有利，否则谁还干呢？

（十月二十六日）

根据中央文献出版社、世界知识出版社一九九四年出版的《毛泽东外交文选》刊印。原题是《和平共处五项原则应推广到所有国家关系中去》。

注　释

〔1〕指和平共处五项原则，见本卷第336页注〔5〕。

〔2〕东南亚条约，见本卷第342页注〔4〕。

〔3〕日内瓦会议，见本卷第336页注〔6〕。

〔4〕洛迦诺公约，全称《洛迦诺保证条约》，一九二五年十月十六日英、法、德、意、比、波、捷（捷克斯洛伐克）七国代表在瑞士洛迦诺会议上通过，同年十二月一日在英国伦敦正式签字。公约包括一个议定书和七个条约，其中最重要的《德国、比利时、法国、英国和意大利相互保证条约》（又称《莱茵保安公约》）规定，签约国相互保证德法、德比边界不受侵犯；遵守《凡尔赛和约》中关于德国莱茵区非军事化的协定；通过外交途径解决一切争端。一九三六年三月德国法西斯政府毁约进军莱茵区，一九三九年四月宣布废止洛迦诺公约。五十年代初，英国外交大臣艾登曾主张在东南亚地区搞一个类似洛迦诺公约的集体安全体系，后因美国的反对未能实现。

〔5〕见《孟子·滕文公上》。

〔6〕希特勒，见本卷第94页注〔3〕。

〔7〕布尔什维克，指布尔什维克党，原苏联共产党的前身，一九一二年正式建立。

〔8〕三八线战争，指朝鲜战争。第二次世界大战临近结束时，美国和苏联商定在朝鲜国土上以北纬三十八度线，作为对日本采取军事行动和受降范围的临时分界线，这条界线通称“三八线”。一九五〇年六月，朝鲜半岛三八线北南两方（朝鲜

民主主义人民共和国和韩国)发生战争。随后,美国打着联合国的旗号出兵干涉,并越过三八线向中朝边境大举进犯,严重威胁中国的安全。为抗美援朝、保家卫国,中国人民志愿军同朝鲜人民军并肩作战,沉重打击了美国的侵略,迫使它于一九五三年七月在朝鲜停战协定上签字。

〔9〕指一九四六年至一九五四年越南人民抗击法国侵略的战争。一九四五年九月,越南宣布独立,建立越南民主共和国。法国为在印度支那重建殖民统治,随即入侵越南。越南人民为保卫民族独立进行了长达八年多的抗法战争。一九五四年五月,越南人民经奠边府战役取得抗法斗争的决定性胜利。七月,根据日内瓦协议,越南人民军和法军以北纬十七度线为临时军事分界线实行停火;法国承认越南独立并撤出印度支那。

〔10〕艾森豪威尔,当时任美国总统。

〔11〕见屈原《九歌·少司命》。

〔12〕袁仲贤,当时任中国驻印度大使。

〔13〕杜勒斯,当时任美国国务卿。

〔14〕一九五四年四月二十九日,中国和印度两国政府在北京签订了《中印关于中国西藏地方和印度之间的通商和交通协定》。协定明确以和平共处五项原则为指导两国关系的准则,并以此确定了促进中国西藏地方和印度之间的通商贸易及便利两国人民互相朝圣往来的各项具体办法。主要内容是:双方互设商务代理处;双方商人、香客在指定地点进行贸易和按惯例朝圣,并经一定山口、道路往来;关于两国外交、公务人员及国民过境事宜的规定等。协定一九五四年六月三日生效,有效期八年,一九六二年六月期满失效。

同缅甸总理吴努的谈话

（一九五四年十二月十一日）

毛泽东：吴努总理大概可以看到，我们的方针是同你们友好。五项原则[1]是一个大发展，还要根据五项原则做些工作。我们应该采取些步骤使五项原则具体实现，不要使五项原则成为抽象的原则，讲讲就算了。现在在世界上就有两种态度，一种是讲讲算了，另一种是要具体实现。英美也说要和平共处，但是它们是讲讲就算了的，真正要和平共处，它们就不干了。我们不是那样。我们认为，五项原则是一个长期方针，不是为了临时应付的。这五项原则是适合我国的情况的，我国需要长期的和平环境。五项原则也是适合你们国家的情况的，适合亚洲、非洲绝大多数国家的情况的。对我们来说，稳定比较好，不仅是国际上要稳定，而且国内也要稳定。

我知道吴努总理曾经同刘少奇委员长谈过缅甸国内的情况。我们希望你们国内和平。至于具体地如何取得国内和平，那要你们自己处理。如果我们在这个具体问题上表示态度，那就不妥当了。

共产党的问题不是一个国家的问题，而是一个世界性的问题，因为大多数国家都有共产党。因此各国都要自己处理自己的问题。

在你们国内也有对我们不友好的党派、团体和个人，在别国如印度、印尼也有。但是我们不好干涉，不好对这些党派、团体和个人说，他们不应该反对我们。每一国都有几种党。对于这几种党，我们不能表示反对哪些党，赞成哪些党。我们只能以每一国的政府为对象来解决问题。希望你们谅解我们为什么采取这种态度。

吴努：这是一个很正确的态度，任何别的态度都是不正确的。我完全同意主席的意见。

毛：缅甸人民和中国人民都看到我们所采取的步骤，例如五项原则和会谈公报〔2〕中所解决的问题。在我们两个民族、两个政府和两国人民之间，我们不去区分党派，而是把我们的共同问题初步解决了。

中国也有各种党派和团体。中国的各种党派是有差别的，并不是在一个水平上，有领导和被领导的分别。中国各民主党派承认中国共产党的领导。中国也有各种团体，有工人的团体，甚至有资本家的团体。但是缅甸政府、吴努总理和吴拉茂大使对中国各党派只能一律平等看待，不能表示满意这一个党，不满意另外一个党。否则就会引起一些党的不满意。

我们对于缅甸也是一样。如果我们用政府的名义对缅甸的任何一个党表示态度，我们就会得罪这个党和一些群众。

既然已经谈起了这个问题，我们愿意说，我们希望缅甸国内和平。吴努总理说缅甸的内战已经成为很重的负担。我看你们自己是否能够谈谈，看看是否能取得妥协。如果能够这样，缅甸就能把全部精力放在建设上。我们将很高兴看到这一点。作为我个人的建议，你们自己先非正式地谈谈，试试看，不要把路堵死。最好是先非正式地、试探性地谈谈，如果谈得拢，最好，如果谈不拢，就暂时放一下，以后还有机会再谈。

我们对西藏的办法，可以供你们参考。我们准备在很长的时期内同西藏地方政府谈，同他们商量。关于西藏的社会改革，我们不是坚持现在一定要做，如果同他们商量了以后，他们说可以，我们就做一点，他们说不可以，我们就暂时不做。当然，中国的经验只能供你们参考，因为我们两国内部的情况不同。各国都应该根据自己的条件来处理自己的问题。

在这里也可以同时谈谈革命的问题。一个国家靠外国的帮助，靠别国的党的帮助，而取得革命的胜利，在历史上是很少见的。东欧各国，是因为苏联军队同纳粹德国作战时占领了这些国家，不然的话，靠外国的帮助，靠外国输出革命，而取得胜利是不可能的。我们就是在这个意义上说，革命不能输出。但是这并不是说，一个国家的革命不受外国的影响。像缅甸、印度、印尼、巴基斯坦和锡兰〔3〕这几个国家的独立，也不是完全不受外国影响的。但是缅甸的独立，并不是由于任何外国在人力、物力、财力方面的帮助而取得的。

我们看到中美洲危地马拉就有不同的情况。美国在那里进行干涉，帮助反对党在别的国家组织军队打进危地马拉，而美国大使又在危地马拉内部策动。我们决不会干这种事。我们决不会在云南边境组织军队打进缅甸，并且由姚仲明〔4〕大使在缅甸内部策动。姚大使决不会干这种事，如果他干这种事，我们一定马上撤他的职。

在缅甸的华侨中也有激烈分子，我们劝他们不要干涉缅甸的内政。我们教育他们服从侨居国的法律，不要跟以武装反对缅甸政府的政党取得联系。我们在华侨中不组织共产党，已有的支部已经解散。我们在印尼和新加坡也是这样做的。我们嘱咐缅甸的华侨不要参加缅甸国内的政治活动，只可以参加缅甸政府准许的一些活动，如庆祝活动等等，别的就不要参加。否则会使我们很尴尬，不好办事。

我们在泰国有三百万华侨，我们的方针也是一样。泰国对我们不友好，原因不在于我们。我们实在是想搞好同泰国的关系。我们同泰国如此邻近，按道理应该搞好关系。外国报纸怀疑我们搞傣族自治区是要侵略泰国，是要建立什么“自由泰国”。傣族在云南省有三十万人，他们组织一个自治区〔5〕。在广西省的壮族有七百多万人，他们也组织一个自治区。我们还有好几十个这样的少数民族自治区域，例如，朝鲜族、蒙古族的。我们也准备在西藏建立一个自治区。我国少数民族的种类很多，但人数总计不到四千万。我们并不搞“自由泰国”，也不想打进泰国。那样的说法是不符合事实的。我们不是如此想的，不是如此准备的，也不是如此干的。

我们很想同泰国建立外交关系，同它互相承认。如果泰国愿意的话，它也有资格在昆明设立领事馆。

泰国说怕我们侵略，但是缅甸也怕啊！而缅甸的做法却是搞好同我们的关系，并且来看看我们是不是要侵略缅甸。可是泰国却连看都不愿意来看。如果泰国在昆明设领事馆，他们可以到我们的傣族自治区去看看。

希望吴努总理把我们的意思向泰国当局说一下。

努：我已经答应了周总理。我将在曼谷过一夜，会见到泰国的总理。我不仅会告诉他，中国总理表示愿意同泰国建立外交关系，而且我还会进一步告诉他，中国的这种意愿是真诚的，这一点是我在这次访问中发现的。我希望尼赫鲁[6]总理会全力支持我这种说法。

毛：我们同尼赫鲁总理谈过，但是没有说得这样详细，没有说得这样多。希望吴努总理把我们今天说的转告尼赫鲁总理。如果你们两位一起同泰国当局谈这件事，使得中泰两国之间也能有像中缅之间这样的关系，我们将会很高兴。

努：我一定尽力来做。

毛：我现在说说大国小国的问题。我们认为，国家不应该分大小。我们反对大国有特别的权利，因为这样就把大国和小国放在不平等的地位。大国高一级，小国低一级，这是帝国主义的理论。一个国家不论多么小，即使它的人口只有几十万或者甚至几万，它同另外一个有几万万人口的国家，也应该是完全平等的。

这是一个基本原则，不是空话。既然说平等，大国就不应该损害小国，不应该在经济上剥削小国，在政治上压迫小国，不应该把自己的意志、政策和思想强加在小国身上。既然说平等，互相就要有礼貌，大国不能像封建家庭里的家长，把其他国家看成是它的子弟。艾德礼[7]先生批评美国对危地马拉的做法是，就像一个中世纪家庭的父亲替他的儿子找一个自己看得中的媳妇。不论大国小国，互相之间都应该是平等的、民主的、友好的和互助互利的关系，而不是不平等的和互相损害的关系。

现在南北美洲的情况就像一个中世纪的家庭，美国是家长，其他国家是它的子弟。我们在亚洲不要这种关系。过去日本是想这样干的，它说的是共存共荣，但实际上是要剥削和侵略人家。

我们同缅甸已经有了五年的相互关系。可以再看五年，再进行五年的共处和合作，来看看我们究竟是讲讲算了，还是要真正实行的。

你们的态度很好，你们有话，有怀疑和不满意的地方，就讲出来。以后我们两国之间还会发生一些问题，互相之间还会有些怀疑和不满意的地方，希望我们互相都讲出来，以便采取措施，解决问题。这样就可以使我们的关系更好，使我们的友好合作更发展。

努：坦率地说，过去我们是不敢有什么话就讲出来的，怕的是我们被误会是英国、美国的走狗，怕的是反对我们的党正是这样向你们报告的。不过现在我们互相见面以后，互相进行了讨论和有了了解以后，我们就不再怕有话直说了。这是我这次访问所取得的最大成就之一。昨天在周总理家里会谈以后，我已经把这一点告诉了我的朋友周总理。

昨天我甚至请求周总理释放美国飞行人员，这是我通常不会做的也是不应做的一件事，因为这有干涉内政之嫌。但是由于我同周总理互相有了很好的了解，因此我提出之后，并没有引起周总理的误会，这使我很高兴。

毛：释放总是要释放的，但是现在不能释放。我们对犯间谍罪的外国人是不杀的，犯同样罪的中国人就会被判处死刑。但是他们犯了罪，我们不能不执行法律。

我国是一个大国，原因就是人口多，地方大，但是并不强。吴努总理去看过我们的汽车厂，我们连一辆汽车都出不了，此外连一架飞机都不能造，那末强在哪里呢？但是，即使我们再弱，美国要把它的意志强加在我们身上也是不行的。过去我们在延安，就没有屈服过。在解放战争中，我们也曾把侵入我们地区进行间谍活动的美国人逮捕起来。不论美国多强，能产多少钢，能出多少辆汽车和多少架飞机，我们也是不会屈服于它的压迫的。对于友好的国家，我们的态度像兄弟一样。对于压迫我们的国家，只要它们一天继续如此，我们就一天也不屈服。

这些美国间谍乘的飞机是在中国境内，在东北打下来的，但是美国说他们是战俘。真正的战俘是二万多名朝中被俘人员，他们被扣住不放，并被交给了李承晚〔8〕和蒋介石。这是毫无道理的事，令人愤慨的事。

像我们这一类国家受过很多气，亚洲、非洲国家都是多年来受帝国主义大国的气的。这些帝国主义国家主要的就是英国、美国、法国、德国、日本。我们现在还在受气。总有一天，我们真正独立起来，把自己的国家搞好了，就可以少受一点气。

你们的国家并不小。你们有近两千万的人口，相当澳大利亚的两倍多。你们国家的面积很大，相当于九个到十个锡兰。你们的国家有各种物产，人民勤劳聪明，各种事业都能逐步地办，例如制造汽车和生产钢铁。你们的国家大有可为，我们愿意看见你们的国家兴旺起来。

努：谢谢。

毛：假如亚非各国都能如此，到那时候就不会由几个大国称霸了。整个亚洲的人口超过世界人口的一半。亚洲的地方也是好地方，有两个洋：太平洋和印度洋。

努：缅甸的情况是很特殊的。最好是中国共产党派一些公正的人士到缅甸研究一下情况，我们不仅会很高兴地接待他们，还会给予他们各种便利。他们可以实地研究一下缅甸政府的立场以及缅甸人民对叛乱分子的感觉。

毛：我们派观察团到缅甸去，是不妥当的，会使外界得到不好的印象。我们的大使和领事可以根据报纸上的材料和公开的文件进行研究。他们不能同反对派直接联系，但是可以通过合法的党派来间接了解反对派。我们的大使馆进行这种研究，正像你们的大使馆在这里进行研究一样。至于你们自己的纠纷，我们是不能介入的。

努：你们是应我们的邀请而来的，不是违背我们的意志而来的，因此不是干涉内政。如果我们请求的话，你们甚至可以派军队来，也不是干涉内政。

毛：不能说凡是政府愿意的，就不是干涉内政。有四种情况：

第一，同盟国家为了反对侵略，和共同的敌人作战时，一个同盟国家的军队可以到另一个同盟国家的土地上去，这不是干涉内政。

第二，一个国家到另外一个国家的土地上去建立军事基地，附带军事和政治条件的援助和贷款，在另外一个国家建立的宗教机关进行间谍活动等，都是干涉内政。

第三，纯粹属于内政范围的事，如民族之间或党派之间的斗争，如果外国介入，就是干涉内政。

第四，请外国的教授和专家，这不是干涉内政，这是互助。

第二、第三种情况是干涉内政，因为侵害了一国的民族利益。

如果我们派观察团到缅甸去观察民族之间和党派之间的纠纷，缅甸政府可以不认为是干涉内政，但是缅甸别的民族、别的党派就会有不同的看法，别的国家也会有不好的观感。

努：我没有预见到这一点，那末就不提我的建议了吧！

毛：我向吴努总理提出建议，不是以政府工作者的身分，而是以党的工作者的身分。我不仅是中华人民共和国主席，还是中国共产党主席。我是以中国共产党主席的身分向缅甸反法西斯人民自由同盟主席吴努提出建议。

刘少奇委员长和我都同吴努总理讲了一些中国经验，这是朋友之间交换意见。至于缅甸政府是否照办，那完全要由缅甸政府根据自己的情况来定。我们同缅甸做生意，决不以缅甸政府对哪一个党关系较好作为条件。

努：我把主席和刘委员长对我提出的建议，看作是大哥哥们对一个小弟弟提出的建议。大哥哥是比小弟弟更有经验的。当我相信对我提建议的人是诚实、真诚而且是为他们的人民献身的，我就像小弟弟对大哥哥一样的谦恭，听取他们的建议。

毛：我们不是大哥哥同小弟弟的关系，我们是同年同月同日同时生的兄弟。况且，缅甸取得独立是在一九四八年，还比我们早一年。

努：我非常高兴能有机会进行这些会谈。曾经有过一个时候，我不知道在中国会遇到怎样的人，害怕会遇到像希特勒〔9〕那样的人，讲话的时候拍桌高喊。但是我现在发现，我的恐惧都是毫无根据的。对于这几次恳切的谈话，我感到十分高兴。

毛:任何人都是从不了解到了解,这是很自然的。

根据中央文献出版社、世界知识出版社一九九四年出版的《毛泽东外交文选》刊印。原题是《和平共处五项原则是一个长期的方针》。

注　释

〔**1**〕五项原则,指和平共处五项原则,见本卷第336页注〔5〕。

〔**2**〕指一九五四年十二月十二日在北京发表的《中缅两国总理会谈公报》。主要内容是:重申和平共处五项原则是指导两国关系的坚定不移的方针;在两国适当城市互设总领事馆;开辟航空线,恢复公路交通并缔结邮电协定,促进两国的经济、文化交流;保护双方侨民的正当权利和利益,勉励侨民尊重侨居国法律和社会习惯;通过正常的外交途径解决两国边界问题。

〔**3**〕锡兰,今斯里兰卡。

〔**4**〕姚仲明,一九一四年生,山东东阿人。当时任中国驻缅甸大使。

〔**5**〕一九五三年我国在云南省曾建立西双版纳傣族自治区和德宏傣族景颇族自治区,后分别在一九五五年、一九五六年改为自治州。

〔**6**〕尼赫鲁,当时任印度总理。

〔**7**〕艾德礼,英国前首相,当时任英国工党领袖。

〔**8**〕李承晚,当时任南朝鲜即韩国总统。

〔**9**〕希特勒,见本卷第94页注〔3〕。

关于政协的性质和任务〔1〕

（一九五四年十二月十九日）

召开全国人民代表大会以后，有些人认为政协的作用不大了，政协是否还需要成了问题。现在证明是需要的。政协全国委员会委员五百五十九人当中，当全国人民代表大会代表的一百四十人，只占总数的四分之一，还有四分之三不是人大代表，可见通过政协容纳许多人来商量事情很需要。虽然全国和地方的人民代表大会、国务院和各省市人民委员会各方面都容纳了许多人，但是还需要政协全国委员会和政协地方委员会。

主要的问题是政协的性质问题，是国家机关还是人民团体？

政协的性质有别于国家权力机关——全国人民代表大会，它也不是国家的行政机关。有人说，政协全国委员会的职权要相等或大体相等于国家机关，才说明它是被重视的。如果这样说，那末共产党没有制宪之权，不能制定法律，不能下命令，只能提建议，是否也就不重要了呢？不能这样看。如果把政协全国委员会也搞成国家机关，那就会一国二公，是不行的。要区别各有各的职权。

政协是全国各民族、各民主阶级、各民主党派、各人民团体、国外华侨和其他爱国民主人士的统一战线组织，是党派性的，它的成员主要是党派、团体推出的代表。

政协的任务是什么呢？

一、协商国际问题。像过去的抗美援朝，现在的美国占领台湾问题，包括将来如发生外国侵略等，都需要商量。这类事大概每年都会有。这些事国务院要办，外交部和国防部要办，但有些问题，比如艾德礼、尼赫鲁、吴努〔2〕要来访问，我们需要先商量商量，取得一致方针，召集什么会好呢？人大常委会不太好，还是政协常委会好。国务院的人都可以去参加，不是以机关资格，而是以个人资格。过去经过政协，各民主党派发表了支持抗美援朝斗争的联合宣言〔3〕，还为解放台湾发表了联合宣言〔4〕。反对战争，保卫和平，这一条有很多文章可做，有些人大常委会不好做，国务院做不完，要由政协来做。

二、商量候选人名单。对全国人民代表大会代表和地方同级人民代表大会代表的候选人名单以及政协各级委员会组成人员的人选进行协商，它有这种权利。全国人民代表大会的代表是人民选举的，但各党派、团体要先进行协商。

三、提意见。当前主要是对社会主义改造的问题提意见。资本主义工商业、农业和手工业都要改造，这就发生各方面的关系问题。选举也是有各方面的关系。还有文教、学习也有各方面的关系。比如对《红楼梦研究》的批判也值得协商。主要是批判唯心论问题。将来一万年以后，也还有唯心论，因为社会经济制度、生产关系陈旧了，就有一批人要出唯心论。新旧之间的矛盾，一万年后也还有。社会主义改造是很纷繁的，各种工作就要协商。

我接到了很多来信。这次由广州回来，经过五个省都找各省的负责同志开了会，调查了农村情形。有人说农民每天只有六两〔5〕米，这没有反映真实情况。实际上，说农民苦的是富农，他们拿这些话来反对统购统销。农村中有百分之七十的农民，他们过去是贫苦的，是拥护统购统销的。我亲自问过一些农民，他们说每天有米十四两六，加上杂粮每天有一斤粮，不是六两。今年全国粮食产量三千四百亿斤，国家共征购七百七十亿斤，不到四分之一，其中主要是购的占五百亿斤，征的只二百多亿斤。购的部分国家出公道价，相当于卖给私商的价钱。有的县长、科长、乡长，自己有余粮不肯卖，山西甚至有存几万斤粮的富县长。

今年湖南有三百万户灾民，湖北有五百万户，都安置好了。政府跟着灾民走，每人每天供应一斤粮食，灾民在哪里，供销合作社就设在哪里，这是历史上没有过的。这证明了我们的组织能力，在前几年是没有可能的。

农村中，现在不是征粮问题，也不是灾民问题，而是商业问题。国营商业进得太猛，步子走快了，以致有许多人失业，没有安置好，中共中央已指示要放慢步子。工业原料问题，没有统筹兼顾，一定要统筹兼顾。需要多协商的还是社会主义改造问题，像农业生产合作社章程可以协商座谈，还有手工业、渔业等问题也可以谈。总之，国家各方面的关系都要协商。国民党的参议会才是投闲置散、虚应故事的，我们的政协是有事情做的。

宪法的实施问题，巩固人民民主制度问题，政协可以向人大常委会和国务院提意见。政协委员提意见，特别是发议论，说闲话，只要不是破坏性的意见，只要是建设性的意见，即使是错误的，提了也有好处。提意见是合乎章程的。

四、协调各民族、各党派、各人民团体和社会民主人士领导人员之间的关系。过去汉族的统治者不好，压迫少数民族，现在要改变。要调整各方面的关系，具体的事是协商候选人名单。

现在政协全国委员会的名单是否完全？完全的事情世界上是没有的。这次就把薛笃弼[6]给忘了，将来可以补上。缺点哪年都有的，可以改，可以补救。我们不姓蒋，不是“蒋家天下陈家党”[7]，他们惜墨如金，是党派不叫党派，叫社会贤达。

五、学习马列主义。我们不提毛泽东思想。如果把毛泽东思想同马列主义并提，有人会以为是两个东西，为了不使发生误会，就不提毛泽东思想。列宁主义也是列宁死后别人提的。各国共产党都有一些自己的但仍是马列主义的东西。

学习是自愿的，不能强制。对马列主义有的人信得多，有的人信得少，比如有的政协常委他只爱国，不愿学习马列主义，也没有办法。要提倡努力改造思想，三勤夹一懒。

我们的国家制度是人民民主专政，民主是商量办事，不是独裁，但集中是必要的。现在还有对敌斗争，拘留条例主要是对付反动分子。对敌人是专政，要压迫他。对地主要剥夺财产，取消政治权利。几个民主阶级在共产党领导下压迫帝国主义分子、地主分子，我们是“即以其人之道，还治其人之身”，“以暴易暴”,“党同伐异”。

根据中共中央统战部保存的
讲话记录稿刊印。

注释

〔1〕这是毛泽东邀请各民主党派、无党派民主人士座谈政协工作的谈话要点。

〔2〕艾德礼,英国前首相,当时任英国工党领袖。尼赫鲁,当时任印度总理。吴努,当时任缅甸总理。他们分别于一九五四年八月、十月、十二月来中国访问。

〔3〕指一九五〇年十一月四日中国共产党、中国国民党革命委员会、中国民主同盟等十一个民主党派联合发表的《各民主党派联合宣言》。

〔4〕指一九五四年八月二十二日《中华人民共和国各民主党派各人民团体为解放台湾联合宣言》。

〔5〕这里用的是旧的市制重量单位,旧制一斤为十六两。一九五九年六月二十五日国务院发布关于统一计量制度的命令,其中说:“市制原定十六两为一斤,因为折算麻烦,应当一律改为十两为一斤”。

〔6〕薛笃弼(一八九二——一九七三),山西运城人。曾任北洋政府司法部次长、国民党政府甘肃省省长、民政部部长、内政部部长、水利部部长等职。中华人民共和国成立后任上海市政协常委、第二届全国政协委员。

〔7〕“蒋家天下陈家党”,是对国民党一党专政和蒋介石独裁统治的贬称。陈,指陈果夫、陈立夫兄弟,他们先后担任过国民党中央执行委员会常委、组织部部长等职,是国民党CC系的首领。

在中国共产党全国代表会议上的讲话

（一九五五年三月）

开　幕　词

（一九五五年三月二十一日）

中国共产党全国代表会议各位代表同志们：

我们这次全国代表会议有三个议事日程：第一，关于发展国民经济的第一个五年计划和关于这个计划的报告；第二，关于高岗、饶漱石反党联盟[1]的报告；第三，关于成立中央监察委员会。

中央委员会根据列宁关于过渡时期的学说，总结了中华人民共和国成立以来的经验，在我国国民经济恢复阶段将要结束的时候，即一九五二年，提出了党在过渡时期的总路线。这个总路线就是在大约三个五年计划的期间内，逐步实现国家的社会主义工业化，同时对于农业、手工业和资本主义工商业逐步实现社会主义改造，以求达到在我国建成社会主义社会的目的。党的总路线以及党为着实现这个总路线而采取的各项重要的政策和办法，已经在事实上被证明是正确的。依靠全党同志和全国人民的努力，我们的工作是有很大成绩的。但是我们在工作中也有缺点和错误。我们的许多办法不可能在一切方面都规定得很恰当，这应当在实行中根据新的经验加以补充和修正。

发展国民经济的第一个五年计划是实现党的总路线的一个重大的步骤。这次党的全国代表会议应该根据实际经验，认真地讨论这个计划草案，使它的内容能够比较妥当，而成为切实可行的计划。

在我们这样一个大国里面，情况是复杂的，国民经济原来又很落后，要建成社会主义社会，并不是轻而易举的事。我们可能经过三个五年计划建成社会主义社会，但要建成为一个强大的高度社会主义工业化的国家，就需要有几十年的艰苦努力，比如说，要有五十年的时间，即本世纪的整个下半世纪。我们的任务要求我们必须很好地处理我国人民内部的关系——特别是工人阶级和农民之间的关系，很好地处理我国各民族之间的关系；同时，必须很好地继续发展同伟大的先进社会主义国家苏联和各人民民主国家的亲密合作，也要发展同资本主义世界一切爱好和平的国家和人民的合作。

我们经常说，不要因为我们的工作有成绩就骄傲自满起来，应该保持谦虚态度，向先进国家学习，向群众学习，在同志间也要互相学习，以求少犯错误。在这次党代表会议上，我感觉仍然需要重复地将这些话说一遍。鉴于高岗、饶漱石的反党事件，骄傲自满情绪在我们党内确实是存在着，在有些同志的身上这种情绪还是严重的，不克服这种情绪，就会妨碍我们建设社会主义社会这个伟大任务的完成。

同志们都知道，高岗、饶漱石反党联盟的出现，不是偶然的现象，它是我国现阶段激烈阶级斗争的一种尖锐的表现。这个反党联盟的罪恶目的，是要分裂我们的党，用阴谋方法夺取党和国家的最高权力，而为反革命的复辟开辟道路。全党在中央委员会团结一致的领导下，已经把这个反党联盟彻底地粉碎了，我们的党因此更加团结起来和巩固起来了。这是我们在为社会主义事业而奋斗中的一个重大的胜利。

对于我们的党说来，高岗、饶漱石事件是一个重要的教训，全党应该引为鉴戒，务必使党内不要重复出现这样的事件。高岗、饶漱石在党内玩弄阴谋，进行秘密活动，在同志背后进行挑拨离间，但在公开场合则把他们的活动伪装起来。他们的这种活动完全是地主阶级和资产阶级在历史上常常采取的那一类丑恶的活动。马克思、恩格斯在《共产党宣言》上说过："共产党人认为隐秘自己的观点与意图是可耻的事。"〔2〕我们是共产党人，更不待说是党的高级干部，在政治上都要光明磊落，应该随时公开说出自己的政治见解，对于每一个重大的政治问题表示自己或者赞成或者反对的态度，而绝对不可以学高岗、饶漱石那样玩弄阴谋手段。

为着建成社会主义社会这一个目的，中央委员会认为有必要在这个时候按照党章成立中央监察委员会，代替过去的纪律检查委员会，借以在新的激烈的阶级斗争时期加强党的纪律，加强对各种违法乱纪现象的斗争，特别是防止像高、饶反党联盟这一类严重危害党的利益的事件重复发生。

鉴于种种历史教训，鉴于个人的智慧必须和集体的智慧相结合才能发挥较好的作用和使我们在工作中少犯错误，中央和各级党委必须坚持集体领导的原则，继续反对个人独裁和分散主义两种偏向。必须懂得，集体领导和个人负责这样两个方面，不是互相对立的，而是互相结合的。而个人负责，则和违反集体领导原则的个人独裁，是完全不同的两件事。

目前的国际条件对我们的社会主义建设事业是有利的。以苏联为首的社会主义阵营是强大的，内部是团结的；而帝国主义阵营则是虚弱的，在它们那里有不可克服的重重矛盾和危机。虽然是这样，但是我们应该了解：帝国主义势力还是在包围着我们，我们必须准备应付可能的突然事变。今后帝国主义如果发动战争，很可能像第二次世界大战时期那样，进行突然的袭击。因此，我们在精神上和物质上都要有所准备，当着突然事变发生的时候，才不至于措手不及。这是一方面。另一方面，国内反革命残余势力的活动还很猖獗，我们必须有计划地、有分析地、实事求是地再给他们几个打击，使暗藏的反革命力量更大地削弱下来，借以保证我国社会主义建设事业的安全。如果我们在上述两方面都做了适当的措施，就可能避免敌人给我们的重大危害，否则我们可能要犯错误。

同志们！我们现在是处在新的历史时期。一个六万万人口的东方国家举行社会主义革命，要在这个国家里改变历史方向和国家面貌，要在大约三个五年计划期间内使国家基本上工业化，并且要对农业、手工业和资本主义工商业完成社会主义改造，要在大约几十年内追上或赶过世界上最强大的资本主义国家，这是决不会不遇到困难的，如同我们在民主革命时期所曾经遇到过的许多困难那样，也许还会要遇到比过去更大的困难。但是，同志们，我们共产党人是以不怕困难著名的。我们在战术上必须重视一切困难。对于每一个具体的困难，我们都要采取认真对待的态度，创造必要的条件，讲究对付的方法，一个一个地、一批一批地将它们克服下去。根据我们几十年的经验，我们遇到的每一个困难，果然都被克服下去了。种种困难，遇到共产党人，它们就只好退却，真是"高山也要低头，河水也要让路"。这里就得出一条经验，它叫我们可以藐视困难。这说的是在战略方面，是在总的方面。不管任何巨大的困难，我们一眼就看透了它的底子。所谓困难，无非是社会的敌人和自然界给予我们的。我们知道，帝国主义、国内反革命分子以及他们在我们党内的代理人，等等，都不过是垂死的力量，而我们则是新生的力量，真理是在我们方面。对于他们，我们从来就是不可战胜的。只要想一想我们自己的历史，就会懂得这个道理。我们在一九二一年刚刚建党的时候，只有几十个人，那样渺小，后来发展起来，居然把国内的强大敌人给打倒了。自然界这个敌人也是有办法制服它的。不论在自然界和在社会上，一切新生力量，就其性质来说，从来就是不可战胜的。而一切旧势力，不管它们的数量如何庞大，总是要被消灭的。因此，我们可以藐视而且必须藐视人世遭逢的任何巨大的困难，把它们放在"不在话下"的位置。这就是我们的乐观主义。这种乐观主义是有科学根据的。只要我们更多地懂得马克思列宁主义，更多地懂得自然科学，一句话，更多地懂得客观世界的规律，少犯主观主义错误，我们的革命工作和建设工作，是一定能够达到目的的。

根据毛泽东审定的讲话记录稿刊印。

结　　论

（一九五五年三月三十一日）

同志们：

大家发言已经完了。我就下面的几个问题讲几句话：关于这次会议的评价，五年计划，高饶问题，目前形势，八次大会。

一　关于这次代表会议的评价

绝大多数同志认为，这次会议开得很好，是从延安整风以来的又一次整风会议，发扬了民主，开展了批评与自我批评，使得我们互相了解更多了，思想更加统一了，使得我们有了共同的认识。本来我们是有共同认识的，但是在若干问题上，我们中间还是有不同意见的，经过这一次会议，统一了我们的认识。在这个基础上，在这个思想的、政治的以及许多政策的共同认识的基础上，就可以使我们党更好地团结起来了。正如恩来同志所说，如果说党的第七次代表大会同它以前一个时期全党的思想、政治上的整风，奠定了我们党的统一思想的基础，在这个基础上取得了反对帝国主义、封建主义和官僚资本主义这种民主革命的胜利，那末，这一次会议就会使我们取得社会主义的胜利。

这次会议证明，我们党的水平是大为提高了，不但比十年前的七次大会时期大进了一步，而且比一九四九年的二中全会、一九五〇年的三中全会时期大进了一步。这个情况是好的，这次会议表明我们是进步了的。

我们进入了这样一个时期，就是我们现在所从事的、所思考的、所钻研的，是钻社会主义工业化，钻社会主义改造，钻现代化的国防，并且开始要钻原子能这样的历史的新时期。全党同志钻得有深有浅，在座的同志也是这样。像医生一样，有的能够开刀，有的不行。有的打针能够打静脉，有的就不能，只能打皮下。有一些医生连皮下都不敢动手，就在那个皮上面。虽然有些同志没有钻进去，但大多数同志是在钻，看样子有许多人是钻进去了，就是有一点内行的味道了。在这一次会议上，我们也可以看到这样的情况。这是极大的好事。因为现在我们面临的是新问题：社会主义工业化、社会主义改造、新的国防、其他各方面的新的工作。适合这种新的情况钻进去，成为内行，这是我们的任务。所以必须对那些钻不进去的人、浮在皮面上的人进行教育，使他们都成为内行。

反对高岗、饶漱石反党联盟的斗争，将促使我们党大进一步。

我们要在党内外五百万知识分子和各级干部中，宣传并使他们获得辩证唯物论，反对唯心论，我们将会组成一支强大的理论队伍，而这是我们极为需要的，这又是一件大好事。

我们要作出计划，组成这么一支强大的理论队伍，有几百万人读马克思主义的理论基础，即辩证唯物论和历史唯物论，反对各种唯心论和机械唯物论。我们现在有许多做理论工作的干部，但还没有组成理论队伍，尤其是还没有强大的理论队伍。而没有这支队伍，对我们全党的事业，对我国的社会主义工业化、社会主义改造、现代化国防、原子能的研究，是不行的，是不能解决问题的。因此，我劝同志们要学哲学。有相当多的人，对哲学没有兴趣，他们没有学哲学的习惯。可以先看小册子、短篇文章，从那里引起兴趣，然后再看七八万字的，然后再看那个几十万字一本的书。马克思主义有几门学问：马克思主义的哲学，马克思主义的经济学，马克思主义的社会主义——阶级斗争学说，但基础的东西是马克思主义哲学。这个东西没有学通，我们就没有共同的语言，没有共同的方法，扯了许多皮，还扯不清楚。有了辩证唯物论的思想，就省得许多事，也少犯许多错误。

二　关于第一个五年计划

同志们认为，在讨论五年计划的时候，大多数同志的发言很好，大家是满意的。其中有一部分发言特别好，他们讲透了问题，有点专家的味道了。但是，中央各部门的发言中间，有一部分内容较差，分析和批判不够；地方同志发言中间，也有一部分是较差的，分析和批判是不够的。另有一种情况，就是在有些同志发言中间，对严重的浪费问题以及别的错误，只是揭露了现状，没有说明如何处理。对于这些发言，有些同志不满意。我以为这些不满意是有理由的。

我希望，所有的省委书记、市委书记、地委书记以及中央各部门的负责同志，都要奋发努力，在提高马克思列宁主义水平的基础上，使自己成为精通政治工作和经济工作的专家。一方面要搞好政治思想工作，一方面要搞好经济建设。对于经济建设，我们要真正学懂。

这次会上，地方要求中央解决的许多问题，凡是中央已经有了规定的，应当积极解决。其他的问题，由秘书处会同提议的同志，研究解决办法，报告中央处理。

中央各部门要求地方协作的事也不少。中央部门在各地方办的事业，要请地方党委给以监督和帮助，特别是在政治思想工作方面。地方党委有责任帮助中央在地方所办的事业去完成任务。所以，不仅地方对中央有要求，中央对地方也有要求。只有中央各部门和地方党委齐心协力，分工合作，第一个五年计划才能够完满地实现。

三 关于高岗、饶漱石反党联盟

第一点，有人问：究竟有没有这个联盟？或者不是联盟，而是两个独立国，两个单干户？有的同志说，没有看到文件，他们是联盟总得有一个协定，协定要有文字。文字协定那的确是没有，找不到。我们说，高岗、饶漱石是有一个联盟的。这是从一些什么地方看出来的呢？一、是从财经会议期间高岗、饶漱石的共同活动看出来的。二、是从组织会议期间饶漱石同张秀山〔3〕配合进行反党活动看出来的。三、是从饶漱石的话里看出来的。饶漱石说，“今后中央组织部要以郭峰〔4〕为核心”。组织部是饶漱石为部长，高岗的心腹郭峰去作核心。那很好嘛！团结得很密切嘛！四、是从高岗、饶漱石到处散布安子文〔5〕私拟的一个政治局委员名单这件事看出来的。在这件事上，安子文是受了警告处分的。高岗、饶漱石等人把这个名单散布给所有参加组织会议的人，而且散布到南方各省，到处这么散布，居心何在？五、是从高岗两次向我表示保护饶漱石，饶漱石则到最后还要保护高岗这件事看出来的。高岗说饶漱石现在不得了了，要我来解围。我说，你为什么代表饶漱石说话？我在北京，饶漱石也在北京，他为什么要你代表，不直接来找我呢？在西藏还可以打电报嘛，就在北京嘛，他有脚嘛。第二次是在揭露高岗的前一天，高岗还表示要保护饶漱石。饶漱石直到最后还要保护高岗，他要给高岗申冤。在揭露高岗的中央会议〔6〕上，我说，北京有两个司令部，一个是以我为首的司令部，就是刮阳风，烧阳火，一个是以别人为司令的司令部，叫做刮阴风，烧阴火，一股地下水。究竟是政出一门，还是政出多门？从上面这许多事看来，他们是有一个反党联盟的，不是两个互不相关的独立国和单干户。

至于说，因为没有明文协定，有的同志就发生疑问，说恐怕不是联盟吧。这是把阴谋分子组成的反党联盟同一般公开的正式的政治联盟和经济联盟等同起来了，看作一样的事情了。他们是搞阴谋嘛！搞阴谋，还要订个文字协定吗？如果说，没有文字协定就不是联盟，那末高岗、饶漱石两个反党集团内部怎么办呢？高岗跟张秀山、张明远、赵德尊、马洪〔7〕、郭峰之间，也没有订条约嘛！我们也没有看见他们的文字协定嘛！那末连他们这个反党集团也否定了！还有饶漱石跟向明、扬帆〔8〕之间，也没有看见他们的条约嘛！所以，说没有明文协定就不能认为是联盟，这种意见是不对的。

第二点，受高、饶影响的同志和没有受他们影响的同志，各自应当采取什么态度？受影响的，有浅有深。有些是一般性的，被他们扫了一翅膀；少数几位同志是比较深的，同他们谈了许多问题，在下面有所活动，替他们传播。这两者是有区别的。但是，所有这些人，不管有浅有深，大多数同志在这个会议上都已经表示了态度。有的表示得很好，受到全场的欢迎。有的表示得还好，受到大部分同志的欢迎，但是有缺点。有的表示得不够充分，今天作了补充。有的全文讲得还好，但是有某些部分不妥当。不管怎么样，这几种人总之已经有所表示了，我们应当一律表示欢迎，总算有所表示嘛！还有个别同志要求发言，没有来得及，他们可以用书面向中央写一个报告。还没有讲的人，问题不严重，就是被扫了一翅膀的，知道一些事情，他没有讲。至于已经发了言的人，是不是也还有一些是留了尾巴的？那末现在我们决定，不论是关于五年计划还是关于高饶反党联盟问题，所有的发言、报告，都可以拿回去修改，字斟句酌，在五天之内，把那些没有讲完全的，或讲得不妥的，再加以修改。不要因为在这一次会议上没有讲妥，我们就抓住他的小辫子，将来使他下不去。你还可以修改，以你最后修改的稿子为准。

对这些同志，我们应当采取这样的态度，就是希望他们改正错误，对他们不但要看，而且要帮。就是讲，不但要看他们改不改，而且要帮他们改。人是要有帮助的。荷花虽好，也要绿叶扶持。一个篱笆要打三个桩，一个好汉要有三个帮。单干是不好的，总是要有人帮，在这样的问题上尤其要有人帮。看是要看的，看他们改不改，但单是看是消极的，还要帮助他们。对受了影响的人，不管有深有浅，我们一律欢迎他们改正，不但要看，而且要帮。这就是对待犯错误同志的积极态度。

没有受影响的同志，不要骄傲，谨防害病。这一点极为重要。前面讲的那些同志，可能有些是上当，有些是陷进去比较深，因为犯了错误，他们可能有所警觉，以后不再犯这类错误。害了一次病，取得了免疫力。种了一次牛痘，起预防作用。但是也不能保险，还可能害天花。所以，最好是三年五年再种一次牛痘，就是开我们这种会。其他的同志就不要骄傲，谨防犯错误。高岗、饶漱石为什么对这些人没有惹呢？有几种情形：第一种是他们认为是他们的敌人的人，当然不去传播；第二种是他们看不起的人，认为无足轻重，现在不必去传播，将来“天下大定”了，那些人自然跟着过来的；第三种是他们不敢惹的人，那些人大概是免疫力比较强，他们一看就不对头，虽然这些同志并不被认为是他们的敌人，也不是无足轻重，但是他们不敢去惹；第四种，就是时间来不及。这个瘟疫散播也要时间，再有一年的工夫不揭露，有些人那就难保。所以不要逞英雄：你看，你们不是惹了一点骚吗，而我可干净啦！再有一年不揭露，保管有不少的人是要受他们影响的。

我认为，以上就是受高、饶影响的和没有受影响的两部分同志应当注意的地方。

第三点，在原则性的问题上，在同志之间，对于违反党的原则的言论、行动，应当经常注意保持一个距离。他们那些话，他们那些行动，不符合党的原则，我们又看不惯，在这一部分问题、这一部分情况上，就不要打成一片。对其他的问题，符合党的原则的，比如五年计划，关于高饶反党联盟的决议、报告，以及各种正确的政策，正确的党内法规，这样一些言论、行动，当然要积极支持，打成一片。对不符合党的原则的，就应当保持一个距离，就是说，要划清界限，立即挡回去。不能因为是老朋友，老上司，老部下，老同事，同学，同乡等而废去这个距离。

在这次高饶反党事件中，以及在过去党内的路线斗争中，都有过许多这样的经验：只要你以为关系太老了，太深了，不好讲，不保持一个距离，不挡回去，不划清界限，你就越陷越深，他们那个“鬼”就要缠住你。所以，应当表示态度，应当坚持原则。

第四点，有些同志说，“知道高、饶一些坏事情，但是没有看出他们的阴谋”。我说分两种情况：一种是听到高岗、饶漱石讲了许多不符合党的原则的话，甚至高岗、饶漱石还同他们商量过一些反党活动问题，那就应当看出来。一种是普通知道他们一些坏事情，而没有看出阴谋，这是难怪的，那是很难看出的。中央也是到了一九五三年才发现他们的反党阴谋。经过财经会议、组织会议，以及财经会议以前的种种问题，看到他们不正常。财经会议期间，发现了他们的不正常活动，每一次都给他们顶了回去。所以，以后他们就完全转入秘密了。对这个阴谋、阴谋家、阴谋集团，我们是到一九五三年秋冬才发现的。对于高岗、饶漱石，长期没有看出他们是坏人。这种事情过去也有过。井冈山时期有几个叛变分子，我们就从来没有想到他们会叛变。恐怕你们各位都有这种经验。

我们应当从这里得出一条经验，就是不要被假象所迷惑。我们有的同志容易被假象所迷惑。一切事物，它的现象同它的本质之间是有矛盾的。人们必须通过对现象的分析和研究，才能了解到事物的本质，因此需要有科学。不然，用直觉一看就看出本质来，还要科学干什么？还要研究干什么？所以要研究，就是因为现象同本质之间有矛盾。但假象跟一般现象有区别，因为它是假象。所以得出一条经验，就是尽可能不要被假象所迷惑。

第五点，骄傲情绪的危险。不要逞英雄。事业是多数人做的，少数人的作用是有限的。应当承认少数人的作用，就是领导者、干部的作用，但是，没有什么了不起的作用，有了不起的作用的还是群众。干部与群众的正确关系是，没有干部也不行，但是，事情是广大群众做的，干部起一种领导作用，不要夸大干部的这种作用。没有你就不得了吗？历史证明，各种事实证明，没有你也行。比如没有高岗、饶漱石是不是不得了呢？那还不是也行吗！没有托洛茨基[9]，没有张国焘[10]，没有陈独秀[11]，还不是也行吗！这些都是坏人。至于好人呢，没有你也可以。没有你，地球就不转了吗？地球还是照样地转，事业还是照样地进行，也许还要进行得好些。孔夫子[12]早已没有了，我们中国有了共产党，总比孔夫子高明一点吧，可见没有孔夫子事情还做得好一些嘛！

有两种人：一种是老资格，在座的不少，资格很老；一种是新生力量，这是年轻的人。这两种人中间哪一种人更有希望呢？恩来同志今天也讲了这个问题，当然是新生力量更有希望。有些同志，因为自己是老革命，就骄傲起来，这是很不应当的。比较起来，如果说允许骄傲的话，倒是青年人值得骄傲一下。四五十岁以上的人，年纪越大，经验越多，就应当更谦虚。让青年人看到我们确实是有经验的："这些前辈，确是有点经验，不要看轻他们，你看他们那么谦虚。"四五十岁的人了，因为得了许多经验，反倒骄傲起来，那岂不是不像样子？青年人就要发议论："你们那些经验就等于没有，还不是跟小孩子一样。"小孩子有点骄傲情绪，那是比较合理的。上了年纪的人，有了这么多经验，还骄傲，把尾巴翘得那样高，可以不必。俗语说："夹紧尾巴做人。"人本来是没有尾巴的，为什么要夹紧尾巴呢？好比那个狗，有翘尾巴的时候，有夹尾巴的时候。大概是打了几棍子的时候它就夹紧尾巴，大概是有了几批成绩的时候它的尾巴就翘起来了。我希望，我们所有的同志，首先是老同志，不要翘尾巴，而要夹紧尾巴，戒骄戒躁，永远保持谦虚进取的精神。

第六点，戒"左"戒右。有人说，"'左'比右好"，许多同志都这么说。其实，也有许多人在心里说，"右比'左'好"，但不讲出来，只有诚实的人才讲出来。有这么两种意见。什么叫"左"？超过时代，超过当前的情况，在方针政策上、在行动上冒进，在斗争的问题上、在发生争论的问题上乱斗，这是"左"，这个不好。落在时代的后面，落在当前情况的后面，缺乏斗争性，这是右，这个也不好。我们党内不但有喜欢"左"的，也有不少喜欢右的，或者中间偏右，都是不好的。我们要进行两条战线的斗争，既反对"左"，也反对右。

关于高岗、饶漱石反党联盟问题，我就讲这么几点意见。

四　关于目前形势

国际形势，国内形势，党内形势，这三种形势怎样呢？是光明面占优势，还是黑暗面占优势呢？应当肯定，不论国际、国内、党内形势，都是光明面占优势，黑暗面占劣势。在我们这个会场上也是如此。不要因为有很多人作了自我批评，以为就黑暗了。这些同志是着重讲了他们的缺点错误，没有讲他们的长处，哪一年参加革命，哪里又打了胜仗，哪里有工作成绩，这些话都没有讲。专看他们这一篇检讨，那末就黑暗了。其实，这是一面，在很多同志身上，这是次要的一面。这跟高岗、饶漱石和张、张、赵、马、郭五虎将不同，他们不能适用这个估计：光明面占优势。高岗有什么光明面占优势呀？他是全部黑暗，天昏地黑，日月无光。至于我们的同志那就不同，略有黑暗，这个东西可以洗干净，用肥皂多洗几回。

为什么要提出准备对付突然事变，准备对付反革命复辟，准备对付高饶事件的重复发生呢？这是说，从最坏的可能性着想，总不吃亏。不论任何工作，我们都要从最坏的可能性来想，来部署。无非是这些坏得不得了的事：帝国主义者发动新的世界大战，蒋介石又来坐北京，高饶反党联盟一类的事件重新发生，而且不只一个，而是十个，一百个。尽管有那么多，我们都先准备好了，就不怕了。你有十个，也只有五双，没有什么了不起，我们都估计到了。帝国主义拿来吓唬我们的原子弹和氢弹，也没有什么可怕。世界上的事情，总是一物降一物，有一个东西进攻，也有一个东西降它。看《封神榜》就知道，哪有一个“法宝”是不能破的呀？那样多的“法宝”都破了。我们相信，只要依靠人民，世界上就没有攻不破的“法宝”。

五　为胜利召开党的第八次全国代表大会而斗争

中央决定一九五六年下半年，召开党的第八次全国代表大会。有三个议事日程：（一）中央委员会的工作报告；（二）修改党章；（三）选举新的中央委员会。明年七月以前要完成代表的选举及文件的准备工作。要求在这一年多的时间内，各方面的工作，经济、文教、军事、党务、政治思想、群众团体、统一战线、少数民族工作，都要大进一步。

我顺便讲一讲少数民族工作的问题。要反对大汉族主义。不要以为只是汉族帮助了少数民族，而少数民族也很大地帮助了汉族。有些同志总是在那里吹，我们可帮助了你们，就没有看到没有少数民族是不行的。我国百分之五十到百分之六十的地方，是什么人住的？是汉族住的，还是什么人住的？百分之五十到百分之六十的地方是少数民族居住的。那里物产丰富，有很多宝贝。现在，我们帮助少数民族很少，有些地方还没有帮助，而少数民族倒是帮助了汉族。有些少数民族，需要我们先去帮助他们，然后他们才能帮助我们。少数民族在政治上很大地帮助了汉族，他们加入了中华民族这个大家庭，就是在政治上帮助了汉族。少数民族和汉族团结在一起了，全国人民都高兴。所以，少数民族在政治上、经济上、国防上，都对整个国家、整个中华民族有很大的帮助。那种以为只有汉族帮助了少数民族，少数民族没有帮助汉族，以及那种帮助了一点少数民族，就自以为了不起的观点，是错误的。

我们讲在这一年中各方面的工作要大进一步，就是要把已经揭露出来的缺点、错误加以改正。不要在这次会上许了愿，到明年召开“八大”时还照样有那么多缺点、错误，原封未动。所以要为召开“八大”而斗争者，就是要把缺点、错误改正，比如铺张浪费、大屋顶这样一些东西，认真地负责地改一下。不要在这里许了愿，一回去大家就把两脚一伸睡起觉来了。

有人建议一年或者两年开一次这样的会议，使同志之间互相监督，我认为可以考虑。谁监督我们这些人呢？互相监督是好办法，可以促进党和国家的事业迅速进步。是迅速进步，不是慢慢地进步。党的代表大会，十年没有开了。当然头五年不应当开，因为兵荒马乱，又开了“七大”，后五年可以开而没有开。没有开也有好处：高饶问题搞清楚再开，不然他们要利用“八大”大做文章。同时，我们的五年计划也上了轨道，过渡时期总路线也提出来了，又经过这次代表会议使大家在思想上更加统一了，为召开党的第八次代表大会准备了条件。在党的第八次代表大会上，不要每个人去检讨一篇，但对我们工作中的缺点和错误，还是要作公开的批评和自我批评。不实行马克思主义的这一条是不行的。

批评要尖锐。这次有些批评，我觉得不那么尖锐，总是怕得罪人的样子。你不那样尖锐，不切实刺一下，他就不痛，他就不注意。要有名有姓，哪一个部门，要指出来。你没有搞好，我是不满意的，得罪了你就得罪了你。怕得罪人，无非是怕丧失选举票，还怕工作上不好相处。你不投我的票，我就吃不了饭？没有那回事。其实，你讲出来了，把问题尖锐地摆在桌面上，倒是好相处了。不要把棱角磨掉。牛为什么要长两只角呢？牛之所以长两只角，是因为要斗争，一为防御，二为进攻。我常跟同志讲，你头上长“角”没有？你们各位同志可以摸一摸。我看有些同志是长了“角”的，有些同志长了“角”但不那样尖锐，还有些同志根本没有长“角”。我看，还是长两只“角”好，因为这是合乎马克思主义的。马克思主义有一条，叫做批评和自我批评。

所以，定期召开会议，进行批评和自我批评，这是一种同志间互相监督，促使党和国家事业迅速进步的好办法。建议各省、市委同志们考虑，你们是不是也可以这样做？你们不是学中央吗？我看这一点是可以学的。

最后，我请同志们注意，也请全党同志注意：

为在一九五六年胜利地召开党的第八次全国代表大会而斗争！

为胜利地完成第一个五年计划而斗争！

根据中央档案馆保存的讲话记录稿刊印。

注　　释

〔1〕一九五三年全国财经工作会议和全国组织工作会议期间及其前后，当时任中共中央政治局委员、国家计划委员会主席的高岗，和当时任中共中央委员、中央组织部部长的饶漱石相互勾结，阴谋分裂党、篡夺党和国家的最高权力。一九五四年中共七届四中全会揭露和批判了他们的反党阴谋活动。一九五五年中国共产党全国代表会议通过决议，将他们开除出党。

〔2〕这句话的新译文是："共产党人不屑于隐瞒自己的观点和意图。"（《马克思恩格斯选集》第1卷，人民出版社1995年版，第307页）

〔3〕张秀山（一九一一——一九九六），陕西神木人。一九五四年中共七届四中全会时，任中共中央东北局第二副书记兼纪委书记、监委会主任。一九七八年中共十一届三中全会后，曾任国家农委副主任、中共中央顾问委员会委员等职。

〔4〕郭峰，一九一五年生，吉林德惠人。一九五四年中共七届四中全会时，任中共中央东北局组织部部长。一九七八年中共十一届三中全会后，曾任中共辽宁省委第一书记、中央顾问委员会委员等职。

〔5〕安子文，当时任中共中央组织部副部长。

〔6〕指一九五三年十二月二十四日召开的中共中央政治局扩大会议。

〔7〕张明远（一九〇六——一九九八），河北玉田人，一九五四年中共七届四中全会时，任中共中央东北局副书记、东北行政委员会副主席，一九七八年中共十一届三中全会后，曾任国务院机械工业委员会副主任、政协全国委员会常委等职。赵德尊，一九一三年生，辽宁辽中人，一九五四年中共七届四中全会时，任中共中

央东北局秘书长，一九七八年中共十一届三中全会后，曾任中共黑龙江省委书记、省人大常委会主任等职。马洪，一九二〇年生，山西定襄人，一九五四年中共七届四中全会时，任国家计划委员会秘书长，一九七八年中共十一届三中全会后，曾任中国社会科学院党委书记、院长，国务院副秘书长、国务院经济技术社会发展研究中心总干事等职。

〔8〕向明（一九〇九——一九六九），山东临朐人，曾任中共中央山东分局副书记、山东省人民政府副主席，一九五四年因所谓向明反党宗派集团问题受打击，一九六三年甄别平反。扬帆（一九一二——一九九九），江苏常熟人，曾任上海市公安局局长，一九五五年因所谓潘汉年扬帆案被捕，一九六五年被判有期徒刑十六年，一九八三年彻底平反。

〔9〕托洛茨基（一八七九——一九四〇），十月革命时，任俄国社会民主工党（布尔什维克）中央政治局委员、彼得格勒苏维埃主席。十月革命后，曾任外交人民委员、陆海军人民委员、革命军事委员会主席、共产国际执行委员会委员等职。一九二六年十月联共（布）中央全会决定，撤销他的中央政治局委员职务。一九二七年一月共产国际执行委员会决定，撤销他的执行委员职务，同年十一月被开除出党。一九二九年一月被驱逐出苏联。一九四〇年八月在墨西哥遭暗杀。

〔10〕张国焘（一八九七——一九七九），江西萍乡人。一九二一年参加中国共产党第一次全国代表大会。曾在中共中央、中华苏维埃共和国临时中央政府、中国工农红军中担任过领导职务。长征途中进行分裂党和红军的活动，另立中央。到达陕北后任陕甘宁边区政府副主席、代主席。一九三八年四月，乘祭黄帝陵之机逃离陕甘宁边区，经西安到武汉，投入国民党特务集团，成为中国革命的叛徒，随即被开除出党。

〔11〕陈独秀（一八七九——一九四二），安徽怀宁人。五四新文化运动的主要领导人之一。五四运动后，接受和宣传马克思主义，是中国共产党的主要创建人之一。在党成立后的最初六年中是党的主要领导人。在第一次国内革命战争后期，犯了严重的右倾投降主义错误。第一次国内革命战争失败后，对于革命前途悲观失望，接受托派观点，在党内成立小组织，进行反党活动，一九二九年十一月被开除出党。一九三二年十月被国民党逮捕，一九三七年八月出狱。一九四二年病故于四川江津。

〔12〕孔夫子，即孔子，春秋末期思想家、政治家、教育家，儒家的创始人。

同印尼总理沙斯特罗阿米佐约的谈话

（一九五五年五月二十六日）

我们之间没有隔阂。我们为你们好，因为对你们好的，也对我们好。希望你们强盛起来，发展起来，这对我们和对世界和平都有好处。亚非国家刚在万隆开过一次会〔1〕，这些国家都应该强盛起来，包括日本在内。过去日本不好，但是现在也受欺侮。受帝国主义欺侮的国家都强盛起来就好了。

由于科伦坡五国〔2〕的发起和召集，并在印尼总统和总理的主持下，万隆会议才开得好。中国是作为一个亚非国家参加这次会议的，以这种身分中国也尽了一份力量。中国愿意同所有的国家友好合作，中国参加这次会议不是去做坏事的。由于中国所采取的态度，有些对我们不友好的国家，如日本、菲律宾、泰国，在会议中同我们还可以相处，还过得去，没有什么大的过不去。当然，别扭还不少，但还是有些共同的地方。我们同这些国家有一种情况是相同的，它们也有同样的困难，那就是受美国这个帝国主义国家的欺侮。泰国的经济也是不发达的。日本虽然比我们先进，但是它也有经济困难。这是一般地说，当然也有个别例外。因此，在政治上和经济上，一般地说，我们是有某种共同点的。这次亚非会议恐怕是有史以来亚非国家举行的第一次会议。

西方国家几百年以来，由于进行长期的侵略，它们对亚非两洲产生一种心理，轻视落后国家。它们说我们是有色人种。这是拿肤色来区分，就好像说有色金属那样。我们这些“有色金属”是会膨胀起来的，当然，我们不会去侵略别人。但“有色金属”是更有价值的，因为有色金属包括金、银、铜、锡等。

一个民族多少世纪以来不仅保存了而且发展了，一定有它的长处，否则不能理解。西方国家说我们的民族不好，那末我们的民族怎么能保存并发展了呢？

我们很谈得来。我们同尼赫鲁〔3〕总理和吴努〔4〕总理谈过，现在又同沙斯特罗阿米佐约总理谈了话。我们作为朋友是能够处得好的。在西方国家面前，我们的问题是团结起来，保卫自己，而不是互相打主意，彼此损害。我们的关系不是互相损害，而是互利，不仅在商业上和文化上如此，在政治上也进行合作，万隆会议就是一个例子。我们要使这些国家每年都能看到进步。我们要互相帮助，解决一些可能解决的困难问题。我们各有各的困难问题，经过互相帮助，争取解决这些难题。为此，就要采取步骤来消除存在于我们之间的不了解和障碍，增加互相的了解。例如，中国同印度之间过去有一个西藏问题，中国同缅甸之间有华侨问题和国界问题，中国同印尼之间也有华侨问题。对于那些同我们关系不大好的国家，我们也要采取具体步骤来解决一些问题。就是像泰国、菲律宾那样的国家，我们的想法也是一样，只要有可能，就争取搞好同它们的关系。我们曾经同尼赫鲁总理和吴努总理谈过泰国的问题，并请他们帮助我们劝说一下泰国。泰国说怕我们派军队去打它，但是怎么可以乱打呢？泰国又怕我们的傣族自治区[5]。我们说它可以派领事到昆明，看看我们是不是要去打它。周总理在万隆曾经同泰国的外长谈过，也是为了搞好关系。如果可能的话，希望总理先生见到泰国和菲律宾的领导人时替我们说说，告诉他们中国是想跟他们的国家友好的。

就是西方国家，只要它们愿意，我们也愿同它们合作。我们愿意用和平的方法来解决存在的问题。打仗总是不好的，特别是对西方国家是没有好结果的，历史已经证明了这一点。在战争中固然双方都损失物资和生命，但是，历史证明战争有一个政治后果对西方国家是不利的。第一次世界大战后，苏俄解脱了旧有的关系；第二次世界大战后，中国和许多国家得到了解放。第二次世界大战产生了两种结果：第一，产生了像中国、波兰、捷克斯洛伐克等由共产党管事的国家；第二，像在印尼、印度、缅甸这样的许多亚非国家中，民族主义者所领导的运动使这些国家成为独立自主或者接近独立自主的国家。自从第二次世界大战以来，埃及有了很大的改变，许多近东和中东国家也是如此。虽然美国强了起来，但是西方国家的阵营总的说是削弱了。

几年前，在座的人都是不合法的，我们都是“非法之徒”、“叛徒”、“坏人”。但是现在改变了。我们把那些所谓的好人赶跑了，你们赶走了日本人和荷兰人，我们赶走了日本人、美国人和蒋介石。这些人都说我们坏得很。尼赫鲁总理、吴努总理和沙斯特罗阿米佐约总理都是坐过很久班房的。我们可以用这段历史去说服西方国家。它们说，它们的势力大得很，那末为什么第二次世界大战之后我们都独立起来了呢？这个历史根据是很有力量的，不是造谣，也不是吓人。过去西方国家吓了我们几百年，现在到底是它们吓倒了我们，还是我们吓倒了它们呢？因此，结论是第三次世界大战最好不打，如果打，结果不是对我们不利，不是对亚非国家不利，而是对西方国家不利。如果说这是吓人，那也可以，但是我们这样说是有根据的，我们是有两次世界大战的历史作为根据的。正是考虑了这一点，我们说，用谈判来解决问题，试试看。况且朝鲜战争和印度支那战争最后都是用谈判解决的，台湾问题也可以用谈判解决。我们已经在万隆会议表明了这一点，可以用这一点去说服西方国家。但是西方国家可能不听，它们的想法是偏在一边的，认为它们钢铁多、钱多、原子弹多。对于这些，我们怕不怕呢？有一点怕，不十分怕。我们说有一点怕，因为武器是杀人的。我们的人民不希望遭受损失，因此我们不要战争。西方国家手里这些东西的作用，是不会超过人民的力量的，因为人民是有生命的。西方国家有许多大王，什么煤油大王、钢铁大王、汽车大王，历史证明大王的结局都是不妙的。希特勒〔6〕、墨索里尼〔7〕、东条〔8〕、蒋介石都曾经是大王。这间屋子就是皇帝曾经住过的，但是他们现在已经不在这里了。大王都是手里掌握许多东西的，人民手里没有东西。我相信，印尼朋友开始斗争的时候手里也是没有东西的。我们在开始斗争的时候手无寸铁，我们的对手都是全副武装的。但是手无寸铁的人民却把全副武装的人赶跑了。几千年来的历史证明，腐朽的人手里东西越多，倒得也越快。因此，结论还是一个：和平为上。

就原子弹而言，亚非国家是无产者，我们这些国家连一个原子弹都没有。希望在这方面富有的国家善用其“宝”，如果乱用的话，不见得对它们有利。我们连一个原子弹也没有，怎么能去侵略人家呢？用双手去侵略有原子弹的人，岂不危险？但是人家却把我们叫“侵略者”，说中国人是好侵略的。第一，我们“侵略”了中国大陆，现在又要“侵略”金门、马祖；第二，金日成〔9〕在朝鲜“侵略”到三八线〔10〕，中国后来又帮助了金日成；第三，胡志明〔11〕也“侵略”到十七度线〔12〕。而说我们的那种人倒似乎是十分爱好和平的。我们听说，荷兰人也说印尼要“侵略”西伊里安〔13〕。

总理先生说，印尼要和平利用自己的丰富的资源，我完全同意。印尼的前途是了不得的，有那么多的宝藏。日本虽然现在比较发达，但是资源贫乏，印尼是一定能超过日本的。印尼和日本的人口差不多，但是印尼的地方大，气候好，蕴藏的物资尤其丰富，若干年以后也会出现一个比日本更强的新印尼。当然印尼是和平利用它的资源，这对其他的人也是有利的。

中国人民完全支持印尼人民保卫自己的国家。我们相信，印尼人民也同样支持中国人民保卫自己的国家。我找不到我们两国间有任何利害冲突，而只能找到两国合作有互利的方面。

亚非国家的团结是有希望的，万隆会议已经走了第一步。以后我们应该共同努力，继续工作，团结起来，促进和平。即使有战争，我们也可以把它推迟。我们要争取和平的环境，时间要尽可能的长，这是有希望的，有可能的。如果美国愿意签订一个和平条约，多长的时期都可以，五十年不够就一百年，不知道美国干不干。现在主要的问题就是美国，我想你们是不会反对的。

根据中央文献出版社、世界知识出版社一九九四年出版的《毛泽东外交文选》刊印。原题是《和平为上》。

注释

〔1〕指一九五五年四月十八日至二十四日在印度尼西亚万隆举行的第一次亚非会议，即万隆会议。参加会议的有缅甸、锡兰（今斯里兰卡）、印度、印度尼西亚和巴基斯坦五个发起国，以及阿富汗、柬埔寨、中华人民共和国、埃及等，共二十九个亚非国家。会议广泛讨论了民族主权、反殖民主义斗争、世界和平以及与会国之间的经济文化合作等问题，发表了《亚非会议最后公报》，提出了著名的关于促进世界和平与合作的十项原则。

〔2〕指缅甸、锡兰（今斯里兰卡）、印度、印度尼西亚和巴基斯坦。一九五四年四月二十八日至五月二日，这五个国家的总理在锡兰首都科伦坡举行会议，提出召开亚非会议的主张。同年十二月二十八日至二十九日，他们在印度尼西亚的茂物举行第二次会议，决定联合发起在一九五五年召开亚非会议。

〔3〕尼赫鲁，当时任印度总理。

〔4〕吴努，当时任缅甸总理。

〔5〕一九五三年我国在云南省曾建立西双版纳傣族自治区和德宏傣族景颇族自治区，后分别在一九五五年、一九五六年改为自治州。

〔6〕希特勒，见本卷第94页注〔3〕。

〔7〕墨索里尼（一八八三——一九四五），意大利法西斯首领。早年曾参加意大利社会党，后被开除。一九二一年组织法西斯党，一九二二年用暴力夺取政权，建立了法西斯专政。一九三九年同德国缔结政治、军事同盟，次年追随德国参加第二次世界大战。一九四三年七月，由于军事失败和国内反法西斯运动的高涨，他的独裁政权垮台。一九四五年四月二十八日，被意大利游击队处死。

〔8〕东条，即东条英机，见本卷第94页注〔4〕。

〔9〕金日成，当时任朝鲜劳动党中央委员会委员长、朝鲜民主主义人民共和

国内阁首相。

〔**10**〕三八线，见本卷第 99 页注〔5〕。

〔**11**〕胡志明，当时任越南劳动党中央委员会主席、越南民主共和国主席。

〔**12**〕十七度线，参见本卷第 373 页注〔9〕。

〔**13**〕西伊里安，指印度尼西亚新几内亚岛西半部及其近海岛屿，今伊里安查亚省。一九四九年印度尼西亚独立时，荷兰政府在美国的支持下继续霸占这一地区。印尼政府曾多次希望通过谈判解决西伊里安问题，却屡遭阻挠和破坏。为维护国家的独立和主权，印尼人民展开声势浩大的收复西伊里安运动和反殖民主义的武装斗争，迫使荷兰政府同意谈判。一九六三年五月一日荷兰政府将西伊里安主权交还印度尼西亚。

调查粮食征购和供销情况的通知

（一九五五年五月二十八日）

上海局、各分局、各省市委：

关于粮食问题的情况，请于接电后一个月内将下列各点调查清楚报告我们（计算的范围，除第六项问题外，其余五项都是除去盐民、林民、渔民、牧民、船民、灾民和经济作物的农民，即专算产粮农民，并以省为单位计算平均数）：（一）去年定产偏高的占百分之几，偏低的占百分之几，恰当的占百分之几；（二）缺粮户（以缺一个月粮为起点计算）占百分之几，自足户占百分之几，余粮户占百分之几；（三）缺粮户供应方面，该供应的真缺粮户占百分之几，不该供应而供应了的假缺粮户占百分之几（除去周转粮不计在内），本粮食年度内因对假缺粮户盲目供应而耗费的粮食共有若干；（四）以叫唤缺粮的人为一百，真缺粮而又供应不足或供应不及时因而引起叫唤的占百分之几，假叫唤的占百分之几；（五）销售补课工作，已经做好的占乡或户的百分之几，尚未做好的乡或户占百分之几，何时可以做好；（六）各省市销粮肯定应当减少，下一粮食年度究竟可减销若干。以上六项问题，如因时间来不及，请根据若干可靠的典型材料加以估算，于七月五日以前（全国人民代表大会开会以前）先行报来。精确调查，留待下半年做。

中　央

一九五五年五月二十八日

根据毛泽东手稿刊印。

关于农业合作化问题[1]

（一九五五年七月三十一日）

一

在全国农村中，新的社会主义群众运动的高潮就要到来。我们的某些同志却像一个小脚女人，东摇西摆地在那里走路，老是埋怨旁人说：走快了，走快了。过多的评头品足，不适当的埋怨，无穷的忧虑，数不尽的清规和戒律，以为这是指导农村中社会主义群众运动的正确方针。

否，这不是正确的方针，这是错误的方针。

目前农村中合作化的社会改革的高潮，有些地方已经到来，全国也即将到来。这是五亿多农村人口的大规模的社会主义的革命运动，带有极其伟大的世界意义。我们应当积极地热情地有计划地去领导这个运动，而不是用各种办法去拉它向后退。运动中免不了要出些偏差，这是可以理解的，也是不难纠正的。干部中和农民中存在的缺点或错误，只要我们积极地去帮助他们，就会克服或纠正。干部和农民是在党的领导之下前进的，运动基本上是健康的。在有些地方，他们在工作中犯了一些错误，例如：一方面排斥贫农入社，不照顾贫农的困难；另一方面又强迫富裕中农入社，侵犯他们的利益。这些都应该向他们去进行教育，加以纠正，而不是简单地去进行斥责。简单的斥责是不能解决问题的。要大胆指导运动，不要前怕龙，后怕虎。干部和农民在自己的斗争经验中将改造他们自己。要让他们做，在做的中间得到教训，增长才干。这样，大批的优秀人物就会产生。前怕龙后怕虎的态度不能造就干部。必须由上面派出大批经过短期训练的干部，到农村中去指导和帮助合作化运动；但是由上面派下去的干部也要在运动中才能学会怎样做工作。光是进了训练班，听到教员讲了几十条，还不一定就会做工作。

总之，领导不应当落在群众运动的后头。而现在的情况，正是群众运动走在领导的前头，领导赶不上运动。这种情况必须改变。

二

现在，全国合作化运动已经在大规模进展中，我们却还需要辩论这样的问题：合作社能不能发展呢？能不能巩固呢？就某些同志来说，看来问题的中心是在他们忧虑现有的几十万个半社会主义的一般地是小型的（每社平均只有二十几户）合作社能不能巩固。如果不能巩固，当然谈不到发展。某些同志看了过去几年合作化发展的历史还是不相信，他们还要看一看一九五五年这一年的发展情况怎么样。他们也许还要在一九五六年看一年，如果更多的合作社巩固了，他们才会真正相信农业合作化是可能的，他们也才会相信我党中央的方针是正确的。所以，这两年的工作很要紧。

为了证明农业合作化的可能性和我党中央对于农业合作化的方针的正确性，我们现在就来谈一谈我国农业合作化运动的历史，也许不是无益的。

在中华人民共和国成立以前，在二十二年的革命战争中，我党已经有了在土地改革之后，领导农民，组织带有社会主义萌芽的农业生产互助团体的经验。那时，在江西是劳动互助社和耕田队，在陕北是变工队，在华北、华东和东北各地是互助组。那时，半社会主义和社会主义的农业生产合作社的组织，也已经个别地产生。例如，在抗日时期，在陕北的安塞县，就出现了一个社会主义性质的农业生产合作社。不过，这种合作社在当时还没有推广。

我党领导农民更广泛地组织农业生产互助组，并且在互助组的基础上开始成批地组织农业生产合作社，是在中华人民共和国成立以后。到现在，又已经有了差不多六年的历史了。

一九五一年十二月十五日，我党中央做出第一个先向地方党组织发布并且在各地试行的关于农业生产互助合作决议〔2〕草案的时候（这个文件到一九五三年三月，才在报纸上以正式决议的形式发表），已经有了三百多个农业生产合作社。过了两年，到一九五三年十二月十六日我党中央发布关于农业生产合作社决议〔3〕的时候，农业生产合作社已经发展到一万四千多个，两年时间增加了四十六倍。

这个决议指出，要在一九五三年冬季到一九五四年秋收的时候，农业生产合作社由一万四千多个，发展到三万五千八百多个，即只准备增加一倍半，而其结果，这一年却发展到了十万个合作社，成为一万四千多个合作社的七倍多。

一九五四年十月我党中央决定，由十万个合作社增加五倍，发展到六十万个合作社，结果完成了六十七万个合作社。到一九五五年六月为止，经过初步整理之后，缩减了两万个社，留下了六十五万个社，较计划数字超过了五万个社。入社农户共有一千六百九十万户，平均每社二十六户。

这些合作社，大部分是在北方几个解放较早的省份。在全国大多数解放较晚的省份中，每省都已经建立了一批农业生产合作社，安徽、浙江两省建立的较多些，但是其他各省建立的数目还不很多。

这些合作社，一般地是小型的；但是其中也有少数的大型社，每社有的七八十户，有的一百多户，有的达到几百户。

这些合作社，一般地是半社会主义的；但是其中也有少数发展成了社会主义的高级社。

同农民的农业生产合作化运动的发展同时，我国已经有了少数社会主义的国营农场。到一九五七年，国营农场将达到三千零三十八个，耕地面积将达到一千六百八十七万亩。其中，机械化农场将达到一百四十一个（包括一九五二年原有的和第一个五年计划时期内增加的），耕地面积将达到七百五十八万亩；非机耕的地方国营农场二千八百九十七个，耕地面积将达到九百二十九万亩。国营农业在第二第三两个五年计划时期内将有大规模的发展。

一九五五年春季，我党中央决定，农业生产合作社发展到一百万个。这个数目字同原有的六十五万个社比较，只增加三十五万个，即只增加半倍多一点。我觉得似乎少了一点，可能需要比原有的六十五万个社增加一倍左右，即增加到一百三十万个左右的合作社，使全国二十几万个乡，除了某些边疆地区以外，每乡都有一个至几个小型的半社会主义性质的农业生产合作社，以作榜样。这些合作社，过一两年就有经验了，就成了老社了，别人就会向它们学习了。由现在到一九五六年十月秋收以前，还有十四个月，完成这样一个建社计划，应当是可能的。希望各省区的负责同志回去研究一下，按照实际情况定出一个适当的计划，于两个月内报告中央。那时我们再来讨论一次，最后定案。

问题是能不能巩固。有人说，去年的五十万个合作社的计划太大了，冒进了，今年的三十五万个合作社的计划也太大了，也冒进了。他们怀疑建立这样多的合作社不能巩固。

究竟能不能巩固呢？

当然，社会主义工业化和社会主义改造都不是容易的事情。要将大约一亿一千万农户由个体经营改变为集体经营，并且进而完成农业的技术改革，确有很多的困难；但是我们应当相信，我们党是能够领导群众克服这些困难的。

就农业合作化问题来说，我认为我们应当相信：(1)贫农、新中农中间的下中农和老中农中间的下中农，因为他们的经济地位困难（贫农），或者他们的经济地位虽然比较解放以前有所改善，但是仍然不富裕（下中农），因此，他们是有一种走社会主义道路的积极性的，他们是积极地响应党的合作化号召的，特别是他们中间的觉悟较高的分子，这种积极性更大。

我认为我们应当相信：(2)党是有能力领导全国人民进到

社会主义社会的。我们党已经胜利地领导了一个伟大的人民民主革命,建立了以工人阶级为首的人民民主专政,也就一定能够领导全国人民,在大约三个五年计划的时期内,基本上完成社会主义工业化和对于农业、手工业、资本主义工商业的社会主义改造。在农业方面,也同其他方面一样,我们已经有了足以说服人的有力量的证据。请看第一批三百个合作社,第二批一万三千七百个合作社,第三批八万六千个合作社,以上三批共有十万个合作社,都是一九五四年秋季以前建立起来的,都巩固了,为什么一九五四年至一九五五年的第四批合作社(五十五万个),一九五五年至一九五六年的第五批合作社(暂定控制数字为三十五万个,尚待最后确定)就不能巩固呢?

我们应当相信群众,我们应当相信党,这是两条根本的原理。如果怀疑这两条原理,那就什么事情也做不成了。

三

为了使全国农村逐步地完成合作化,必须认真地整顿已有的合作社。

必须强调注重合作社的质量,反对不顾质量、专门追求合作社和农户的数目字的那一种偏向。因此,必须注重整社的工作。

整社不是一年整一次,而是一年整两次至三次。有些今年上半年已经整了一次的(有些地方似乎整得很粗糙,还没有下大力去整),我建议今年秋冬再整第二次,明年春夏再整第三次。现有六十五万个合作社中,有五十五万个是去冬今春建立的新社，其中有一批比较巩固的所谓“一类社”[4]。加上以前的十万个已经巩固了的老社，那末，已经巩固的社是不少的。可以不可以由这些已经巩固的合作社带领其余尚待巩固的合作社逐步地获得巩固呢？应当肯定地说是可以的。

我们应当爱惜农民和干部的任何一点微小的社会主义积极性，而不应当去挫折它。我们应当同合作社社员、合作社干部和县、区、乡干部共命运，同呼吸，不要挫折他们的积极性。

要下决心解散的合作社，只是那些全体社员或几乎全体社员都坚决不愿意干下去的合作社。如果一个合作社中只有一部分人坚决不愿意干，那就让这一部分人退出去，而留下大部分人继续干。如果有大部分人坚决不愿意干，只有一小部分人愿意干，那就让大部分人退出去，而将小部分人留下继续干。即使这样，也是好的。河北省有一个很小的合作社只有六户，三户老中农坚决不想再干下去，结果让他们走了；三户贫农[5]则表示无论如何要继续干下去，结果让他们留下，社的组织也保存了。其实，这三户贫农所表示的方向，就是全国五亿农民的方向。一切个体经营的农民，终归是要走这三户贫农所坚决地选择了的道路的。

浙江由于采取所谓“坚决收缩”的方针（不是浙江省委决定的），一下子就从五万三千个合作社中解散了一万五千个包括四十万农户的合作社，引起群众和干部的很大不满，这是很不妥当的。这种“坚决收缩”的方针，是在一种惊惶失措的情绪支配下定出来的。这样一件大事不得中央同意就去做，也是不妥当的。并且在一九五五年四月，中央就提出过这样的警告：“不要重犯一九五三年大批解散合作社的那种错误，否则又要作检讨。”可是有些同志不愿意听。

在胜利面前，我认为有两种不好：(1)胜利冲昏了头脑，使自己的头脑大大膨胀起来，犯出“左”的错误，这当然不好。(2)胜利吓昏了头脑，来一个“坚决收缩”，犯出右的错误，这也不好。现在的情况是属于后一种，有些同志被几十万个小型合作社吓昏了。

四

必须认真地做好建社以前的准备工作。

必须一开始就注重合作社的质量，反对单纯地追求数量的偏向。

不打无准备的仗，不打无把握的仗。这是我党在过去革命战争时期的著名口号。这个口号也可以用到建设社会主义的工作中来。要有把握，就要有准备，而且要有充分的准备。要在一个省、一个专区和一个县里面建设一批新的农业生产合作社，必须事前做好许多的准备工作。这些工作大体是：(1)批判错误思想，总结工作经验。(2)在农民群众中，有系统地和反复地宣传我党关于农业合作化的方针、政策和办法。在向农民作宣传的时候，不但要解释合作化的好处，也要指出合作化过程中会要遇到的困难，使农民有充分的精神准备。(3)按照实际情况，拟定全省的、全专区的、全县的、全区的和全乡的发展农业合作化的全面规划，从其中拟定年度规划。(4)用短期方式训练办社干部。(5)普遍地大量地发展农业生产互助组，并且只要有可能就促使许多互助组互相联合起来，组成互助组的联合组，打好进一步联合起来建立合作社的基础。

有了这些条件，就有可能使合作社发展的数量和质量统一的问题基本上得到解决；但是还要在一批合作社建成以后，跟着就去进行整顿工作。

看一批合作社建立起来以后能不能巩固，第一就看建社以前的准备工作是不是做得好，第二就看建社以后的整顿工作是不是做得好。

建社工作和整社工作都要依靠党和青年团的乡支部。因此，建社工作和整社工作都要同在乡村中的建党建团工作和整党整团工作密切地相结合。

不论建社工作和整社工作，都应当以乡村中当地的干部为主要力量，鼓励和责成他们去做；以上面派去的干部为辅助力量，在那里起指导和帮助的作用，而不是去包办代替一切。

五

农业生产合作社，在生产上，必须比较单干户和互助组增加农作物的产量。决不能老是等于单干户或互助组的产量，如果这样就失败了，何必要合作社呢？更不能减低产量。已经建立起来了的六十五万个农业生产合作社有百分之八十以上的社都增加了农作物的产量，这是极好的情况，证明农业生产合作社社员的生产积极性是高的，合作社胜过互助组，更胜过单干户。

为了要增加农作物的产量，就必须：(1)坚持自愿、互利原则；(2)改善经营管理（生产计划、生产管理、劳动组织等）；(3)

提高耕作技术(深耕细作、小株密植、增加复种面积、采用良种、推广新式农具、同病虫害作斗争等);(4)增加生产资料(土地、肥料、水利、牲畜、农具等)。这是巩固合作社和保证增产的几个必不可少的条件。

坚持自愿、互利原则,现在必须注意解决以下各项问题:(1)耕畜和大农具是否以迟一两年再入社为适宜,入社作价是否公道和还款时间是否过长;(2)土地报酬和劳动报酬的比例是否适当;(3)合作社所需要的资金如何筹集;(4)某些社员是否可以使用自己的一部分劳动力去从事某些副业生产(因为现在我们建立起来的农业生产合作社,一般地还是半社会主义性质的,所以,上述四个问题必须注意解决得恰当,才不至于违反贫农和中农之间的互利原则,只有在互利的基础之上才能实现自愿);(5)社员的自留地应有多少;(6)社员成分问题,等等。

这里谈一个社员成分问题。我以为在目前一两年内,在一切合作社还在开始推广或者推广不久的地区,即目前的大多数地区,应当是:(1)贫农;(2)新中农中间的下中农;(3)老中农中间的下中农——这几部分人中间的积极分子,让他们首先组织起来。这几部分人中间暂时还不积极的分子则不要勉强地拉进来。等到他们的觉悟程度提高了,他们对于合作社感到兴趣了,然后再分批地把他们吸收进合作社。这几部分人的经济地位是比较接近的。他们的生活或者还是困难的(贫农,他们分得了土地,比较解放前是好多了,但是还因为人力畜力和农具的不足,生活仍然感到困难),或者还不富裕(下中农),因此,他们有一种组织合作社的积极性。虽然如此,他们中间的积极性的程度，由于种种原因，仍然是不同的，有些人很积极，有些人暂时还不大积极，有些人还要看一看。因此，我们对于一切暂时还不想加入合作社的人，即使他们是贫农和下中农也吧，要有一段向他们进行教育的时间，要耐心地等待他们的觉悟，不要违反自愿原则，勉强地把他们拉进来。

至于新中农中间的上中农和老中农中间的上中农，即一切经济地位较为富裕的中农，除开若干已经有了走社会主义道路的觉悟、真正自愿加入合作社的，可以吸收他们入社以外，其余暂时都不要吸收，更不要勉强地把他们拉进来。这是因为他们现在还没有走社会主义道路的觉悟，只有等到农村中大多数人都加入合作社了，或者合作社的单位面积产量提高到同这些富裕中农的单位面积产量相等甚至更高了，他们感到再单干下去在各方面都对他们不利，而惟有加入合作社才是较为有利的时候，他们才会下决心加入合作社。

这样，先将经济地位贫苦或者还不富裕的人们（约占农村人口百分之六十到七十），按其觉悟程度，分作多批，在几年内，组成合作社，然后再去吸收富裕中农。这样就可以避免命令主义。

在最近几年内，在一切还没有基本上合作化的地区，坚决地不要接收地主和富农加入合作社。在已经基本上合作化了的地区，在那些已经巩固的合作社内，则可以有条件地分批分期地接收那些早已放弃剥削、从事劳动，并且遵守政府法令的原来的地主分子和富农分子加入合作社，参加集体的劳动，并且在劳动中继续改造他们。

六

在发展的问题上，目前不是批评冒进的问题。说现在合作社的发展“超过了实际可能”，“超过了群众的觉悟水平”，这是不对的。中国的情况是：由于人口众多、已耕的土地不足（全国平均每人只有三亩田地，南方各省很多地方每人只有一亩田或只有几分田），时有灾荒（每年都有大批的农田，受到各种不同程度的水、旱、风、霜、雹、虫的灾害）和经营方法落后，以致广大农民的生活，虽然在土地改革以后，比较以前有所改善，或者大为改善，但是他们中间的许多人仍然有困难，许多人仍然不富裕，富裕的农民只占比较的少数，因此大多数农民有一种走社会主义道路的积极性。我国社会主义工业化的建设和它的成就，正在日益促进他们的这种积极性。对于他们说来，除了社会主义，再无别的出路。这种状况的农民，占全国农村人口的百分之六十到七十。这就是说，全国大多数农民，为了摆脱贫困，改善生活，为了抵御灾荒，只有联合起来，向社会主义大道前进，才能达到目的。这种感觉，已经在广大的贫农和非富裕的农民中间迅速地发展起来。富裕的或比较富裕的农民，只占全国农村人口的百分之二十到三十，他们是动摇的，有些人是在力求走资本主义道路的。前面说过，贫农和非富裕的农民中间也有许多人，因为觉悟不高，暂时还是观望的，他们也有摇摆；但是同富裕农民比较，他们是容易接受社会主义的。这是实际存在的情况。而我们的有些同志却忽略了这种情况，认为现在刚刚发展起来的几十万个小型的半社会主义的农业生产合作社，即已“超过了实际可能”，“超过了群众的觉悟水平”，这是看见了较小量的富裕农民，忘记了最大量的贫农和非富裕农民。这是第一种错误思想。

这些同志还对于共产党在农村中的领导力量和广大农民对于共产党的热忱拥护这样一种情况，估计不足。他们认为我们的党对于几十万个小型合作社都难于巩固，大发展更不敢设想。他们悲观地描写党在领导农业合作化工作中的现时状况，认为“超过了干部的经验水平”。不错，社会主义革命是一场新的革命。过去我们只有资产阶级民主革命的经验，没有社会主义革命的经验。但是怎样去取得这种经验呢？是用坐着不动的方法去取得呢，还是用走进社会主义革命的斗争中去、在斗争中学习的方法去取得呢？不实行五年计划，不着手进行社会主义工业化的工作，我们怎么能够取得工业化的经验呢？五年计划中就有农业合作化的部分，我们不去领导农民在每乡每村都办起一个至几个农业生产合作社来，试问“干部的经验水平”从何处得来，又从何处提高呢？显然，所谓现时农业生产合作社的发展状况“超过了干部的经验水平”这样一种思想，是一种错误的思想。这是第二种错误思想。

这些同志看问题的方法不对。他们不去看问题的本质方面，主流方面，而是强调那些非本质方面、非主流方面的东西。应当指出：不能忽略非本质方面和非主流方面的问题，必须逐一地将它们解决。但是，不应当将这些看成为本质和主流，以致迷惑了自己的方向。

我们必须相信：（1）广大农民是愿意在党的领导下逐步地走上社会主义道路的；（2）党是能够领导农民走上社会主

义道路的。这两点是事物的本质和主流。如果缺乏这种信心，我们就不可能在大约三个五年计划时期内基本上建成社会主义。

七

苏联建成社会主义的伟大历史经验，鼓舞着我国人民，它使得我国人民对于在我国建成社会主义充满了信心。可是，就在这个国际经验问题上，也存在着不同的看法。有些同志不赞成我党中央关于我国农业合作化的步骤应当和我国的社会主义工业化的步骤相适应的方针，而这种方针，曾经在苏联证明是正确的。他们认为在工业化的问题上可以采取现在规定的速度，而在农业合作化的问题上则不必同工业化的步骤相适应，而应当采取特别迟缓的速度。这就忽视了苏联的经验。这些同志不知道社会主义工业化是不能离开农业合作化而孤立地去进行的。首先，大家知道，我国的商品粮食和工业原料的生产水平，现在是很低的，而国家对于这些物资的需要却是一年一年地增大，这是一个尖锐的矛盾。如果我们不能在大约三个五年计划的时期内基本上解决农业合作化的问题，即农业由使用畜力农具的小规模的经营跃进到使用机器的大规模的经营，包括由国家组织的使用机器的大规模的移民垦荒在内（三个五年计划期内，准备垦荒四亿亩至五亿亩），我们就不能解决年年增长的商品粮食和工业原料的需要同现时主要农作物一般产量很低之间的矛盾，我们的社会主义工业化事业就会遇到绝大的困难，我们就不可能完成社会主义工业化。这个问题，苏联在建设社会主义的过程中是曾经遇到了的，苏联是用有计划地领导和发展农业合作化的方法解决了，我们也只有用这个方法才能解决它。其次，我们的一些同志也没有把这样两件事联系起来想一想，即：社会主义工业化的一个最重要的部门——重工业，它的拖拉机的生产，它的其他农业机器的生产，它的化学肥料的生产，它的供农业使用的现代运输工具的生产，它的供农业使用的煤油和电力的生产等等，所有这些，只有在农业已经形成了合作化的大规模经营的基础上才有使用的可能，或者才能大量地使用。我们现在不但正在进行关于社会制度方面的由私有制到公有制的革命，而且正在进行技术方面的由手工业生产到大规模现代化机器生产的革命，而这两种革命是结合在一起的。在农业方面，在我国的条件下（在资本主义国家内是使农业资本主义化），则必须先有合作化，然后才能使用大机器。由此可见，我们对于工业和农业、社会主义的工业化和社会主义的农业改造这样两件事，决不可以分割起来和互相孤立起来去看，决不可以只强调一方面，减弱另一方面。苏联的经验，在这个问题上也给我们指出了方向，我们的有些同志却没有注意，他们老是孤立地互不联系地去看这些问题。其次，我们的一些同志也没有把这样两件事联系起来想一想，即：为了完成国家工业化和农业技术改造所需要的大量资金，其中有一个相当大的部分是要从农业方面积累起来的。这除了直接的农业税以外，就是发展为农民所需要的大量生活资料的轻工业的生产，拿这些东西去同农民的商品粮食和轻工业原料相交换，既满足了农民和国家两方面的物资需要，又为国家积累了资金。而轻工业的大规模的发展不但需要重工业的发展，也需要农业的发展。因为大规模的轻工业的发展，不是在小农经济的基础上所能实现的，它有待于大规模的农业，而在我国就是社会主义的合作化的农业。因为只有这种农业，才能够使农民有比较现在不知大到多少倍的购买力。这种经验，苏联也已经提供给我们了，我们的有些同志却没有注意。他们老是站在资产阶级、富农或者具有资本主义自发倾向的富裕中农的立场上替较少的人打主意，而没有站在工人阶级的立场上替整个国家和全体人民打主意。

八

有些同志，又在苏联共产党的历史上找到了根据，拿来批评我国目前的农业合作化工作中的所谓急躁冒进。《苏联共产党(布)历史简明教程》不是告诉了我们，他们的许多地方党组织，曾经在合作化的速度问题上，在一个时期内，犯过急躁冒进的错误吗？我们难道不应当注意这一项国际经验吗？

我认为我们应当注意苏联的这一项经验，我们必须反对任何没有准备的不顾农民群众觉悟水平的急躁冒进的思想；但是我们不应当容许我们的一些同志利用苏联的这项经验来为他们的爬行思想作掩护。

我党中央是怎样决定在中国进行农业合作化的呢？

第一、它是准备以十八年的时间基本上完成这个计划的。从一九四九年十月中华人民共和国成立的时候起，到一九五二年，这三年多一点的时间，是为完成恢复我国经济的任务度过了的。在这个时间内，在农业方面，我们除了实行土地改革和恢复农业生产这些任务之外，我们还在一切老解放区大大地推广了农业生产互助组的组织，并且着手组织半社会主义的农业生产合作社，取得了一些经验。接着是从一九五三年起的第一个五年计划，到现在已经实行了差不多三年，我们的农业合作化运动已经向全国范围内推广，我们的经验也增加了。从中华人民共和国成立直到第三个五年计划的完成，共有时间十八年。我们准备在这个时间内，同基本上完成社会主义工业化、基本上完成手工业和资本主义工商业的社会主义改造同时，基本上完成农业方面的社会主义的改造。这是可能的吗？苏联的经验告诉我们，这是完全可能的。苏联是在一九二〇年结束国内战争的，从一九二一年到一九三七年，共有十七年时间完成了农业的合作化，而它的合作化的主要工作是在一九二九年到一九三四年这六年时间内完成的。在这个时间内，虽然苏联的一些地方党组织，如像《苏联共产党(布)历史简明教程》上所说的，犯过一次所谓“胜利冲昏头脑”的错误，〔6〕但是很快就被纠正。苏联终于用很大的努力胜利地完成了整个农业的社会主义改造，并且在农业方面完成了强大的技术改造。苏联所走过的这一条道路，正是我们的榜样。

第二、我们在农业社会主义改造方面采取了逐步前进的办法。第一步，在农村中，按照自愿和互利的原则，号召农民组织仅仅带有某些社会主义萌芽的、几户为一起或者十几户为一起的农业生产互助组。然后，第二步，在这些互助组的基础上，仍然按照自愿和互利的原则，号召农民组织以土地入股和统一经营为特点的小型的带有半社会主义性质的农业生产合作社。然后,第三步,才在这些小型的半社会主义的合作社的基础上,按照同样的自愿和互利的原则,号召农民进一步地联合起来,组织大型的完全社会主义性质的农业生产合作社。这些步骤,可以使农民从自己的经验中逐步地提高社会主义的觉悟程度,逐步地改变他们的生活方式,因而可以使他们较少地感到他们的生活方式的改变好像是突然地到来的。这些步骤,可以基本上避免在一个时间内(例如在一年到两年内)农作物的减产,相反,它必须保证每年增产,而这是可以做到的。现在已有的六十五万个农业生产合作社,百分之八十以上的社是增产的,百分之十几的社是不增不减的,百分之几的社是减产的。这后面的两类情况是不好的,特别是减产的一类最不好,必须用大力去整顿。因为有百分之八十以上的合作社是增产的(增产的数量由百分之十到百分之三十);又因为那百分之十几的合作社虽然第一年不增不减,但是经过整顿,第二年可能增产;最后,那百分之几减产的合作社,经过整顿,第二年也有可能增产,或者进到不增不减的地位。所以,就整个说来,我们的合作化的发展是健康的,是可以基本上保证增产而避免减产的。这些步骤,又是训练干部的很好的学校。经过这些步骤,大量的合作社管理人员和技术人员就可以逐步地训练出来。

第三、每年按照实际情况规定一次发展农业合作化的控制数字,并且要对合作化的工作进行几次检查。这样,就可以根据情况的变化、成绩的好坏,决定各省各县各乡的每年具体发展的步骤。有些地方是可以暂停一下,从事整顿的;有些地方是可以边发展,边整顿的。有些合作社的部分社员可以让他们退社，个别的合作社也可以让它们暂时解散。有些地方应当大量地建立新社，有些地方可以只在老社中扩大农户的数目。各省各县，在发展了一批合作社之后，必须有一个停止发展进行整顿的时间，然后再去发展一批合作社。那种不许有停顿、不许有间歇的思想是错误的。至于对于合作化运动的检查工作，中央、各省委、区党委、市委和地委必须十分抓紧，每年不是进行一次，而是应当进行几次。一有问题就去解决，不要使问题成了堆才去作一次总解决。批评要是及时的批评，不要老是爱好事后的批评。例如今年七个月内，单是中央召集地方负责同志讨论农村合作化问题的会议，连同这次会议在内，就有了三次。实行这种因地制宜、及时指导的方法，就可以保证我们的工作少犯一些错误，犯了错误也可以迅速纠正。

从上述种种情况看来，难道不可以说我党中央对于农业合作化问题的指导方针是正确的，因而足以保证运动的健康发展吗？我想可以这样说，并且应当这样说的，将这种方针估价为"冒进"的说法是完全错误的。

九

有些同志，从资产阶级、富农或者具有资本主义自发倾向的富裕中农的立场出发，错误地观察了工农联盟这样一个极端重要的问题。他们认为目前合作化运动的情况很危险，他们劝我们从目前合作化的道路上"赶快下马"。他们向我们提出了警告："如果不赶快下马，就有破坏工农联盟的危险。"我们认为恰好相反，如果不赶快上马，就有破坏工农联盟的危险。

这里看来只有一字之差，一个要下马，一个要上马，却是表现了两条路线的分歧。大家知道，我们已经有了一个工农联盟，这是建立在反对帝国主义和封建主义、从地主手里取得土地分给农民、使农民从封建所有制解放出来这样一个资产阶级民主革命的基础之上的。但是这个革命已经过去了，封建所有制已经消灭了。现在农村中存在的是富农的资本主义所有制和像汪洋大海一样的个体农民的所有制。大家已经看见，在最近几年中间，农村中的资本主义自发势力一天一天地在发展，新富农已经到处出现，许多富裕中农力求把自己变为富农。许多贫农，则因为生产资料不足，仍然处于贫困地位，有些人欠了债，有些人出卖土地，或者出租土地。这种情况如果让它发展下去，农村中向两极分化的现象必然一天一天地严重起来。失去土地的农民和继续处于贫困地位的农民将要埋怨我们，他们将说我们见死不救，不去帮助他们解决困难。向资本主义方向发展的那些富裕中农也将对我们不满，因为我们如果不想走资本主义的道路的话，就永远不能满足这些农民的要求。在这种情况之下，工人和农民的同盟能够继续巩固下去吗？显然是不能够的。这个问题，只有在新的基础之上才能获得解决。这就是在逐步地实现社会主义工业化和逐步地实现对于手工业、对于资本主义工商业的社会主义改造的同时，逐步地实现对于整个农业的社会主义的改造，即实行合作化，在农村中消灭富农经济制度和个体经济制度，使全体农村人民共同富裕起来。我们认为只有这样，工人和农民的联盟才能获得巩固。如果我们不这样做，这个联盟就有被破坏的危险。劝我们“下马”的那些同志，在这个问题上是完全想错了。

十

必须现在就要看到，农村中不久就将出现一个全国性的社会主义改造的高潮，这是不可避免的。到第一个五年计划最后一年的末尾和第二个五年计划第一年的开头，即在一九五八年春季，全国将有二亿五千万左右的人口——五千五百万左右的农户(以平均四口半人为一户计算)加入半社会主义性质的合作社，这就是全体农村人口的一半。那时，将有很多县份和若干省份的农业经济，基本上完成半社会主义的改造，并且将在全国各地都有一小部分的合作社，由半社会主义变为全社会主义。我们将在第二个五年计划的前半期，即在一九六〇年，对于包括其余一半农村人口的农业经济，基本上完成半社会主义的改造。那时，由半社会主义的合作社改变为全社会主义的合作社的数目，将会加多。在第一第二两个五年计划时期内，农村中的改革将还是以社会改革为主，技术改革为辅，大型的农业机器必定有所增加，但还是不很多。在第三个五年计划时期内，农村的改革将是社会改革和技术改革同时并进，大型农业机器的使用将逐年增多，而社会改革则将在一九六〇年以后，逐步地分批分期地由半社会主义发展到全社会主义。中国只有在社会经济制度方面彻底地完成社会主义改造，又在技术方面，在一切能够使用机器操作的部门和地方，统统使用机器操作，才能使社会经济面貌全部改观。由于我国的经济条件，技术改革的时间，比较社会改革的时间，会要长一些。估计在全国范围内基本上完成农业方面的技术改革，大概需要四个至五个五年计划，即二十年至二十五年的时间。全党必须为了这个伟大任务的实现而奋斗。

十一

要有全面的规划，还要加强领导。

要有全国的、全省的、全专区的、全县的、全区的、全乡的关于合作化分期实行的规划。并且要根据实际工作的发展情况，不断地修正自己的规划。省、专、县、区、乡各级的党和青年团的组织，都要严重地注意农村问题，切实地改善自己对于农村工作的领导。各级地方党委和团委的主要负责同志都要抓紧研究农业合作化的工作，都要把自己变成内行。总而言之，要主动，不要被动；要加强领导，不要放弃领导。

十二

一九五四年八月（这已经不是新闻了），中国共产党黑龙江省委的报告〔7〕说："随着农村合作化高涨形势的形成和发展，农村各类互助合作组织和各阶层群众，已经程度不同地普遍地动起来了。现有的农业生产合作社正在筹划和酝酿扩大社员，作为建社对象的农业生产互助组正在筹划和酝酿扩充自己的户数，不够条件的农业生产互助组也要求进一步地发展和提高它们自己。群众有的张罗入新社，有的张罗入老社。今年不准备入社的人们，也在积极地酝酿插入互助组。动的面很广，已经形成了一个群众性的运动。这是农业合作化大发展的一个新的突出的特点。但由于某些县、区有的领导同志，未能适应这个新的特点，及时地加强领导，因此，部分村屯（按：黑龙江省的村是行政单位，等于关内各省的乡。黑龙江省的屯，不是行政单位，等于关内各省的村。）在群众自找对象中，已经开始产生‘强找强，排挤贫困农民’，‘争骨干，争社员，相互闹不团结’，‘骨干盲目集中’，‘富农和资本主义思想较严重的富裕农民趁机组织低级组或富农社’等等不健康的现象。这些，都充分说明了在农业合作化大发展的情况下，光是从建立新社这个范围和角度出发，考虑贯彻执行党的政策，领导这个运动，已经不够了，必须从全村范围（按：即全乡范围）和全面推进农业合作化运动的角度出发，既考虑到老社的扩大，也考虑到新社的建立，既考虑到合作社的发展，也考虑到互助组的提高，既考虑到今年，也考虑到明年，以至后年。只有这样，才能全面地实现党的政策，使农业合作化运动健康地向前发展。”

这里所说的“某些县、区有的领导同志，未能适应这个新的特点，及时地加强领导”，只是黑龙江一个省是这样的吗？只是某些县、区吗？我看，这种领导落在运动后面的严重情况，很可能在全国许多领导机关中都找得出它的代表人物来。

黑龙江省委的报告又说：“双城县的希勤村，以村为单位，采取领导和群众自愿相结合的方法，进行了全面规划。这是领导合作化大发展的一种创举。其重要作用，首先在于通过规划，全面地实行了党在农村的阶级路线，加强了贫农和中农的团结，有力地开展了对于富农倾向的斗争。从农业全面合作化的利益着眼，适当地配备了骨干力量，调整和密切了社和社、社和组的关系，从而有计划地全面地推进了农业合作化运动。其次，通过这样的规划，就把农业合作化大发展的工作，具体地布置到基层领导和广大群众中去，使党的村支部懂得了如何进行领导，使老社懂得了如何向前发展，使新社懂得了如何建社，使互助组懂得了提高的具体方向，更加发挥了党的村支部和广大群众的主动性和积极性，充分地体现了依靠党支部、依靠群众的经验和智慧的正确原则。最后，正由于通过这种规划，可以进一步地摸清农村的底，具体地全面地去贯彻执行党的政策。因此，既可以防止急躁冒进，又可以防止保守自流，从而正确地实现了中央的'积极领导，稳步前进'的方针。"

黑龙江省委报告中所说的某些"不健康的现象"，究竟怎样解决的呢？省委的报告没有直接回答这个问题。但是在省委报告的后面附载了双城县委的一个报告，这个报告回答了这个问题。这个报告说："通过党支部领导和群众自愿相结合进行全面规划的结果，排挤贫困户入社的偏向纠正了，骨干过分集中的问题解决了，互相争骨干、争社员的现象没有了，社组关系更加密切，富农和富裕中农组织富农社或低级组的企图失败了，基本上实现了党支部的计划。两个老社扩大了社员百分之四十，搭起了六个新社的架子，整顿起两个互助组。估计搞得好，明年（按：即一九五五年）全村就可以合作化。目前，全村群众，正在积极地实现今年农业合作化的发展计划和搞好增产保收。村干部普遍认为：'得亏这样一搞，要不就乱了，不但今年搞不好，还要影响明年。'"

我看就照这样办吧。

全面规划，加强领导，这就是我们的方针。

根据一九五五年十月十七日
《人民日报》刊印。

注　释

〔1〕这是毛泽东在中共中央召集的省委、市委、自治区党委书记会议上的报告。报告中不点名地批评了中共中央农村工作部部长、国务院副总理邓子恢和他领导的中央农村工作部在农业合作化问题上的所谓右倾错误。中共十一届三中全会以后，经过调查核实，国家农委党组一九八〇年十二月八日向中共中央报送了《关于为邓子恢同志平反问题的请示报告》。一九八一年三月九日，中共中央办公厅在转发这个报告的通知中指出：报告“已经中央同意”，中央认为，邓子恢同志和他所主持的中央农村工作部，“是坚持社会主义方向，坚持党的路线、方针、政策的，工作成绩是显著的。他对农业集体化运动中一些重要问题所提出的意见，大都是正确的。过去党内对他和中央农村工作部的批判、处理是错误的，应予平反，强加的一切不实之词，应予推倒，恢复名誉”。

〔2〕这个决议，中共中央一九五一年十二月十五日以草案形式发给地方各级党委试行。一九五三年二月十五日中共中央发出通知，将这个决议草案作为正式决议，在三月二十七日《人民日报》发表。决议指出，在我国农村完成土地改革以后，必须按照自愿和互利的原则，积极领导农民走互助合作的道路。决议规定了互助合作运动三种主要的形式，即：临时互助组，常年互助组，和以土地入股为特点的农业生产合作社。

〔3〕这个决议，总结了我国各地农业生产互助合作运动的经验，特别是一九五一年以来发展农业生产合作社的经验。决议规定：“党在农村中工作的最根本的任务，就是要善于用明白易懂而为农民所能够接受的道理和办法去教育和促进农民群众逐步联合组织起来，逐步实行农业的社会主义改造，使农业能够由落后的小规模生产的个体经济变为先进的大规模生产的合作经济，以便逐步克服工业和农业这两个经济部门发展不相适应的矛盾，并使农民能够逐步完全摆脱贫困的状况而取得共同富裕和普遍繁荣的生活。”同时指出：“根据我国的经验，农民这种在

生产上逐步联合起来的具体道路，就是经过简单的共同劳动的临时互助组和在共同劳动的基础上实行某些分工分业而有某些少量公共财产的常年互助组，到实行土地入股、统一经营而有较多公共财产的农业生产合作社，到实行完全的社会主义的集体农民公有制的更高级的农业生产合作社。”

〔**4**〕当时一般把办得比较好的、中等的和不好的农业生产合作社，分别称作一类社、二类社和三类社。

〔**5**〕这里指河北省安平县南王庄的三户贫农王玉坤、王小其、王小庞。

〔**6**〕参见《联共(布)党史简明教程》(人民出版社 1975 年版)第 338—341 页。

〔**7**〕指中共黑龙江省委农村工作部一九五四年八月关于双城县农村合作化运动中进行全面规划的经验给中央农村工作部的报告。

关于依靠贫农巩固地团结中农问题

（一九五五年九月七日）

上海局，各省市委、自治区党委：

现将福建省委一九五五年八月三十一日关于农业合作化问题的报告一件，发给你们参考。中央认为福建省委的方针是正确的。关于"依靠贫农（包括全部原为贫农的新中农在内）巩固地团结中农"这个口号，在目前基本上依然是正确的，但是因为（一）新中农中间出现了富裕中农（即上中农），这些人中间除了若干政治觉悟较高的人以外，其余的人暂时还不愿意加入合作社；（二）老中农中间的下中农，由于他们的经济地位原来就不富裕，有些则因为在土地改革的时候不正当地受了一些侵犯，这些人在经济地位上和新中农中间的下中农大体相似，他们对于加入合作社一般地感到兴趣。因为以上两个原因，故在一切合作化还没有达到高潮，富裕中农还缺乏觉悟的地方，以首先吸收（一）贫农，（二）新中农中间的下中农（在毛泽东同志报告[1]的修正本中，对于中农只分为上中农下中农两部分，未提中中农，以免分得过细，不易区别。现在所说的下中农实际上包括原来所说的新中农中间的下中农和中中农两个部分),(三)老中农中间的下中农,这样三部分人加入合作社为适宜(并应依其觉悟程度,分作多批吸收进来,首先吸收觉悟较高的分子)。对于凡在目前不愿入社的富裕中农,即新老中农中间的上中农,则不要勉强拉入。目前许多地方发生强迫富裕中农入社,目的在打他们的耕畜、农具的主意(作价过低,还期过长),实际上侵犯他们的利益,违反了"巩固地团结中农"的原则。而这个马克思主义的原则,我们无论在什么时候都是决不可以违反的。至于富裕中农中间资本主义思想浓厚的一些人,在目前一切合作社初办或者还不占优势的地方,不论是把他们拉进来,或者他们自己企图钻入合作社谋取领导地位(并非由于真正的政治觉悟),或者企图组织低级社如黑龙江双城县所发现的那样,对于树立贫农和下中农的领导地位都很不利(个别公道能干政治觉悟高的富裕中农,当然不在此例),而一切合作社是必须树立贫农和下中农的领导地位的。有人说,现在的提法似乎是放弃"依靠贫农巩固地联合中农"这个口号了,这是不对的,我们不是放弃这个口号,而是使这个口号按照新的情况加以具体化,即将新中农中间已经上升为富裕中农的人们,不算作依靠对象的一部分,而将老中农中间的下中农算作依靠对象的一部分,这是按照他们的经济地位和对于合作化运动是否采取积极态度来划分的。这即是说,贫农和两部分下中农,相当于老贫农,作为依靠对象,而两部分上中农,则相当于老中农,作为巩固地团结的对象,而目前团结他们的办法之一,就是不要强迫他们入社,侵犯他们的利益。

此外,关于在农村中依靠什么人的问题,还要明了几点。

我们首先应当依靠党团员。我们区委以上的领导机关或者派到农村指导工作的干部，不去首先依靠农村中的党团员，而把党团员混同于非党团员群众，这是不对的。第二，应当依靠非党群众中比较更积极一些的分子，这种人应当占农村人口百分之五左右（例如一个二千五百左右人口的乡，应有这样的积极分子一百二十五人左右），我们应当努力训练出这样一批人，我们也不应当把他们混同于一般群众。第三才是依靠一般贫农和两部分下中农的广大群众。这个依靠什么人和如何依靠法的问题不弄清楚，合作化运动就会犯错误。

中　央

一九五五年九月七日

根据毛泽东手稿刊印。

注　释

〔1〕指毛泽东一九五五年七月三十一日在省委、市委、自治区党委书记会议上作的《关于农业合作化问题》报告。见本卷第418—442页。

《中国农村的社会主义高潮》按语选[1]

（一九五五年九月、十二月）

一

这里介绍的合作社，就是王国藩领导的所谓“穷棒子社”。勤俭经营应当是全国一切农业生产合作社的方针，不，应当是一切经济事业的方针。勤俭办工厂，勤俭办商店，勤俭办一切国营事业和合作事业，勤俭办一切其他事业，什么事情都应当执行勤俭的原则。这就是节约的原则，节约是社会主义经济的基本原则之一。中国是一个大国，但是现在还很穷，要使中国富起来，需要几十年时间。几十年以后也需要执行勤俭的原则，但是特别要提倡勤俭，特别要注意节约的，是在目前这几十年内，是在目前这几个五年计划的时期内。现在有许多合作社存在着一种不注意节约的不良作风，应当迅速地加以改正。每一个省每一个县都可以找到一些勤俭办社的例子，应当把这些例子传开去，让大家照着做。应当奖励那些勤俭的、产量最高的、各方面都办得好的合作社，应当批评那些浪费的、产量很低的、各方面都做得差的合作社。

（《勤俭办社》〔2〕一文按语）

二

这是一个很有兴趣的故事。社会主义这样一个新事物，它的出生，是要经过同旧事物的严重斗争才能实现的。社会上一部分人，在一个时期内，是那样顽固地要走他们的老路。在另一个时期内，这些同样的人又可以改变态度表示赞成新事物。富裕中农的大多数，在一九五五年上半年，对于合作化还是反对的，下半年就有一部分人改变了态度，表示要入合作社，虽然其中有一些人的目的是为了想要取得合作社的领导权而入社的。另一部分人表现了极大的动摇，口里讲要加入，心里还是不大愿意。第三部分人则是顽固地还要等着看。在这个问题上，农村的党组织对于这个阶层要有等待的耐心。为了建立贫农和新下中农在领导方面的优势，某些富裕中农迟一点加入合作社反而是有利的。

（《他们坚决选择了合作化的道路》〔3〕一文按语）

三

这个材料有很大的说服力。使一个地方健全地达到合作化的问题是党的政策和工作方法的问题。只要我们党对于处理合作化问题上的各项政策是正确的，只要我们党当着发动群众加入合作社的时候所采用的工作方法,不是命令主义的或者简单从事的方法,而是向群众讲道理,作分析,完全依靠群众自觉自愿的方法,那末,完成合作化,并且达到增产,决不是很困难的。河北省邢台县东川口村是老解放区,全村七十户,在一九五二年以前都加入了互助组,有一个强的党支部,又有王志琪那样为群众所信任的领袖人物,各方面的条件都成熟了。所以那个村,在一九五二年,只费了一个多月的时间,就建成了合作社,完成了半社会主义的合作化。在条件没有这个村这样完备的地方怎么办呢?那就是准备条件的问题,有几个月,或者一年,或者更多一点时间,也就可以了。条件可以边做边准备。办一些小社,就是替全村全乡全区的合作化准备条件。东川口这个材料还着重地说明了党支部如何向群众进行宣传教育工作,如何依靠群众的自觉自愿去建立合作社的问题。其中有所谓"倒宣传",是很值得注意的一点。关于劳动组织和劳动管理方面的问题,这个材料描绘了整个曲折变化的过程,结果出现了逐年增产的巨大的成绩。事实证明,这个合作社是健全的。一切合作社,都要以是否增产和增产的程度,作为检验自己是否健全的主要的标准。

(《只花一个多月时间就使全村合作化》〔4〕一文按语)

四

政治工作是一切经济工作的生命线。在社会经济制度发生根本变革的时期,尤其是这样。农业合作化运动,从一开始，就是一种严重的思想的和政治的斗争。每一个合作社，不经过这样的一场斗争，就不能创立。一个崭新的社会制度要从旧制度的基地上建立起来，它就必须清除这个基地。反映旧制度的旧思想的残余，总是长期地留在人们的头脑里，不愿意轻易地退走的。合作社建立以后，还必须经过许多的斗争，才能使自己巩固起来。巩固了以后，只要一松劲，又可能垮台。山西省解虞县三娄寺合作社，就是在巩固以后，因为松劲，几乎垮了台的。仅在那里的党组织批判了自己的错误，重新向社员群众进行了反对资本主义加强社会主义的教育，恢复了政治工作，方才克服了那里的危机，走上了继续发展的道路。反对自私自利的资本主义的自发倾向，提倡以集体利益和个人利益相结合的原则为一切言论行动的标准的社会主义精神，是使分散的小农经济逐步地过渡到大规模合作化经济的思想的和政治的保证。这一工作是艰巨的，必须根据农民的生活经验，很具体地很细致地去做，不能采用粗暴的态度和简单的方法。它是要结合着经济工作一道去做的，不能孤立地去做。这种工作，在全国范围内，我们已经有了相当丰富的经验。本书所载的作品，几乎每一篇都表现了这一个特点。

（《严重的教训》〔5〕一文按语）

五

这样的技术夜校，每个乡，在目前至少是大多数的乡，都应当办起来，青年团的各级组织应当管这件事。农民的学习技术，应当同消灭文盲相结合，由青年团负责一同管起来。技术夜校的教员，可以就地选拔，并且要提倡边教边学。

（《一个受欢迎的农业技术夜校》〔6〕一文按语）

六

这一篇很有用，可作各县参考。每县都应当在自己的全面规划中，做出一个适当的水利规划。兴修水利是保证农业增产的大事，小型水利是各县各区各乡和各个合作社都可以办的，十分需要定出一个在若干年内，分期实行，除了遇到不可抵抗的特大的水旱灾荒以外，保证遇旱有水，遇涝排水的规划。这是完全可以做得到的。在合作化的基础之上，群众有很大的力量。几千年不能解决的普通的水灾、旱灾问题，可能在几年之内获得解决。

（《应当使每人有一亩水地》〔7〕一文按语）

七

这篇文章应当引起一切合作社的严重注意。合作社应当设立监察委员会，负责检查合作社的账目，对于干部的贪污盗窃行为进行严肃的斗争。党和团的支部应当严重地注意这个问题。

（《必须向贪污、盗窃的犯法行为进行严肃的斗争》〔8〕一文按语）

八

这是一个十三年的长远计划，可以作为各地的参考。这种计划的用处，是有一个长远的目标，使人们的眼光不被限制在眼前走出的一步。这种计划只是一个大的方向，还要用每一个五年计划和每一年的年度计划去加以具体化。由于几个年度计划的实行，远景计划会要一再加以修改的。

（《黄安坨农林牧生产合作社的远景规划》〔9〕一文按语）

九

这篇文章反映了一种普遍的情况，就是在筹集农业资金方面，农民群众中间有很大的潜在能力。在农业合作化的过程中，在资金方面，国家应当给予农民以必要的援助，例如现在已经设立的贫农基金和其他贷款。但是资金的主要的大量的部分，还是应当依靠农民自己筹集。而这是完全可能的。对于农民的潜在力量估计不足，是错误的。

（《合作社自己可以解决生产资金》〔10〕一文按语）

十

为了建设伟大的社会主义社会，发动广大的妇女群众参加生产活动，具有极大的意义。在生产中，必须实现男女同工同酬。真正的男女平等，只有在整个社会的社会主义改造过程中才能实现。

（《妇女走上了劳动战线》〔11〕一文按语）

十一

这个材料有用，值得普遍注意。这个材料描绘了农村中各个阶层的动态。贫农对于合作化最积极。许多中农要“再看一看”，他们爱“在外边松快”，他们主要地是要看合作社对于他们的生产资料入社是否使他们不吃亏，他们是可以这样也可以那样的。许多富裕中农对于合作化有很大的抵触情绪；其中态度最坏的，在那里变卖生产资料，抽逃资金，组织假合作社，个别的甚至勾结地主富农做坏事。我们希望各地从事农村工作的同志们都注意观察和分析自己那里的各个阶层的动态，以便采取适合情况的政策。这个材料提到了注意合作社忽视互助组的错误倾向，提出了统筹兼顾的意见，这是正确的。“互助合作网”的办法是好的，就是要社、组兼顾，合作社要真正帮助互助组和单干户解决他们的当前生产的困难问题。贫农基金必须迅速发下去。现在还没有加入合作社的贫农，要告诉他们，他们什么时候入社，什么时候就可以取得这笔基金。

（《新情况和新问题》〔12〕一文按语）

十二

这一篇很好，各地均可仿照办理。“没有会计”，是反对合作化迅速发展的人们的借口之一。全国合作化，需要几百万人当会计，到哪里去找呢？其实人是有的，可以动员大批的高小毕业生和初中毕业生去做这个工作。问题是要迅速地加以训练，并且在工作中提高他们的文化和技术的水平。以区为单位，由生产合作社、供销合作社和信用合作社的会计员组成会计互助网，就是这种提高会计员的文化、技术水平的好办法。彰武县第三区的会计网，不但帮助会计员提高了他们的文化、技术水平，而且做了许多经济工作和政治工作。县和区的党组织，都要注意去领导这项工作。

（《一个由农业生产合作社、供销合作社和信用合作社的会计员组成会计互助网的经验》〔13〕一文按语）

十三

这是一个办得很好的合作社，可以从这里吸取许多有益的经验。曲阜县是孔夫子的故乡，他老人家在这里办过多少年的学校，教出了许多有才干的学生，这件事是很出名的。可是他不大注意人民的经济生活。他的学生樊迟问起他如何从事农业的话，他不但推开不理，还在背后骂樊迟做“小人”。现在他的故乡的人民办起社会主义的合作社来了。经过了两千多年仍然是那样贫困的人民，办了三年合作社，经济生活和文化生活都开始改变了面貌。这就证明，现在的社会主义确实是前无古人的。社会主义比起孔夫子的“经书”来，不知道要好过多少倍。有兴趣去看孔庙孔林的人们，我劝他们不妨顺道去看看这个合作社。

（《一个在三年内增产百分之六十七的农业生产合作社》〔14〕一文按语）

十四

这个经验应当普遍推行。列宁说过：“在一个文盲充斥的国家内，是建成不了共产主义社会的。”〔15〕我国现在文盲这样多，而社会主义的建设又不能等到消灭了文盲以后才去开始进行，这就产生了一个尖锐的矛盾。现在我国不仅有许多到了学习年龄的儿童没有学校可进，而且还有一大批超过学龄的少年和青年也没有学校可进，成年人更不待说了。这个严重的问题必须在农业合作化的过程中加以解决，也只有在农业合作化的过程中才能解决。农民组织了合作社，因为经济上的需要，迫切地要求学文化。农民组织了合作社，有了集体的力量，情况就完全改变了，他们可以自己组织学文化。第一步为了记工的需要，学习本村本乡的人名、地名、工具名、农活名和一些必要的语汇，大约两三百字。第二步，再学进一步的文字和语汇。要编这样两种课本。第一种课本应当由从事指导合作化工作的同志，帮助当地的知识分子，各就自己那里的合作社的需要去编。每处自编一本，不能用统一的课本。这种课本不要审查。第二种课本也应当由从事指导合作化工作的同志，帮助当地的知识分子，根据一个较小范围的地方（例如一个县，或者一个专区）的事物和语汇，加上一部分全省（市、区）的和全国性的事物和语汇编出来，也只要几百字。这种课本，各地也不要统一，由县级、专区级或者省（市、区）级的教育机关迅速地加以审查。做了这样两步之后再做第三步，由各省（市、区）教育机关编第三种通常应用的课本。以后还要有继续提高的课本。中央的文化教育机关应当给这件事以适当的指导。山东莒南县高家柳沟村的青年团支部做了一个创造性的工作。看了这种情况，令人十分高兴。教员是有的，就是本乡的高小毕业生。进度是快的，两个半月就有一百多个青年和壮年学会了两百多字，能记自己的工账，有些人当了合作社的记账员。记工学习班这个名称也很好。这种学习班，各地应当普遍地仿办。各级青年团组织应当领导这一工作，一切党政机关应当予以支持。

（《莒南县高家柳沟村青年团支部创办记工学习班的经验》〔16〕一文按语）

十五

这里又有一个陈学孟。在中国，这类英雄人物何止成千上万，可惜文学家们还没有去找他们，下乡去从事指导合作化工作的人们也是看得多写得少。

（《合作化的带头人陈学孟》〔17〕一文按语）

十六

这是一个组织起来抵抗灾荒的生动的例子。一切劳动农民，不论是哪个阶层，除了组织起来集体生产，是无法抵抗灾荒的。安徽繁昌县的中农柯先富和贫农柯百法的话，讲出了这个真理。

（《只有合作化才能抵抗天灾》〔18〕一文按语）

十七

这也是一个带普遍性的问题。根据这两个合作社的情况，按照现在的生产条件，就已经多余了差不多三分之一的劳动力。过去三个人做的工作，合作化以后，两个人做就行了，表示了社会主义的优越性。多余的三分之一甚至更多的劳动力向哪里找出路呢？主要地还是在农村。社会主义不仅从旧社会解放了劳动者和生产资料，也解放了旧社会所无法利用的广大的自然界。人民群众有无限的创造力。他们可以组织起来，向一切可以发挥自己力量的地方和部门进军，向生产的深度和广度进军，替自己创造日益增多的福利事业。这里还没有涉及农业机械化。机械化以后，劳动力更会大量节省，是不是有出路呢？根据一些机耕农场的经验仍然是有出路的，因为生产的范围大了，部门多了，工作细了，这就不怕有力无处使。

（《多余劳动力找到了出路》〔19〕一文按语）

十八

在合作化以前，全国很多地方存在着劳动力过剩的问题。在合作化以后，许多合作社感到劳动力不足了，有必要发动过去不参加田间劳动的广大的妇女群众参加到劳动战线上去。这是出于许多人意料之外的一件大事。过去，人们总以为合作化以后，劳动力一定会过剩。原来已经过剩了，再来一个过剩，怎么办呢！在许多地方，合作化的实践，打破了人们的这种顾虑，劳动力不是过剩，而是不足。有些地方，合作化以后，一时感到劳动力过剩，那是因为还没有扩大生产规模，还没有进行多种经营，耕作也还没有精致化的缘故。对于很多地方说来，生产的规模大了，经营的部门多了，劳动的范围向自然界的广度和深度扩张了，工作做得精致了，劳动力就会感到不足。这种情形，现在还只是在开始，将来会一年一年地发展起来。农业机械化以后也将是这样。将来会出现从来没有被人们设想过的种种事业，几倍、十几倍以至几十倍于现在的农作物的高产量。工业、交通和交换事业的发展，更是前人所不能设想的。科学、文化、教育、卫生等项事业也是如此。中国的妇女是一种伟大的人力资源。必须发掘这种资源，为了建设一个伟大的社会主义国家而奋斗。要发动妇女参加劳动，必须实行男女同工同酬的原则。浙江建德县的经验，一切合作社都可以采用。

（《发动妇女投入生产，解决了劳动力不足的困难》〔20〕一文按语）

十九

养猪是关系肥料、肉食和出口换取外汇的大问题，一切合作社都要将养猪一事放在自己的计划内，当然省、专、县、区都应有自己的计划。猪的饲料是容易解决的，某些青草，某些树叶，番薯藤叶和番薯都是饲料，不一定要精料，尤其不一定要用很多的精料。除了合作社公养以外，每个农家都要劝他们养一口至几口猪，分作几年达到这个目的。某些少数民族禁止养猪的和某些个别家庭因为宗教习惯不愿养猪的，当然不在此内。发展养猪事业要有一套奖励办法，浙江省上华合作社的经验可供各地参考。

（《这里养了一大批毛猪》〔**21**〕一文按语）

二十

这里所说的问题，有普遍的意义。中农是必须团结的，不团结中农是错误的。但是工人阶级和共产党，在农村中，依靠什么人去团结中农，实现整个农村的社会主义改造呢？当然只有贫农。在过去向地主作斗争、实行土地改革的时候是这样，在现在向富农和其他资本主义因素作斗争实行农业的社会主义改造的时候，也是这样。在两个革命时期，中农在开始阶段都是动摇的。等到看清了大势，革命将要胜利的时候，中农才会参加到革命方面来。贫农必须向中农做工作，把中农团结到自己方面来，使革命一天一天地扩大，直到取得最后的胜利。

现在的农业生产合作社的社务管理委员会，如同过去的农民协会一样，必须吸引老下中农和一部分觉悟较高的和有代表性的新老上中农参加，但是人数不可太多，以占三分之一左右为适宜。贫农（包括现在的贫农和原来是贫农的新下中农）委员的人数应当占到三分之二左右。社的主要领导干部，除了老下中农和若干觉悟很高、确实公道能干的新老上中农仍然可充当以外，一般应当由贫农（再说一遍，包括现在的贫农和原来是贫农的全部新下中农）来充当。我们对于福建省福安县贫农领导的合作社和中农领导的合作社对于社会主义事业表示不同的态度这样一种情况，不应当看作是个别的现象，它是具有普遍意义的。

（《福安县发生“中农社”和“贫农社”的教训》〔22〕一文按语）

二十一

这是一篇很好的整社经验，值得推荐。一个新的社会制度的诞生，总是要伴随一场大喊大叫的，这就是宣传新制度的优越性，批判旧制度的落后性。使我国五亿多农民实行社会主义改造这样一种惊天动地的事业，不可能是在一种风平浪静的情况下出现的，它要求我们共产党人向着背上背着旧制度包袱的广大的农民群众，进行耐心的生动的容易被他们理解的宣传教育工作。目前全国各地都在做这种工作，出现了很多善于做宣传的农村工作同志。这篇文章里所描写的“四对比、五算账”，就是向农民说明两种制度谁好谁坏、使人一听就懂的一种很好的方法。这种方法有很强的说服力。它不是像有些不善于做宣传的同志那样，仅仅简单地提到所谓“或者走共产党的道路，或者走蒋介石的道路”，只是企图拿大帽子压服听众，手里并无动人的货色，而是拿当地农民的经验向农民作细致的分析，这就具有很强的说服力。

（《一个整社的好经验》〔23〕一文按语）

二十二

这个乡的情况也证明，发展多种经营，剩余劳动力就有出路了。现在的小社和初级社，对于充分地利用劳动力和诸种生产资料，还是一种束缚。到了办大社和高级社的时候，就可以冲破这种束缚，而使整个生产力和生产向前发展一大步。那时候，更加需要发展多种经营，发展为城市和为乡村服务的许多大规模的事业。这样，才能充分利用整个生产力，首先是人力。

（《诸翟乡把大批兼营小商贩的农民吸引到农业合作中来了》〔24〕一文按语）

二十三

这一篇也很好。任何社会主义的经济事业，必须注意尽可能充分地利用人力和设备，尽可能改善劳动组织、改善经营管理和提高劳动生产率，节约一切可能节约的人力和物力，实行劳动竞赛和经济核算，借以逐年降低成本，增加个人收入和增加积累。农业合作社也必须是这样。在这方面，必须进行许多工作。

（《真如区李子园农业生产合作社节约生产费用的经验》〔25〕一文按语）

二十四

这也是一篇好文章，可作各地参考。其中提到组织中学生和高小毕业生参加合作化的工作，值得特别注意。一切可以到农村中去工作的这样的知识分子，应当高兴地到那里去。农村是一个广阔的天地，在那里是可以大有作为的。

（《在一个乡里进行合作化规划的经验》〔26〕一文按语）

二十五

这是一个普遍的严重的问题。各级党委和派到农村指导合作化工作的同志们，对于这个问题都应当引起充分的注意。合作社的领导机关必须建立现有贫农和新下中农在领导机关中的优势，而以老下中农和新老两部分上中农作为辅助力量，才能按照党的政策实现贫农和中农的团结，巩固合作社，发展生产，正确地完成整个农村的社会主义改造。没有这个条件，中农和贫农就不能团结，合作社就不能巩固，生产就不能发展，整个农村的社会主义改造就不能实现。许多同志不懂这个道理。他们认为建立贫农优势的问题，在土地改革时期是必要的，因为那时占农村人口百分之五十、六十到七十的贫农，还没有上升为中农，而中农对于土地改革是动摇的，因此那时确有建立贫农优势的必要。现在是实行农业的社会主义改造的时期，过去的贫农大部分已经上升为新中农，而老中农的生产资料又多，没有老中农参加就不能解决合作社生产资料缺乏的问题。因此，这些同志认为，现在不应当提出依靠贫农或者建立贫农优势的口号，认为这种口号会不利于合作化。我们认为这种意见是错误的。工人阶级和共产党如果要用社会主义精神和社会主义制度去彻底地改造整个农村的小农私有生产资料的制度，便只有依靠过去是半无产阶级的广大的贫农群众，才能比较顺利地办到，否则将是很困难的。因为农村中的半无产阶级，是比较地不固执小农私有生产资料的制度，比较地容易接受社会主义改造的人们。他们中间的大部分现在已经变为新中农，但是他们同老中农比较起来，除了一部分新富裕中农以外，大多数在政治上有较高的觉悟，他们过去的困苦生活还是容易回忆起来。还有，老中农中间的下中农，他们的经济地位和政治态度，和新中农中间的下中农比较接近，而和新老中农中间的上中农，即富裕的和比较富裕的中农不相同。因此，在合作化的过程中，我们必须注意：(一)现在还处于困难地位的贫农，(二)新中农中间的下中农，(三)老中农中间的下中农，这样三部分比较容易接受社会主义改造的人们，首先分批分期引导他们加入合作社，并且选择他们中间觉悟程度较高、组织能力较强的若干人，加以训练，组成合作社的领导骨干，特别要注意从现有贫农和新下中农里面选择这种骨干分子。这不是在农村中重新来一次划分阶级成分的工作，而是在合作化的过程中，党的支部和派到农村做指导工作的同志们应当注意掌握的一种方针，这个方针应当公开告诉农民群众。我们也不是说富裕中农不能入社，而是说等到富裕中农的社会主义觉悟提高了，他们表示愿意入社，并且愿意服从贫农（包括现在的贫农和原来是贫农的全部新下中农）领导的时候，再去吸收他们入社，不要为了打他们的耕牛农具的主意，当着他们不愿意入社的时候强迫他们入社。已经入社而愿意留下来的，继续不变。要求退社，加以说服，愿意留的，也可以留社。生产资料少一点也可以组织合作社，很多贫农和下中农组织的合作社已经证明了。我们也不是说富裕中农一个也不能充当合作社的干部。那些社会主义觉悟程度高，公道能干，为全社大多数人所佩服的个别的富裕中农，也可以充当干部。但是，合作社必须树立贫农（再说一遍，包括现在的贫农和原来是贫农的全部新下中农在内，他们占农村人口的多数，或者大多数）的优势。在组织成分方面，他们应占三分之二左右，中农（包括老下中农和新老两部分上中农）只占也应占三分之一左右。在合作社的指导方针方面，必须实行贫农和中农的互利政策，不应当损害任何人的利益。要做到这一点，也必须建立贫农优势。在中农占优势的合作社里，总是会要排挤贫农和损害贫农的利益的。湖南省长沙县高山乡的经验，充分地告诉我们：建立贫农优势和由此去巩固地团结中农的必要性和可能性，以及如果不这样做，它的危险又会怎么样。本文作者完全懂得党的路线，做法也很对，先去完成紧急的增产任务，后去建立贫农的优势领导。结果，贫农扬眉吐气，中农也心悦诚服。本文作者还告诉我们一件大事，就是一个情况混乱的合作社，究竟是将它解散好呢？还是加以整顿，使它由混乱走到健康好呢？这样的合作社，整顿巩固是不是可能的呢？本文作者很有说服力地告诉我们，不应当去解散那些“三等社”，而应当去做整顿工作。经过工作，三等社是完全可以变为一等社的。这种经验，全国各地已经不少，不止是长沙县高山乡一处。

（《长沙县高山乡武塘农业生产合作社是怎样从中农占优势转变为贫农占优势的》〔27〕一文按语）

二十六

这个合作社的方针是正确的。一切合作社都应当这样做。各省应当在自己的关于合作化问题的决议或者指示里面指出，一切合作社有责任帮助鳏寡孤独缺乏劳动力的社员（应当吸收他们入社）和虽然有劳动力但是生活上十分困难的社员，解决他们的困难。目前，有许多合作社，缺乏帮助困难户的社会主义的精神，甚至根本排斥贫农，这是完全错误的。目前，政府已经设立了贫农基金，可以帮助贫农解决耕牛农具的困难，但是还不能解决贫农中有些户缺乏劳动力的困难，也不能完全解决有些户在青黄不接时期缺乏生活资料的困难，这只有依靠合作社广大群众的力量才能解决。

（《湘潭县清风乡党支部帮助贫苦社员解决困难》〔28〕一文按语）

二十七

这一篇很好，可作各地参考。青年是整个社会力量中的一部分最积极最有生气的力量。他们最肯学习，最少保守思想，在社会主义时代尤其是这样。希望各地的党组织，协同青年团组织，注意研究如何特别发挥青年人的力量，不要将他们一般看待，抹杀了他们的特点。当然青年人必须向老年人和成年人学习，要尽量争取在老年人和成年人同意之下去做各种有益的活动。老年人和成年人的保守思想是比较多的，他们往往压抑青年人的进步活动，要在青年人做出了成绩以后他们才心服，本文就是很好地描写了这种情况。对于保守思想当然是不应当妥协的，那末好吧，就来试试看，成绩出来了，他们也就同意了。

（《中山县新平乡第九农业生产合作社的青年突击队》〔29〕一文按语）

二十八

这是短距离的开荒，有条件的地方都可以这样做。但是必须注意水土保持工作，决不可以因为开荒造成下游地区的水灾。

（《台山县田美村农业生产合作社组织开荒生产的经验》〔30〕一文按语）

二十九

这篇文章写得很好，值得向每个党和团的县委、区委和乡支部推荐，一切合作社都应当这样做。本文作者懂得党的路线，他说得完全中肯。文字也好，使人一看就懂，没有党八股气。在这里要请读者注意，我们的许多同志，在写文章的时候，十分爱好党八股，不生动，不形象，使人看了头痛。也不讲究文法和修辞，爱好一种半文言半白话的体裁，有时废话连篇，有时又尽量简古，好像他们是立志要让读者受苦似的。本书中所收的一百七十多篇文章，有不少篇是带有浓厚的党八股气的。经过几次修改，才使它们较为好读。虽然如此，还有少数作品仍然有些晦涩难懂。仅仅因为它们的内容重要，所以选录了。哪一年能使我们少看一点令人头痛的党八股呢？这就要求我们的报纸和刊物的编辑同志注意这件事，向作者提出写生动和通顺的文章的要求，并且自己动手帮作者修改文章。

（《合作社的政治工作》〔31〕一文按语）

三十

本文作者说，自从县里开了合作社主任的联席会议以后，这个合作社，就在临时包工的基础上，实行了季节包工制。可见县的领导是很重要的。我们希望全国二千几百个县的县级领导机关，密切地注意全县合作化运动的发展情况，发现问题，研究解决问题的办法，及时地召开全县的合作社主任的会议，或者全县的重点合作社主任的会议，作出决定，迅速推行。不要等到问题成了堆，闹出了许多乱子，然后才去解决。领导一定要走在运动的前面，不要落在它的后面。在一个县的范围内，党的县委应当起主要的领导作用。

（《季节包工》〔32〕一文按语）

三十一

这个材料指出了一个真理，就是任何情况混乱的合作社，都是可以整理的。因为加入合作社的都是劳动农民，不管他们各个阶层之间意见怎样不合，总是可以说清楚的。有些合作社，在一个时期内，确是混乱的，唯一的原因是得不到党的领导，党没有向群众讲明自己的政策和办法。“我们知道办社是好事情。但是办起社来，县委、区委、支部都不管我们了。恐怕是嫌我们寨子穷，吃不好，住不好，才不到我们社里来。”所谓混乱，没有别的原因，就是这样一个原因。得不到党的领导，当然就要混乱。领导一加上去，混乱就会立刻停止。这个材料又提出了一个在落后乡村是否可以建立合作社的问题。回答是肯定的。本文作者所说的这个合作社，就是处在一个落后村。全国约有百分之五左右的落后乡村，我们应当都去建立合作社，就在建社的斗争中去消灭这些地方的落后状态。

（《一个混乱的合作社整顿好了》〔33〕一文按语）

三十二

这是一篇好文章。看了这篇文章，使人懂得维吾尔族的农民，对于走合作化道路，积极性是很高的。他们为了实现半社会主义合作化所需要的干部，也已经培养出来了。有人说，在少数民族中不能实行合作化。这是不对的。我们已经看到蒙族，回族，维吾尔族，苗族，壮族和其他一些民族都已经办了不少的合作社，或者是几个族的人民联合办的合作社，并且成绩很好，这就驳斥了那些对于少数民族采取轻视态度的人们的错误观点。

（《乡、村干部有能力领导建社》〔34〕一文按语）

根据人民出版社一九五六年一月出版的《中国农村的社会主义高潮》刊印。

注　　释

〔1〕毛泽东主持编辑《中国农村的社会主义高潮》时，为该书收入的一百七十六份材料中的一百零四份写了按语。这里选了三十二篇按语，其中有三篇（即第二十六、三十、三十一）是九月写成的，其他都是十二月写的或在九月拟就、十二月修改而成的。毛泽东还改拟或加拟了其中大多数文章的标题。

〔2〕这篇文章原载一九五五年五月四日《河北日报》，作者是该报记者王林。

〔3〕这篇文章原载一九五五年九月二十日《人民日报》，作者是史树芳。文章介绍了河北省新乐县东王庄三户贫农、一户下中农坚持办社的事迹。

〔4〕这篇文章是河北省邢台县东川口农业生产合作社社长王志琪一九五五年八月十五日谈话的记录整理稿，原题为《河北省邢台县东川口如何达到合作

化》，编入《中国农村的社会主义高潮》时，毛泽东将题目改为《只花一个多月时间就使全村合作化》。

〔**5**〕这篇文章原题为《三娄寺农业社的教训》，作者是《山西日报》特约通讯员阎广洪，发表在一九五五年二月一日《山西日报》。编入《中国农村的社会主义高潮》时，毛泽东将题目改为《严重的教训》。

〔**6**〕这篇文章原题为《解虞县西张耿乡的农业技术夜校》，是青年团晋南地方工作委员会一九五五年五月十日写的，刊载在《学习资料》一九五五年第一号。编入《中国农村的社会主义高潮》时，毛泽东将题目改为《一个受欢迎的农业技术夜校》。文章介绍了山西省解虞县西张耿村农业生产合作社为帮助社员学习农业科学技术，在党、团支部支持下，成立乡的农业技术夜校的情况。这个夜校采取"少讲，讲清，地里做什么就学什么，学了就用"的教学方法，受到学员的欢迎，使农业生产技术在全社得到迅速推广和普及。

〔**7**〕这是中共山西省汾阳县委一九五五年十月十一日关于挖掘水利潜力，大力兴办小型水利，扩大灌溉面积，争取在一九五七年实现每个农业人口一亩水地，保证农业增产的规划。编入《中国农村的社会主义高潮》时，毛泽东拟题为《应当使每人有一亩水地》。

〔**8**〕这篇文章原题为《农业生产合作社要向贪污、盗窃的行为进行斗争》，是中共山西省雁北地委一九五五年六月二十四日写的，刊载在中共山西省委主办的《前进》第一百九十五期。编入《中国农村的社会主义高潮》时，毛泽东将题目改为《必须向贪污、盗窃的犯法行为进行严肃的斗争》。文章介绍说，雁北地区在一九五五年整顿农业生产合作社时，发现不少合作社的干部有贪污、盗窃等违法行为。为此，地委决定：各县在整顿农业合作社的过程中，必须把所有农业生产合作社按照财务管理工作的状况，进行分类排队，限期结清账目，做到社社有收支预算，账目日清月结，财务公开，由社员监督；对于犯有贪污、盗窃等失职行为的干部，要查清事实，根据情节轻重和性质，分别进行处理。

〔**9**〕这篇文章是北京市农林局规划工作组一九五五年十月写的。文章介绍了北京市京西矿区黄塔乡黄安坨农林牧生产合作社制订的一九五五年至一九六七年的长远发展规划，包括发展畜牧业、林业、农业、副业等的计划和措施以及改善社员生活的具体措施。

〔**10**〕这篇文章原题为《丰台区三路居蔬菜生产合作社的生产资金是怎样解决

的》，是中共北京市委农村工作部办公室写的，刊载在一九五五年三月十日编印的北京《郊区农村工作》第一期。编入《中国农村的社会主义高潮》时，毛泽东将题目改为《合作社自己可以解决生产资金》。

〔11〕这篇文章原题为《津东郊区詹庄子乡民生、民强农业生产合作社如何发动妇女参加田间生产》，是天津市东郊区詹庄子乡工作组一九五五年六月八日写的，刊载在中共天津市委农村工作部办公室一九五五年六月十三日编印的《生产合作参考资料》第二十四期。编入《中国农村的社会主义高潮》时，毛泽东将题目改为《妇女走上了劳动战线》。

〔12〕这篇文章原题为《今年互助组的新情况和新问题——黑龙江省讷河县平房、双泉、五福三个村互助组情况调查》，作者是张殿举、傅雁龙、郝景民、孙荣胜，发表在一九五五年五月二十二日《人民日报》。编入《中国农村的社会主义高潮》时，毛泽东将题目改为《新情况和新问题》。

〔13〕这篇文章原题为《彰武县第三区的农业生产合作社、供销合作社和信用合作社会计互助网》，是辽宁省彰武县第三农业技术推广站一九五五年八月写的，刊载在辽宁《农业生产互助合作参考资料》第九期。编入《中国农村的社会主义高潮》时，毛泽东将题目改为《一个由农业生产合作社、供销合作社和信用合作社的会计员组成会计互助网的经验》。

〔14〕这是中共山东省曲阜县委一九五五年十一月十五日的报告。文中讲的合作社，是山东省曲阜县第三区陈家庄农业生产合作社。

〔15〕见列宁《青年团的任务》，新的译文是："在一个文盲的国家里是不能建成共产主义社会的。"(《列宁全集》第39卷，人民出版社1986年版，第309页)

〔16〕这篇文章原题为《青年团高家柳沟村支部组织青年学习记工的经验》，刊载在一九五五年一月二十九日山东《互助合作通讯》第六期。编入《中国农村的社会主义高潮》时，毛泽东将题目改为《莒南县高家柳沟村青年团支部创办记工学习班的经验》。

〔17〕这篇文章原题为《陈学孟是怎样帮助群众办社的》，作者是肖克非，刊载在中共安徽省委农村工作部办公室一九五五年十月二十日编印的《农村工作通讯》第六十八期。编入《中国农村的社会主义高潮》时，毛泽东将题目改为《合作化的带头人陈学孟》。文章介绍了安徽省凤阳县武店镇农民、中共党员陈学孟带头办起本区第一个农业生产合作社，并积极帮助其他群众办社的事迹。

〔18〕这篇文章原题为《葛世玉农业生产合作社是怎样通过生产自救获得巩固与扩大的》，刊载在中共安徽省委农村工作部办公室一九五四年十二月八日编印的《农村工作通讯》第四十一期。编入《中国农村的社会主义高潮》时，毛泽东将题目改为《只有合作化才能抵抗天灾》。文章介绍了安徽省繁昌县峨桥区浮湖乡葛世玉农业生产合作社一九五四年六月遭受水灾后，将社员们组织起来，大力开荒增产粮食，通过生产自救渡过了灾荒，并巩固和扩大了合作社的情况。受灾后要求入社的中农柯先富说："像我们这些中农，就像江里的小船一样。风平浪静的时候，可以平平而过。遇见狂风暴雨，就寸步难行。若不赶快爬上大船（指合作社），就有翻船的危险。"失去母亲的十六岁贫农柯百法在入社后说："我从小靠娘，现在靠社，合作社就是我娘。"

〔19〕这篇文章原题为《肥东芦陈乡青春、陈祠农业生产合作社对多余劳动力的解决办法》，是中共肥东县石塘区委写的，刊载在中共安徽省委农村工作部办公室一九五五年六月十一日编印的《农村工作通讯》第五十八期。编入《中国农村的社会主义高潮》时，毛泽东将题目改为《多余劳动力找到了出路》。

〔20〕这篇文章原题为《千鹤农业社发动妇女投入生产，解决夏收夏种中劳力不足的困难》，刊载在中共浙江省委农村工作部一九五五年五月二十四日编印的《浙江农村工作通讯》第六十期。编入《中国农村的社会主义高潮》时，毛泽东将题目改为《发动妇女投入生产，解决了劳动力不足的困难》。

〔21〕这篇文章原题为《上华社采取有效措施积极发动社员增养毛猪》，刊载在中共浙江省委农村工作部一九五五年四月二十六日编印的《浙江农村工作通讯》第五十五期。编入《中国农村的社会主义高潮》时，毛泽东将题目改为《这里养了一大批毛猪》。文章介绍了浙江省兰溪县上华高级农业生产合作社增养毛猪的经验。

〔22〕这篇文章原题为《"中农社"和"贫农社"的教训》，是福建省福安县楼下乡工作组写的，发表在一九五五年八月十六日《福建日报》。编入《中国农村的社会主义高潮》时，毛泽东将题目改为《福安县发生"中农社"和"贫农社"的教训》。文章介绍了福建省福安县楼下乡一个以贫农为领导骨干的合作社和一个以中农为领导骨干的合作社的对比发展变化。

〔23〕这篇文章原题为《先锋农业社整顿巩固的初步经验》，是中共福建省龙溪地委生产合作部写的，刊载在一九五五年七月九日福建《农村工作通讯》第十三期。编入《中国农村的社会主义高潮》时，毛泽东将题目改为《一个整社的好经验》。

文章介绍了福建省华安县龙峰乡先锋农业生产合作社针对社里存在的问题进行整顿的经验。四对比是：一比社、组、户哪个好；二比社会主义和资本主义哪个好；三比剥削制度和没有剥削制度哪个好；四比个人发展和共同富裕哪个好。五算账是：一算灾害账；二算搞副业增加收入账；三算发挥劳动积极性增加工分账；四算贫农中农合作互利增产账；五算克服生产、生活困难账。

〔24〕这篇文章是戴星明、王树人、董俊明一九五五年十月二十四日写的。文章介绍上海市西郊诸翟乡根据耕地少、劳动力有剩余的情况，除组织社员把大量劳动力用到土地加工、积肥等农业劳动以外，还注意发展多种经营，解决剩余劳动力的出路问题。

〔25〕这篇文章原题为《真如区李子园农业生产合作社降低生产成本的经验》，作者是董铨、邵健、桂世杭。编入《中国农村的社会主义高潮》时，毛泽东将题目改为《真如区李子园农业生产合作社节约生产费用的经验》。

〔26〕这篇文章原题为《郏县大李庄乡进行合作化规划的经验》，是中共河南省许昌地委农村工作部写的，刊载在中共河南省许昌地委农村工作部一九五五年九月四日编印的《互助合作》第十五期。编入《中国农村的社会主义高潮》时，毛泽东将题目改为《在一个乡里进行合作化规划的经验》。

〔27〕这篇文章原题为《长沙县高山乡武塘农业社的严重问题及整顿巩固的做法与经验》，作者是周敬文，刊载在中共湖南省委农村工作部一九五五年七月二十六日编印的《互助合作》第九期。编入《中国农村的社会主义高潮》时，毛泽东将题目改为《长沙县高山乡武塘农业生产合作社是怎样从中农占优势转变为贫农占优势的》。

〔28〕这篇文章原题为《中共湘潭县清风乡支部领导农业社帮助贫苦社员解决困难的情况与做法》，作者是顾建鹏，刊载在一九五五年五月十七日《湖南农村》第一百一十三期。编入《中国农村的社会主义高潮》时，毛泽东将题目改为《湘潭县清风乡党支部帮助贫苦社员解决困难》。

〔29〕这篇文章原载《华南青年》一九五五年第十六期，是青年团广东省粤中区工委工作组一九五五年八月二十五日写的。

〔30〕这篇文章是中共广东省台山县委合作部写的，原载中共广东省粤西区委一九五五年九月十九日编印的《粤西通讯》第九十期。

〔31〕这篇文章原题为《晨光等三个农业生产合作社是怎样进行政治工作的》，

是中共贵州省绥阳县委宣传部一九五四年十一月十日写的，刊载在一九五五年一月八日《贵州工作》第六十一期。编入《中国农村的社会主义高潮》时，毛泽东将题目改为《合作社的政治工作》。

〔**32**〕这篇文章原题为《镇宁县马鞍山乡第一农业生产合作社是怎样推行季节包工的》，是中共贵州省镇宁县委工作组一九五五年三月十日写的，刊载在一九五五年四月四日《贵州工作》第七十期。编入《中国农村的社会主义高潮》时，毛泽东将题目改为《季节包工》。

〔**33**〕这篇文章原题为《西畴县戈木乡东升农业社是如何由混乱走向巩固提高的》，是中共云南省西畴县委写的，刊载在一九五五年六月三十日云南《农村工作通报》第一百一十一期。编入《中国农村的社会主义高潮》时，毛泽东将题目改为《一个混乱的合作社整顿好了》。

〔**34**〕这篇文章原载一九五五年十月十六日新疆《天南日报》，作者是页汗，文中介绍了中共新疆维吾尔自治区疏附县色满区委调动乡、村干部的积极性，大力创办农业合作社的事迹。

农业合作化的全面规划和加强领导问题〔1〕

（一九五五年十月十一日）

全面规划应当包括：第一，合作社的规划；第二，农业生产的规划；第三，全部的经济规划。农村全部的经济规划包括副业，手工业，多种经营，综合经营，短距离的开荒和移民，供销合作，信用合作，银行，技术推广站等等，还有绿化荒山和村庄。我看特别是北方的荒山应当绿化，也完全可以绿化。北方的同志有这个勇气没有？南方的许多地方也还要绿化。南北各地在多少年以内，我们能够看到绿化就好。这件事情对农业，对工业，对各方面都有利。

还有什么规划呢？还有文化教育规划，包括识字扫盲，办小学，办适合农村需要的中学，中学里面增加一点农业课程，出版适合农民需要的通俗读物和书籍，发展农村广播网、电影放映队，组织文化娱乐等等。还有整党建党、整团建团、妇女工作，还有镇压反革命。在整个规划里面都要有这些部分。

规划应当有这么几种：（一）乡村合作社的规划。每个合作社应当有个规划，虽然小也应当有规划，让他们学会搞这一套。（二）全乡的规划。我们全国有二十二万多个乡，搞二十二万多个乡的规划。(三)全县的规划。我们希望每一个县搞一个。现在,有的县已经搞出了很好的规划,看了很有味道。他们思想解放,天不怕地不怕,没有什么脚镣手铐的束缚,规划搞得很生动。(四)全省(或自治区、各市郊区)的规划。这里面着重全乡的规划,全县的规划。要抓住这两个环节,迅速作出一批,比如一个省里面搞三四个县的规划,发出来要各地仿照办理。

合作化的规划,要分别不同地区规定发展的速度。分三种地区。第一种多数地区,第二种一部分少数地区,第三种又一部分少数地区。多数地区要有三个浪潮,三个冬春。三个浪潮是:今冬明春,明冬后春,再加一个冬春。三个冬春就是三个浪潮,一波未平一波又起,中间要歇一歇。两山之间有一谷,两波之间有一伏。这种地区到一九五八年春就可以基本上完成半社会主义的合作化。第二种地区有两个冬春、两个浪潮就够了。比如在华北,东北,还有一些郊区。这一部分地区中有个别地区到明年春季就可以基本合作化了,只有一个浪潮就到了。第三种地区,就是另外一些比较少数的地区,需要有四个五个甚至六个冬春。这里还要除开一部分少数民族地区,即大小凉山、西藏以及其他一些条件不成熟的少数民族地区,条件不成熟的不能搞。什么叫基本上完成半社会主义合作化呢?这就是百分之七十到百分之八十的农村人口加入半社会主义的合作社。这里面有一个回旋的余地,百分之七十也可以,百分之七十五也可以,百分之八十或者超过一点也可以,这样就叫作基本上完成半社会主义的合作化。剩下一点那是以后的事了。太慢了不好,太急了也不好,太慢太急都是机会主义。机会主义有两种,一种是慢机会主义,一种是急机会主义。这样讲老百姓比较容易懂。

省(市、区)一级,地区一级,县一级,这三级必须时刻掌握运动发展的情况,一有问题就去解决。切记不要使问题成了堆,才来一个总结,放马后炮。过去我们许多工作是这样搞的,中间有问题不去解决,让它去成堆,然后到完了的时候来一个总结,来一个批评。有些同志在“三反”、“五反”运动中是犯过这个错误的。不要专门喜欢事后批评。事后也必须批评,最好是刚露头就批评。专门喜欢事后批评,缺乏临机应变的指导,这是不好的。如果遇到情况不对,怎么办呢?情况不对,立即煞车,或者叫停车。像我们坐车子一样,下陡坡遇到危险,马上把车煞住。省、地、县都有煞车的权力。必须注意防“左”。防“左”是马克思主义,不是机会主义。马克思主义并没有说要“左”倾,“左”倾机会主义不是马克思主义。

以后在发展合作社的工作上,我们要比什么呢?要比质量,比规格。数量,或者速度,有前面所说的那个规定就行了,重点是比质量。质量的标准是什么呢?就是要增加生产和不死牲口。怎样才会增加生产,怎样才会不死牲口?这就要遵守自愿互利的原则,要有全面规划,要有灵活的指导。有这几条,我看就可以使合作社的质量比较好,就可以增加生产和不死牲口。我们务必避免苏联曾经犯过的大批杀掉牲口的那个错误。关键在今后两年,主要在今后五个月,就是今冬明春。从今年十一月到明年三月,请你们各位注意,务必不要出大问题,不要发生死一批牛的事。因为我们现在拖拉机还很少,牛是个宝贝,是农业生产的主要工具。

在今后五个月之内，省一级，地区一级，县一级，区一级，乡一级，这五级的主要干部，首先是书记、副书记，务必要钻到合作社问题里面去，熟悉合作社的各种问题。时间是不是太短？我看有五个月切实钻一下也可以。省级同志认真地钻一下，当然很要紧，特别是县、区、乡的同志，如果他们不钻，搞起许多合作社，自己又不懂，那很危险。如果老钻不进去，那怎么办呢？就应当改换工作。五个月以后，即明年三月以后，中央也许再召集一次现在这样的会。到那个时候我们要比质量，大家发言的重点，就不要重复这次的讲演稿，要有新东西，就是要讲全面规划的问题，经营管理的问题，领导方法的问题。要讲有些什么好办法，可以使合作社办得又快又多又好。就是说，要讲质量问题。

领导方法很重要。要不犯错误，就要注意领导方法，加强领导。有几项关于领导方法的建议，看是不是可行。这就是我们大家都在做的，一年开几次会，或者大会或者小会，解决当前发生的问题。如果有问题，就要从个别中看出普遍性。不要把所有的麻雀统统捉来解剖，然后才证明"麻雀虽小，肝胆俱全"。从来的科学家都不是这么干的。只要有几个合作社搞清楚了，就可以作出适当的结论。除了开会的方法以外，还有打电报、打电话、出去巡视这些方法，也是很重要的领导方法。另外，各省要选择恰当的人，办好刊物，改善刊物，迅速交流经验。再一点建议，是不是请你们试试看。我用十一天工夫，看了一百二十几篇报告，包括改文章写按语在内，我就"周游列国"，比孔夫子〔2〕走得宽，云南、新疆一概"走"到了。〔3〕你们每个省、每个自治区是不是可以一年或者半年编一本书，每个县搞一篇，使得各县的经验能够交流，这对迅速推广合作化运动有好处。还有一个方法就是发简报。县委对地委，地委对省委、区党委，省委、区党委对中央，都要有简报，报告合作社进度如何，发生了什么问题。各级领导接到这样的简报，掌握了情况，有问题就有办法处置了。这是关于几个领导方法的建议，请各位同志考虑。

根据中央档案馆保存的讲话记录稿刊印。

注　　释

〔1〕这是毛泽东在扩大的中共七届六中全会上所作结论的第三部分。

〔2〕孔夫子，即孔子，春秋末期思想家、政治家、教育家，儒家的创始人。

〔3〕指毛泽东一九五五年九月主持编辑《怎样办农业生产合作社》一书。

同日本国会议员访华团的谈话

（一九五五年十月十五日）

热烈地欢迎你们。我们都属于有色人种。有色人种是被人家看不起的，最大的“缺点”就是有色。有些人喜欢有色金属而不喜欢有色人种。据我看，有色人种相当像有色金属，有色金属是贵重的金属，有色人种至少与白色人种同等贵重。有色人种同白色人种一样都是人，都是第一类，不是第二类。第二类是动物，不是人。世界上所有的人，不管他是什么肤色，都是平等的。我们两个民族现在是平等了，是两个伟大的民族。你们这个民族是个很好的民族。日本人，谁要想欺侮他们，我看是不容易的。你们现在有很多地方比我们高明，你们是工业化的国家，而我们现在还是农业国，我们正在努力。

客人来看主人，是客人看得起主人，做主人的应该感谢客人。今天来的客人是我们的邻舍，左邻右舍，是很接近的一个邻舍。日本朋友到中国来，从你们日本家里到我们家里来看一看，我们应该感谢。以后我们要多来往。世界上没有只有一方面感谢另一方面的事情。如果只有一方面感谢另一方面的事情，那就不好了。相互有好处，相互有帮助，相互应该感谢。

我们两国有个共同的问题，就是有一个国家压在我们的头上。你们以为中国是独立的国家，是不是？中国现在没有完全独立，和你们的情况一样，你们也不是完全独立的，这是共同点。现在我们的台湾还没有解放，美国的手很长，它抓住我们的台湾，也抓住日本、菲律宾、南朝鲜。亚洲这样大的地方它都想抓。这件事情终究不能持久的。这里是我们的地方，这里的事情应当由我们的人民来管。现在我们要求它放手，把手拿走。放手以后，我们再来拉手。它欺侮我们，不承认我们，说我们不算一个国家。我们承认它，它倒不承认我们。因此连累了你们，使得你们现在也很难承认我们。其实日本人民大多数是承认我们的，由于美国的手，使你们感到时间还没有到。这件事情，总会有一天要得到解决的。日本、美国以及其他一些国家，都会承认我们的。我们也不着急，你们不承认我们，我们就不能吃饭睡觉了吗？我们还是可以吃饭睡觉的。你一百年不承认我们，一百零一年总要承认我们的。

我们头上的手一定要顶走的。中国人民头上的手，日本人民头上的手，菲律宾、南朝鲜以及一切被压迫国家人民头上的手，总有一天要顶走的。所以这一点我们是谅解你们的，根本不责备你们没有与我们建立国交。过去你们承认蒋介石，我们外交部曾责备过你们。但我们对整个日本民族是谅解的，中国人民愿意你们的力量更加强大起来，把美国的手顶走。我们曾经顶过美国的肚子。抗美援朝把美国顶了一下，它想跨过鸭绿江，我们把它顶回到三八线〔1〕。这对日本有好处。我们在台湾问题上，总有一天也要把美国从台湾顶走的。这对我们有好处，对你们也有好处。祝你们每一个斗争能使你们的民族独立增加一分，每一个斗争能使你们的民族权利增加一分。这对你们有好处，对我们也有好处，所以我们也要感谢你们。能够独立自主，是自己应做的事情。中日关系要赶快改进。过去我们一般中国人是不喜欢日本人的，现在我们很喜欢你们，看见日本人很高兴。是不是你们过去占了便宜而现在吃亏了？你们过去没有占便宜，现在也没有吃亏。你们民族为恢复民族独立的斗争，是一年一年、一天一天地发展的，这是可以看到的。你们独立了，还有很多国家要受到影响。

我们之间是没有什么紧张的，你们感觉怎么样？也许你们没有来中国的时候，觉得中国是共产党国家，而共产这个事情，有人说好，有人说坏，也许脑子里面会有一些紧张。中国对你们是不是有礼貌？是不是欢迎你们？是不是对你们提出许多责难？我想，也许你们没有来的时候是这样猜的。现在你们可以看出来了，因为你们已经来了十多天了。还可以再看一个时期，中国人民是不是对你们友好，是不是对你们提出责难。我们对你们没有提出什么苛刻的条件，没有什么可紧张的。不要那么紧张，紧张了不好过日子，还是缓和国际紧张局势好。再说，我们之间的社会制度虽然并不一致，但这个不一致并不妨害我们相互的尊重和友谊。过去的老账并不妨害我们，今天制度的不同也不妨害我们。过去的事情已经过去了，主要是将来的问题。

世界各个民族都是向前发展的，都有它的长处，如果没有长处，它就要消灭了。在这一点上，我们都是有色民族，本来就是要互相尊重的。我们中国的缺点很多，一直到现在，还是经济落后、文化落后的国家。这点，你们比我们强，几十年内你们能够由农业国变为工业国，所以你们有很多东西是我们应该学习的。我们现在还是个农业国，正在努力把这落后状态加以改变，由落后的农业国变为工业国，由文化落后的国家变成有现代文化的国家。这个方面，作为朋友来说，你们是可以提出批评的，讲一讲你们的意见，指出我们有哪些缺点。这不是什么干涉内政，干涉内政是你们外交部长与我们外交部长的事。在这上面提提意见，我们外交部长是不会有意见的，你们有什么意见尽可以讲。很抱歉的是，我比你们落后，你们比较了解中国的情况，我就不了解你们的情况，我是落后分子。哪一天有机会我还想学一学，还想到日本去看一看，把中国人民的友谊表示表示。地球转得很快，太阳刚出来一会儿就落啦。我也想到别的国家去看一看，甚至还想去美国看一看，把中国人民的友谊表示表示，但现在却没有希望实现。

各国的事情要由各国自己管，这是个真理。美国的事情由美国自己管，我们不管它，但美国现在管得太多了。你们这个民族过去犯了个错误，但却因祸得福，卸掉了包袱，你们主动了。你们现在有资格来说美国人，也可以说法国人，也可以说荷兰人，也可以说比利时人，也可以说葡萄牙人，也可以说英国人，你们现在是处于很好的地位。你们参加了万隆会议〔2〕，这不是偶然的。你们在万隆会议上的态度是好的，你们现在没有包袱了。我们中国过去也犯了个错误，过去的政府都是腐化的，清朝政府、北洋政府、蒋介石政府都是这样腐化的政府，因此影响中国到现在还是这样一个落后的农业国家。在这一点上，我们现在是比较注重的，因为我们感到过去这一点做错了。现在我们抬起头来了，也有资格说人了。我们工业的落后现在正在克服，过去农业生产很低，比你们低得多，现在也在开始转变。我们在目前还是有许多缺点的，牛皮是不好吹的，苍蝇还有不少。希望你们保持现在的主动地位，搞好你们的事情，发展前途是光明的。你们每一个胜利都对我们有帮助，都值得我们感谢。美国现在尽犯错误，它排斥日本民族，奴役日本人民，杀害我们的生命，这是一个问题。我们两个国家，需要相互帮助，你们帮助我们，我们帮助你们，互相之间也不捣乱，我们不捣乱你们的事情，你们也不要捣乱我们的事情。各办各的事情，在友好的关系底下办事，对你们有好处，对我们也有好处。

所谓天下大事，就是解放、独立、民主、和平友好、人类进步。天下大势，“分久必合，合久必分”。中国有本小说叫《三国演义》，一开头就是这两句话。这也是我们过去犯错误的一条，因为老是“分久必合，合久必分”，就搞不成什么事情了。我可以说一句，将来世界上的事情，和平友好是基本的，世界大战这个东西意思不大。说打仗我们就一定害怕，这也不见得。丢原子弹谁也害怕，日本人怕，中国人也怕，所以最好还是不打，尽一切力量争取不打。如果人家一定要打，有什么办法呢？如果他们要打，原子弹已经放在你头上，那么一炸，炸一个大窟窿，从中国炸进去，从美国炸出来。这个地球不大，据我知道地球直径只有二万五千一百多华里，就是一万二千五百多公里，打个窟窿有什么了不起呢？到那个时候，我看他们的事情就不好办了。你们没有殖民地，我们也没有殖民地，我们都不怕丧失什么东西，所以打世界大战只对他们不利。他们非常怕共产，第一次世界大战打出个苏联共产，第二次世界大战打出许多国家共产。从历史上看，共产是世界大战打出来的。打仗，人民的精神就紧张，紧张的结果，就另外想出路。人并不是一生下来，他母亲就嘱咐他搞共产，我的母亲也没有要我搞共产。共产是逼出来的，七逼八逼就逼上了梁山。另外，还有一些非共产的民族独立国家，如印度、印尼及亚非的一些国家，也是世界大战打出来的。这个道理，我同尼赫鲁〔3〕总理讲过，我说，你们印度、印尼也是世界大战打出来的。我讲的这些话不是造谣，两次世界大战就得到这么些结果。你们不相信可以去调查，世界上确实有个苏联，确实有个中华人民共和国，还有独立的印度等等国家。所以，你们没有办法讲我是扯谎的。虽然我不是个历史学家，但历史却明明摆在那里。当然，世界大战还是不打好。

他们也会讲：你们拿共产吓唬我们，威胁我们，进行颠覆活动。我们并不威胁他们，我们只是不要打世界大战。如果不打世界大战，他们的事情还可以继续，共产还可以来得慢一点。如果他们一定要打，并且一经打起来，那是把世界人民的精神再一次紧张起来，世界人民大都要共产了。你们不相信的话，我们可以打个赌，如果再打一次世界大战，世界百分之七十、百分之八十不共产的话，我就不吃饭啦，把饭都让给你们吃。这不是跟你们打赌，是跟美国打赌的，因为有两次世界大战的结果作证明。

中日关系的历史是很长的，人类几十万年以来过着和平的生活，我们的祖先吵过架、打过仗，这一套可以忘记啦！应该忘记，因为那是不愉快的事情，记在我们脑子里干什么呢？

第二次世界大战以后，把我们的关系改变了。刚才已经讲到，你们是处于很好的地位，处于理直气壮的地位。过去你们欠过人家的账，现在你们不再欠账了，而是有人欠你们的账。

你们现在很有政治资本，我们也有政治资本，向美国讨账。它欠了我们的账，这一点，我想我是根本没有讲错的。你们现在是轻松愉快了，与第二次世界大战时不同了，理由抓在你们手里，是不是？对不对？对你们过去欠的账再要来讨账，这是没有道理的。你们已经赔过不是了。不能天天赔不是，是不是？一个民族成天怄气是不好的，这一点，我们很可以谅解。我们是你们的朋友，你们对中国人民看得清楚，不是把你们当作敌人看待，而是当作朋友看待的。我很直爽地谈，我们应该想尽一切办法，让美国的手缩回去，它的手太长了，美国很不应该。你们日本人经过了多少年以后，这个问题就可以解决啦！

我们互相帮助，互通有无，和平友好，文化交流，建立正常的外交关系(这并不是能强制建立的)。战犯问题提得早了一点，把正常的外交关系恢复了，就尽可能争取迅速地解决这个问题。这道理很简单，我们并不需要扣留这批战犯。扣留他们有什么好处呢？日本有人把政治问题说成是技术问题，说中日并没打仗，为什么是战争状态呢？但从法律上说，中日就是处于战争状态。你们把恢复中日关系放在第一条，这是很好的。就人民的利益要求，应尽早建立正常的外交关系。文化交流，现在就可以做啦！日本歌舞伎剧团来了，它的演出很好，我去看了很高兴，对促进两国人民的谅解有帮助，在艺术上对我们也有所帮助。我们可以相互地取长补短，相互帮助。

根据中央文献出版社、世界知识出版社一九九四年出版的《毛泽东外交文选》刊印。原题是《中日关系和世界大战问题》。

注　释

〔**1**〕三八线，见本卷第99页注〔5〕。

〔**2**〕万隆会议，见本卷第414页注〔1〕。

〔**3**〕尼赫鲁，当时任印度总理。

工商业者要掌握自己的命运[1]

（一九五五年十月二十七日）

中国的统一战线有很久的历史，从新民主主义革命反帝反封建，到现在的社会主义革命。无产阶级是经过共产党领导统一战线的。我看统一战线有好处，又反帝反封建，又赞成社会主义，为什么要把人家赶走呢？是人多好些，还是把许多积极因素赶走好些呢？还是把积极因素团结起来好。要把民族资产阶级、小资产阶级（农村的、城市的）、宗教家等等都团结起来。团结了更多的人，阻碍就少些，事情就容易办得通。至于选举，不选民主人士不好，要说服选民，使他们了解这样做对劳动人民没有害处而有益处，是可以说服他们的。当然也还有"左"派，门关得紧点，对他们也可以说服。

关于私营工商业改造的时间问题，有人说，现在锣鼓点子打得紧，胡琴也拉得紧，担心搞得太快。我们说，社会主义改造是三个五年计划基本完成，还有个尾巴要拖到十五年以后，总之是要瓜熟蒂落、水到渠成。苹果不熟摘下来吃就是酸的。现在是协商办事，这样大的事情，与全国人民有关的大事，当然要协商办理。如果大家不赞成，那就没有办法做好。有些事缓点比急要好，但是否现在锣鼓点子就不要打紧了，戏就不唱了？不是的，现在还是要劝大家走社会主义道路。

中国的民族资产阶级，总的说来，基本上是做了好事，有益于国计民生。有些人偷税漏税当然不好，但是因为现在还有资本主义制度，存在这个制度，就有这些问题。要是说私营工商业者百分之百的偷税漏税，我不相信，有些只有百把万元（相当于现在百把元）的就算了，不要尽搞。共产党员中也有贪污百把块钱的，也算了，还算好人。共产党也不是那样干净，政府中管钱的也有少数人还有贪污。

从社会上说，总是做好事的多，有益于国计民生的多，错误只是部分的。要有这个估计，不要总是抬不起头。但不要出去吹没有问题，你们可多说些缺点。中国的民族资产阶级同其他国家的不同，从孙中山起就为建立民主共和国而奋斗。后来我们接手，还是资产阶级民主革命性质。中外的资产阶级在历史上都有过积极的作用，曾经革命的力量对生产发展都有作用。资产阶级在革命时期也有唯物论，不是历来都是唯心论。

因此，我想劝一些人，每个大中城市有那么几十个、百把两百个觉悟比较高的核心人物，经过他们去说服大多数人，这样比我们去说更好。要有一些人早些下决心拥护共产〔2〕，因为迟早是要共产的。

农民搞合作化，对于私有制总有些恋恋不舍。《打渔杀家》中的萧桂英临离家时还爱惜家具是有理由的。旧的东西要一下子去掉很不容易，新的东西要一下子接受也不容易。一种新的社会制度，一种新的思想，要慢慢地才能在人们的头脑里占领阵地，才能使旧的东西的影响逐步缩小。一个城市有少数核心人物思想先搞通，对我们的事业是有好处的。民建中央和全国工商联委员有三百人左右，各省各市还有一批会员，合起来就有好几万人。在这些人中间争取一批人，早点建立决心，不是立即共产，而是作思想准备，接受社会主义、共产主义的宣传教育。现在先搞半共产。农民在一九六〇年以前也只搞半社会主义的农业生产合作社。总之是要逐步地做，不使人们感到突然。生产关系、生活方式都要逐步改变，不要突然改变，最后是要改变的，但是要安排好，要使这些人过得去。一个工作岗位，一个政治地位，都要安排好。民族资产阶级同官僚资产阶级、地主阶级不同。对地主，在一定时期要剥夺他们的政治权利，改变成分后才可恢复公民权，加入合作社，那时就不叫地主而叫农民。对地主来说，这事实上是解放了他们。他们在全国总共三千万人，以后要同大家一起共同富裕起来。将来农民的生活要超过现在的富农。资本家如果将来饿肚子，这个制度就不好。如果大家生活不提高，革命就没有必要，因此生活福利都要逐步提高。总之，要逐行逐业安排好。社会主义改造完成了，大家都领薪水，资产阶级不见了，都成了工人阶级，我看这是好事。我总劝人赞成共产，也许一时感觉不好，但将来会说好的。社会主义会有缺点的，将来还要发展到共产主义，共产主义也要分阶段。旧的制度不行了，新的制度就要起来代替。生产力总要向前发展，同生产关系发生矛盾，这就推动着社会不断前进。几千年以后看马克思，就像现在看孔夫子〔3〕。

现在中国正处在大变革时代，社会动荡不安，农民的个体所有制要变成集体所有制，资本家也要改变其私人所有制，许多人掌握不住自己的命运。其实要掌握是可以掌握的，即要了解社会发展趋势，站在社会主义方面，有觉悟地逐渐转变到新制度去。人们考虑的，不外是一个饭碗，一张选票，有饭吃不会死人，有选票可以当家做主，说文明点就是一个工作岗位和一个政治地位。地主只给饭碗，暂时不给选票，这对地主来说是突然转变，没有思想准备的。对资产阶级则不同。马克思说：无产阶级要解放自己，就要解放整个人类。〔4〕如果地主、资产阶级、小资产阶级不解放，无产阶级本身就不能解放，必须全人类都解放，变成一个新制度，无产阶级才能最后解放自己。

中心的目的是要经过一批先知先觉作思想准备，要大家掌握自己的命运。在旧社会连蒋委员长自己也不能掌握自己的命运，十五个吊桶打水，七上八下。现在要大家逐渐减少吊桶，改用抽水机，不用吊桶。我是宣传共产主义的，要走向共产主义，就要经过几十年的努力把我们的国家建设成为真正富强的国家。

刚才胡子昂〔5〕副主任说，公私合营企业中有把女老板当家属不安排工作的事。我看，妇女解放、男女平等现在还只是开始，真正平等要到社会主义，几十年以后。妇女中有极大的潜在劳动力还没有发挥，在建设社会主义过程中才有发挥的机会。歧视妇女、不重视妇女的事，要在建设社会主义过程中改掉。在中国，妇女有三亿人口，妇女问题一定要安排好，要同男子同工同酬，在合作社、工厂都要一样。妇女要争取到正当地位好困难，因此要一有机会就说，要统筹安排，同工同酬。

据中央档案馆保存的讲话记录稿刊印。

注 释

〔1〕这是毛泽东同工商界代表的谈话。

〔2〕本篇所说的"共产",是指对资本主义工商业实行国有化。

〔3〕孔夫子,即孔子,春秋末期思想家、政治家、教育家,儒家的创始人。

〔4〕参见恩格斯《〈共产党宣言〉1883年德文版序言》。恩格斯说:被剥削阶级和剥削阶级之间、被统治阶级和统治阶级之间的斗争,现在已经达到这样一个阶段,"即被剥削被压迫的阶级(无产阶级),如果不同时使整个社会永远摆脱剥削、压迫和阶级斗争,就不再能使自已从剥削它压迫它的那个阶级(资产阶级)下解放出来,——这个基本思想完全是属于马克思一个人的"。(《马克思恩格斯选集》第1卷,人民出版社1995年版,第252页)

〔5〕胡子昂(一八九七——一九九一),重庆市人。当时任政协全国委员会委员、全国工商联副主任委员。

在资本主义工商业社会主义改造问题座谈会上的讲话

（一九五五年十月二十九日）

刚才陈云副总理说了许多，我来补充讲几点意见。这些意见，早两天跟有些朋友说过的。

总的是这么一个问题，就是人们问：工商业社会主义改造，前途如何？或者说趋势如何？我们早几个星期开了党的七届六中全会，对于农业合作化问题，也有许多人提出这样的问题：前途如何？趋势如何？这个问题，在全国广大的人群中都是存在的，因为我们现在是要改变社会制度。现在我国存在两种私有制：一种是个体小生产者的私有制，一种是资本主义的私有制。在改变这两种私有制的过程中，凡是处在这两种私有制地位的人，都发生前途如何或叫趋势如何的问题，都处在一种动荡不安的情况之中，不晓得将来会如何。本来，对前途问题，我们的宪法已经规定得很清楚，在去年第一次全国人民代表大会上，刘少奇同志关于宪法草案的报告、周恩来总理的政府工作报告都讲过，关于五年计划等各种文件也都讲过。为什么还是经常发生这个问题呢？原因就是处在这样一个地位的人，对改变这样一种制度，自然地会发生不晓得明天怎么样的问题。说完全不晓得？也不是。晓得一点，但是问题还是发生，还是要问这样一个问题。所以，我想就这个问题贡献一点意见，就是说，自己要掌握自己的命运。自己不能掌握自己的命运，那是不好的，每天难过日子。旧社会就是那样子，无论哪个阶级，自己都不能掌握自己的命运。工人、农民和其他劳动者是在被统治之下的，他们得不到什么权利，命运操纵在人家手里。统治阶级也不能掌握自己的命运，比如国民党政府，它也是不安的。我们有一个一定的发展方向，有一个社会发展的规律可以把握，应该是心安的。但是对这一点要讲清楚，并且要经常讲。如果不经常讲，今天安了，明天又可能不安。比如讲统一战线到底还要不要？现在经常发生这个问题。这不是一个政党（共产党或者它的中央委员会），一个集团，少数人或者个别的人，说要就要、说不要就不要这么一个问题。这是要看统一战线存在下去有好处还是没有好处，对劳动人民事业，对走社会主义道路，有利益还是没有利益来决定的。刚才陈云副总理说，我们的道路很宽广，将来不怕没有事情做。我们跟国民党那个时候完全不同，我们的事业很宽广，每年都发展，我们不怕人多。我们已经在长期革命中证明，有统一战线比没有要好。革命战争时候，就是找不到许多人，哪能有今天这样的机会，找了许多人坐到这里来开会。那时候，国民党不许可嘛，他们不赞成我们，讲共产党许多坏话，说什么共产党不像样子，头，就不只一个，有三个头，样子也很难看，一句话，是坏透了，共产主义不适合中国的国情。国民党拿这种话到处讲，讲得许多人也似乎相信了。那个时候，要找人谈，要建立广泛的统一战线，有困难。现在证明，建立了统一战线对我们有帮助，不但对过去反帝反封建的资产阶级民主革命是有利的，对现在为社会主义事业奋斗也是有好处的。因此，统一战线要坚持下去，宪法上已经作了规定。

总之，我们的事业一天天地发展，与国民党的事业一天天地缩小相反。现在我们的事业，包括反对帝国主义对我们的欺负，包括国内的经济建设、文化建设等各方面的建设工作。建设工作还刚刚开始，所以大家应该安下心来。我总劝朋友们，经过你们再劝更多的人，大家安下心来，不要十五个吊桶打水，七上八下。我建议减少吊桶，增加抽水机，最好全部用抽水机，因为抽水机它不是七上八下。这样，睡觉就比较好些。刚才陈云副总理讲的话，也是抽水机性质。不要发愁，开始会有困难的。比如工作安排和政治安排是否妥当等等，会有些问题发生。但是经过商量，经过考虑，经过调查研究，总可以实事求是地求得解决的。这样，大家就能够自己掌握自己的命运。我们的目标是要使我国比现在大为发展，大为富、大为强。现在，我国又不富，也不强，还是一个很穷的国家。我国是个大国，但不是富国，也不是强国。飞机也不能造，大炮也不能造，坦克也不能造，汽车也不能造，精密机器也不能造，许多东西我们都不能造，现在才开始学习制造。我们还是一个农业国。在农业国的基础上，是谈不上什么强的，也谈不上什么富的。但是，现在我们实行这么一种制度，这么一种计划，是可以一年一年走向更富更强的，一年一年可以看到更富更强些。而这个富，是共同的富，这个强，是共同的强，大家都有份，也包括地主阶级。地主过了几年之后，就有了选举权，他就不叫地主了，叫农民了。资产阶级，总有一天，大约三个五年计划之内，就不叫资产阶级了，他们成为工人了。农民这个阶级还是有的，但他们也变了，不再是个体私有制的农民，而变成合作社集体所有制的农民了。这种共同富裕，是有把握的，不是什么今天不晓得明天的事。那种不能掌握自己命运的情况，在几个五年计划之内，应该逐步结束。那时，全国只有工人、农民和知识分子。知识分子是工人、农民的知识分子。

刚才陈云副总理说，工商业改造的全面规划里面有宣传这一项，要加强宣传教育工作。现在，听到各大城市工商界都有学习的组织，我们很高兴。参加学习的人应该逐步地扩大，每个城市要有几千人，要逐步地有更多的人来学习应该学习的东西。这里有个问题，就是要有比较少数的核心人物。这次召集会议，我们有这样一个基本的要求，希望每一个大城市有几十个、几百个核心人物。在工商界里面，这些人比其他的人要觉悟一些，要进步一些，经过他们来教育其他的人。这一点是不是可能呢？应该是可能的。我们看，过去这几年，工商界已经有一些人觉悟程度是比较高的，他们懂得国家的方针、政策，因此我们觉得完全可以设想：经过工商联、民建会、各民主党派的工作，壮大这么一个队伍，达到全国有几千人。改变资本主义私有制，要有几年的准备工作。我曾经同一些朋友说过，并不是今天说了，明天就要共产〔1〕了，不是这个意思，而是说准备共产。对社会主义、共产主义要广泛宣传。这个东西是历来被人家说成不好的，曾被蒋介石说得很不好。最近几年情况虽然变了，但是还有一些人对实行社会主义动荡不安。由一种制度变为另一种制度，他们势必不安，因为还在变嘛；变了以后，在一个时期他们还会感到不舒服，因为旧制度的残余还在脑筋里面存在着。新制度的宣传，要经过很长一段时间，要逐步宣传，使新制度的思想逐步增强，使旧制度的残余逐步减少。工商界的人中间也会是参差不齐的，有些人更觉悟些，有些人不觉悟些，甚至最后还有一些顽固分子。资产阶级连他们的家属，大概有七百万人左右。城市小资产阶级，就是小商小贩、独立手工业者（不包括店员、手工工厂的工人），有两千几百万人。两者合计有三千万人左右。面对这么大一个队伍，应该有一个整个的宣传教育计划。有许多工商界的朋友提意见说，五年计划报告中间关于宣传教育方面提得不够。我说这个意见提得好，过去的确有这个缺点，没有全面规划。今天到会的有政府许多部门的同志，有中共中央宣传部的同志，你们就没有管这个事嘛。而且，宣传的时候要作得恰当，要实事求是，对情况的估计、分析，应该是好的就说好的，坏的就说坏的，有多大程度的缺点就说多大程度的缺点，不要夸大。据我们看，经过这几年，整个工商界是有进步的，各民主党派的工作是有进步的，基本情况是好的，是向着社会主义改造的道路上前进了一步的。作这样一个总的估计，我看是合乎事实的，是需要的。如果没有一个恰当的基本的估计，我们就不能建立信心，工商界本身会没有信心，向他们进行工作的人也会没有信心，感到横直是不能改造嘛，横直是没有希望嘛，那个私有制无论如何拔不掉嘛，根挖不掉嘛！那有什么办法呢？白费力气，搞了五六年了，成绩没有，或者有也很少，总而言之，搞社会主义改造，搞国家资本主义，这个路线错了。是不是能这么说呢？我看，不能这么说。能不能说工商界在抗美援朝、经济建设、加工订货、公私合营、买公债等方面一点好事没有做，一点成绩都没有呢？我看，不能这么说，也没有听到有人这么说过。对整个工商界、各民主党派，应该肯定他们的成绩，不然就没有信心，下文就不好办，而且那种说法根本不合事实，因为这几年确实是有成绩的。当然肯定成绩并不是抹煞缺点，是会有缺点的。是缺点就说是缺点，缺点有多少就说多少。这就叫做实事求是，全面分析。我们不要那个不实事求是的方法，不要片面的分析方法。不实事求是就是主观主义，片面分析就站不住脚。

对共产这个问题要讲开，要说穿，要经常说，朋友们几个人在一起扯一扯，就不怕了。我看，共产这个事情是好事情，没有什么可怕的，你们会知道的，会看到的。全国统筹兼顾，这个力量大得很。资本主义私有制大大地妨碍统筹兼顾，妨碍国家的富强，因为它是无政府性质的，跟计划经济是抵触的。改变资本主义私有制，这个东西要说开。当然也要注意，不要一说开就晚上睡不着觉，就神经衰弱，说是明天早上就要共产了。不是的。我们讲几年准备，要经过几个步骤：第一个步骤，加工订货；第二个步骤，公私合营；第三个步骤，到那个时候我们再议嘛。究竟哪一年国有化，我们总是要跟你们商量嘛。国有化不会是像扔原子弹那样扑通下地，全国一个早上就全部实现，而是逐步地实现的。现在来说，还是一个宣传教育问题。通过一个月两个月、一年两年地做工作，慢慢地使我们的新制度往大家的脑筋里面钻进去一点，把不安的心理逐步减少，增加核心分子，扩大核心集团，让大家认识到新制度确实可行，确实有益。如果新制度不能证明比旧制度大为有利，那新制度就不可取了。新制度所以应该采取，就是因为比旧制度有利得多，不是只对少数人有益处，而是对全国人民都有益处。

我们现在对资本主义工商业的社会主义改造，实际上就是运用从前马克思、恩格斯、列宁提出过的赎买政策。它不是国家用一笔钱或者发行公债来购买资本家的私有财产（不是生活资料，是生产资料，即机器、厂房这些东西），也不是用突然的方法，而是逐步地进行，延长改造的时间，比如讲十五年吧，在这中间由工人替工商业者生产一部分利润。这部分利润，是工人生产的利润中间分给私人的部分，有说一年四五个亿的，有说没有这么多的，大概是一年几个亿吧，十年就是几十个亿。我们实行的就是这么一种政策。全国资本家的固定资产的估价，有这么一笔账：工业方面有二十五亿元，商业方面有八亿元，合计是三十三亿元。我想，如果十五年再加恢复时期三年共十八年，工人阶级替资产阶级生产的利润就会超过这个数字。对资本主义工商业，是采取一九四九年对官僚资本那样全部没收、一个钱不给这个办法好呢，还是拖十五年、十八年，由工人阶级替他们生产一部分利润，而把整个阶级逐步转过来这个办法好呢？这是两个办法：一个恶转，一个善转；一个强力的转，一个和平的转。我们现在采取的这个方法，是经过许多的过渡步骤，经过许多宣传教育，并且对资本家进行安排，应当说，这样的办法比较好。对资本家的安排主要是两个，一个是工作岗位，一个是政治地位，要通统地安排好。政治地位方面，给选举权的问题，无所谓安排了，因为我们早已宣布，对民族资产阶级是不剥夺它的政治权利的，跟对地主阶级和官僚资产阶级采取不同的政策。对地主阶级和官僚资产阶级的政治权利，要剥夺一个时期，比如地主一般是要五年，有些还要延长，看他表现好，才能改变成分，才给他选票。对民族资产阶级采取合作的政策，他们的政治权利是已经有的，将来阶级成分变了，不是资本家了，变成工人就更好了，因为工人阶级比资产阶级更吃香嘛。过去有钱的人很吃香，现在似乎是要当一当工人阶级才舒服的样子。你们想当工人阶级有没有希望呢？是一定有希望的，我可以开一张支票给你们。这是一个光明的政治地位，光明的前途。把个体私有制和资本主义私有制废除了，社会上就剩下工人阶级、农民阶级和知识分子。整个民族只有到那个时候才更有前途，更有发展希望。

我们的目标是要赶上美国，并且要超过美国。美国只有一亿多人口，我国有六亿多人口，我们应该赶上美国。李富春〔2〕同志作过报告，不是说赶上美国不要一百年吗？这个看法我也赞成。究竟要几十年，看大家努力，至少是五十年吧，也许七十五年，七十五年就是十五个五年计划。哪一天赶上美国，超过美国，我们才吐一口气。现在我们不像样子嘛，要受人欺负。我们这么大一个国家，吹起来牛皮很大，历史有几千年，地大物博，人口众多，但是一年才生产二百几十万吨钢，现在才开始造汽车，产量还很少，实在不像样子。所以，全国各界，包括工商界、各民主党派在内，都要努力，把我国建设成为一个富强的国家。我们在整个世界上应该有这个职责。世界上四个人中间就有我们一个人，这么不争气，那不行，我们一定要争这一口气。

再谈谈领导方法问题。领导的方法可以好一些，也可以差一些。领导要能够适合客观发展的规律。如果领导得好一些，适合客观规律好一些，缺点错误就少一些，工作也就好一些。如果领导得差一些，适合客观规律差一些，工作也就差一些。所以，我们要注意领导方法，各个党派、工商联，中央同地方，都要注意用什么方法使大家更觉悟一些。为什么企业偷税、漏税呢？很重要的原因就是我们领导者对他们宣传教育得不够。学习多一些，偷税、漏税就少一些，没有学习的就偷税、漏税。所以，偷税、漏税也有我们领导者的问题，不能只怪人家。当然，领导者不止我们这几个人了，在座的都是领导者，许多人都是人民代表、副市长、工商联委员、政协委员、民主党派负责人，你们都有责任。你看，归根到底又把问题搞到你们身上来了。当然，我也是要担负一点责任，不担负也不行啰！我们大家都要担负责任，共同负责，这是整个民族的问题嘛。

关于回去传达的问题，我感觉有些地方需要请诸位注意。就是讲，不要搞一阵风，说是要共产了，不是这么个意思。今天大中小资本家有几百万人，人员不齐，进步程度也不一致。搞一阵风，一点破坏都没有不可能。总而言之，不要说是要共产了，引起一阵风，好像刮台风一样，那样不好。关于社会主义改造，我们需要有充分的准备，包括思想准备、宣传教育等许多工作在内，要有秩序有步骤地进行，而不是一阵风，以免招致可能的某些损失。我们要力求保障损失越少越好。所以，核心分子非常重要，有核心才能有领导，才能达到有秩序有步骤地进行。

我们的社会主义改造是有成绩的，将来还可以看见有很大成绩。我们商店的柜台上、货架上货品很多，从中华人民共和国成立以来没有断过。经过这样大的革命，我们货品没有断过，这是了不起的大事。很多外国人看见我们货品充足，很羡慕。我国的社会主义改造，包括工商业的社会主义改造，不仅有全国的意义，还有国际的意义。整个世界都是要走社会主义道路的，在私营工商业的社会主义改造方面，我们在世界上是走在前面的，中国的资本家将来是先进者，我这个支票也是可以开的。中国人是要走在前面的。（周恩来：是对比较落后的国家来说。）当然，我不是讲一切国家都会走我们的方向，而是讲比较落后的国家会跟我们学的。现在不是讲社会主义高潮吗？我就怕没有准备好，一个高潮来了一阵风。请诸位注意这一点。要做好事，这是一个原则。我跟许多朋友谈过，做好事越多越好。做好事越多，前途就越好，得到的好处就会多一点，在社会上就更有名誉。在参加资产阶级民主革命中间，在参加社会主义改造过程中间，替人民做好事越多，工作成绩越好，得到人民的嘉奖就应该越多，不会成反比例的。总不能说，立了功了，还得倒霉。不是那么一个趋势，那是不合道理的，是说不通的，人家是不服的。定下这么一个标准，就可以鼓励人们上进，鼓励做更多的好事，做得更好一些。当然会有参差不齐。你们都是先进分子，说要来一个高潮。但是，大中小资本家有几百万人，那些小商小贩有几千万人，会有各种动摇、各种犹豫的，最后达到不动摇、不犹豫，是要经过好多次反复的。农民也是这样，他加入合作社也要经过多少次考虑，经过家庭商量，想加入又不想加入，搞过几次以后，才下决心。你说，工商界就没有三番五次的考虑，不开家庭会议、同业会议商量？我们最后要引导他们走到社会主义这条路上，不再动摇。要逐步引到那一步，首先就要先有先进分子不动摇，然后逐渐使更多的人把怀疑、犹豫、动摇减少。工商业的社会主义改造，总是要有秩序有步骤地进行，这样看起来慢，实际上反而快。早两天我跟朋友们说过，就是要做到瓜熟蒂落，水到渠成。这样的话是好话。瓜熟蒂落，水到渠成，就比较自然。这不是“听其自然”的那个“自然”，而是讲，经过说服，经过教育，经过批评，克服许多困难而达到的“自然”。进行社会主义改造，一定会有困难的，也一定会有破坏的。有的地方搞合作化，曾死了一些牛，猪也减少了，出现了“三叫”：人叫、猪叫、牛叫。合作化要有步骤有秩序地进行，才能够做到“三不叫”。要“三不叫”，就要人有饭吃，猪和牛也要有东西吃。对你们工商界就不好提这个“三不叫”了，人不叫是要的，但机器不好不叫。总而言之，社会主义改造要减少损失，要有步骤有秩序地进行，要充分准备，准备工作越充分，这个事情就越能办好。

根据中央档案馆保存的讲话记录稿刊印。

注　　释

〔1〕本篇所说的“共产”，是指对资本主义工商业国有化。

〔2〕李富春，当时任国务院副总理兼国家计划委员会主任。

农业合作社
要有计划地发展和整顿

（一九五五年十一月一日）

上海局，各省市委、自治区党委：

现将江苏、山东两个省委关于在发展了一大批合作社之后，如何完成整顿工作，使它们巩固起来，以利明春大规模地发展农业生产的报告，发给你们参考。两个报告中，特别是山东的报告中，有许多新的意见，值得各地注意。这两省（还有云南、贵州和其他若干省份），由于在中央召集的今年五月十七日的省市委书记会议之后，即在夏季（六、七、八月）做了准备工作（山东的准备时间较短，是一个缺点），所以它们在秋季的头两个月（九月和十月）即完成了一年的发展计划。它们准备在今后五个月内（今年十一月至明年三月），结合粮食三定、统购统销等项尚未完成的工作，大力完成整顿合作社的工作，这主要是建立和健全合作社的管理机关，建立和健全劳动组织，做好生产规划，做好生产工具和生产资金等项问题上的互利安排，制定社章，做好冬耕冬种（在南方）和积肥等项工作，以利明春的生产。在这个季节安排问题上，中央认为这样做是很有利的。全国各省、市、自治区,都可以这样做,都可以将合作社的建社整社工作提早一季,即夏季完成建社的准备工作,秋季完成建社工作,冬春两季完成整社工作。只要夏季的准备工作做得充分妥帖,秋季的建社并不需要很多的时间,有两个月时间即可以完成。秋季剩下的时间和整个冬春两季,都可以做整社工作和其他工作。此事请你们加以研究,好好地安排一九五六年的工作。合作社大发展一批以后,区乡干部感到问题很多,担子很重,难于解决,这种情况是存在的。其实,这是不难解决的。其办法,就是在每一个乡里,抓住一个至两个问题最多的合作社,深入进去,加以研究,找出解决的办法,就可以引导该乡一切合作社迅速地仿照办理。在一个区里,只要整好几个合作社,就可以引导全区各乡的合作社迅速地仿照办理。在这里,建立乡、区和县的合作网的组织,是很有用的。这一点,请你们向县、区、乡干部加以强调。至于按照计划大发展一批合作社以后,及时地宣告停止发展,使运动转到整顿阶段,这是完全必要的。按照上述的季节规划,一年只有一季是发展的时间,其余各季都是整顿和准备发展的时间。其余各季也可以有一些零星的个别的发展,但是主要的发展时间只有一季,并且还只需一季中的两个月,这样就可以基本上避免由于漫无限制而引起的"左"倾错误。因为有了这样的有计划的发展和整顿,合作化的总的进展是好的,有一些县、一些区和一些乡,由于种种原因,合作社发展少一些,也就不要紧了,在以后几年中逐步地跟上去就好了,不要怕被批评为右倾机会主义。从现在起,全国各地的要求,主要是合作社的质量问题,而不是数量问题。因为数量问题已经引起全党注意,而质量问题则还没有引起全党注意。

中 央

一九五五年十一月一日

根据毛泽东手稿刊印。

征询对农业十七条的意见[1]

（一九五五年十二月二十一日）

上海局，各省委、自治区党委：

今年十一月间毛泽东同志在杭州和天津分别同十四个省委书记和内蒙自治区党委书记共同商定的十七条，中央认为应当于一月十日中央召集的有各省委、市委、自治区党委书记参加的会议上，加以确定，以便纳入一九五六年的计划，认真开始实行。为此目的，请你们于接电后即召集所属各地委书记和一部分县委书记详细研究一下：（甲）究竟是否全部可以实现，还是有一部分不能实现，实现的根据是否每条都是充分的；（乙）除了十七条以外，是否还有增加（只要是可行的，可以增加）；（丙）你们是否准备立即纳入你们的一九五六年计划内开始实行。以上各点，请你们于一九五六年一月三日以前研究完毕，准备意见。

十七条内容如下：

（一）农业合作化的进度，一九五六年下半年基本上完成初级形式的建社工作，省、市、自治区（除新疆外）一级的指标以要求完成百分之七十五的农户入社为宜，让下面超过一点，达到百分之八十至八十五左右。

合作化的高级形式，争取于一九六〇年基本上完成，是否可以缩短一年，争取于一九五九年基本上完成。为此，需要于一九五六年由县最好由区直接掌握每县或者每区办一个至几个大型（一百户以上的）高级社，再于一九五七年办一批，这两批应占农户百分之二十五左右，以为榜样。这样是否可能。又由小社变大社，规模如何。一乡几社，一乡一社，数乡一社，三者是否都可行。全国总社数三十万个，或者四十万个，或者五十万个，究以何者为宜。苏联是十万个社，我国是否以三十几万个社或者四十万个社为适宜。又先并社后升级为好，还是并社升级同时进行为好，还是先升级后并社为好。以上各点请你们一并加以研究。

（二）地主、富农入社，一九五六年是否即照安徽、山西、黑龙江等省的意见办理，即好的许其入社，不好不坏的许其在社生产，不给社员称号，坏的由社管制生产，凡干部强的老社均可这样做。这样做好处很多，但是有一个缺点就是势必逼使那些目前还不愿入社的上中农勉强入社，并且让他们先入社，然后再让地富入社，才使他们面子上过得去。这样是否有利。或者推迟一年，即到一九五七年才行上述办法。这二者哪一种有利些，请加研究。

（三）合作社领导成分，由现有的贫农和原来是贫农的全部新下中农占三分之二，老下中农和新老两部分上中农占三分之一。

（四）增产的条件：（甲）实行几项基本措施（内容待商，各地可以有些差别）；（乙）推广先进经验（每年收集典型例子，每省印成一本）。

（五）一九五六年一切省、地、县、区、乡都要做出一个包括一切必要项目的全面长期计划，着重县、乡计划，于上半年完成初稿，下半年定稿，以后还可修改。计划包括的时间，至少三年，最好七年，可以到十二年。此事必须抓紧去做，你们是否已有布置。因为无经验，有许多可能是很粗糙的，但是必须争取少数县、乡的计划比较接近实际，以利推广。

(六)全面规划保护和繁殖牛、马、骡、驴、猪、羊、鸡、鸭，特别要保护幼畜。繁殖计划待商，请你们准备意见。

(七)同流域规划相结合，大量地兴修小型水利，保证在七年内基本上消灭普通的水灾旱灾。

(八)在七年内，基本上消灭十几种不利于农作物的虫害和病害。

(九)在十二年内，基本上消灭荒地荒山，在一切宅旁、村旁、路旁、水旁，以及荒地上荒山上，即在一切可能的地方，均要按规格种起树来，实行绿化。

(十)在十二年内，大部分地区百分之九十的肥料，一部分地区百分之百的肥料，由地方和合作社自己解决。

(十一)在十二年内，平均每亩粮食产量，在黄河、秦岭、白龙江、黄河(青海境内)以北，要求达到四百斤，黄河以南、淮河以北五百斤，淮河、秦岭、白龙江以南八百斤。棉花、油料、大豆、丝、茶、黄麻、甘蔗、水果等项指标，请你们提出计划数字，待商。

(十二)在七年内，基本上消灭若干种危害人民和牲畜最严重的疾病，例如血吸虫病、血丝虫病、鼠疫、脑炎、牛瘟、猪瘟等。请你们研究各省、区的地方病，哪些是七年内可以基本上消灭的，哪些是要延长时间才能消灭的，哪些是目前无法消灭的。

（十三）除四害，即在七年内基本上消灭老鼠（及其他害兽），麻雀（及其他害鸟，但乌鸦是否宜于消灭，尚待研究），苍蝇，蚊子〔2〕。

（十四）在七年内，基本上扫除文盲，每人必须认识一千五百到二千个字。

（十五）在七年内，将省、地、县、区、乡的各种必要的道路按规格修好（其中有些是公路，有些是大路，有些是小路）。

（十六）在七年内，建立有线广播网，使每个乡和每个合作社都能收听有线广播。

（十七）在七年内，完成乡和大型合作社的电话网。

以上各项，请你们和有关同志加以研究，于一月三日以前准备完毕。中央可能于一月四日左右先行邀集若干省委书记开会研究几天，为一月十日的会议准备意见。

中　央

一九五五年十二月二十一日

根据毛泽东手稿刊印。

注　　释

〔1〕这是毛泽东为中共中央起草的给上海局，各省委、自治区党委的通知。

〔2〕一九六〇年三月，毛泽东为中共中央起草的关于卫生工作的指示中，对除四害的内容作了改动，将麻雀换为臭虫。

接见泰国经济文化代表团的谈话

（一九五五年十二月二十一日）

我们中国可以同泰国贸易。泰国要卖几十万吨大米给中国，我们是可以买的。我们还可以买一些橡胶。你们需要什么呢？要钢，要铁，我们都有。要轻工业品我们也有。至于日用品，你们应该自己设厂生产。我们可以帮助你们设轻工业工厂。目前可以帮助你们设棉纺厂、造纸厂和糖厂。你们可以用大米、橡胶来换。如果你们需要，我们还可以派技术人员去帮助你们设计工厂，完工后他们就回来，把工厂全部交给你们。

对銮披汶总理、乃炮警察总监和乃练的致意，我表示感谢。我们希望大家合作团结起来，希望銮披汶同乃炮团结起来。中国并没有什么秘密，我们不是当面一套，背后另一套，我们只有一套，没有两套。这一点你们到印度和缅甸去就可以向他们了解。你们和我们接触再多一些，时间久些，也就可以了解到。

中国会不会侵略你们？你们可以看，看他十年八年。中国尊重不尊重你们，是不是把你们当做兄弟看待，你们也可以看。看他多少年，就可以看清楚了。还有一点，我们究竟讲不讲道理，你们也看吧。有人说共产党是不讲道理的，不讲信义的，不好惹的，过去闹过别扭，就不好做朋友了，你们也可以看吧！美国同我们的别扭闹得最大，我们都还想同美国做朋友，就是美国它不干。我们想干，它不干，那有什么办法呢？只好等吧。

你们的做法要慎重，美国是会下毒手的，要小心。你们当初提出要秘密地来，当我们了解你们的困难后，就同意了。我们要慢慢地、逐步地改进中泰关系。銮披汶同乃炮应该团结，团结对泰国有利。美国希望你们不和，内部争吵。它制造这派反对那派，那派反对这派，是为了乘机捣鬼。这次你们来很好，以后有机会再来。我们也可以派人去你们那边访问，只要你们愿意，我们就可以去；如果你们不方便，我们也可以不去。如果我们去了，美国会同你们找麻烦，造成你们的困难，那我们也可以不去。我们也不在你们国家讲共产主义，我们只讲和平共处，讲友好，讲做生意。我们不挑起人家来反对他的政府。吴努总理害怕我们挑起缅甸共产党来反对吴努政府，我们说，我们只承认你们一个政府，一个国家不能同时有两个政府。你们国内也有共产党，我们也不去挑起他们来反对你们的政府。

泰国有华侨，加入你们国籍的，就算泰国人了，没有加入泰国籍的才是中国人。要不华侨很多，人家会害怕。我们国外华侨的共产党组织也取消了，以消除华侨所在国政府的怀疑，使大家互相信任。我们究竟是否说的一套，做的一套，那你们也可以看。口说无凭，你们以后还可以看事实。看的时间久了，就看清楚了。

根据中央文献出版社、世界知识出版社一九九四年出版的《毛泽东外交文选》刊印。原题是《我们的愿望是使中泰两国友好》。

图书在版编目(CIP)数据

毛泽东文集　第6卷/中共中央文献研究室编.
-北京:人民出版社,1999.6
ISBN 978-7-01-002864-4

Ⅰ.毛…
Ⅱ.中…
Ⅲ.毛泽东著作-文集
Ⅳ.A41

毛 泽 东 文 集

MAO ZEDONG WENJI

第 六 卷

(一九四九年十月——一九五五年十二月)

中共中央文献研究室编

人民出版社 出版发行
(100706　北京朝阳门内大街166号)

北京新华印刷有限公司印刷　新华书店经销

1999年6月第1版　2009年11月北京第11次印刷
开本:635毫米×927毫米 1/16　印张:33
字数:333千　印数:37,001—41,000册

ISBN 978-7-01-002864-4　定价:53.00元